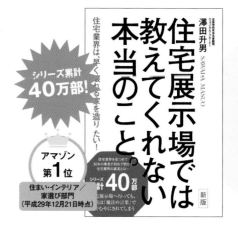

医師が薦める本物の健康住宅 2023年 WINTER / SPRING

0《ゼロ》宣言の家

CONTENTS

医師や大学教授とともに安心、快適な住まいを考える。

住医学研究会

医療のプロと住宅のプロが協力し合い安心、快適な住まいを考える住医学研究会。

その初代理事長、矢山利彦医師をはじめ、会に賛同する方々に
大学教授らによる住まいと健康・家族に関する協働研究調査の結果、「0宣言の家でこれだけ変わった！」

「住宅展示場では教えてくれない真実」

「0宣言の家に住むお施主様の実感」についてお話を聞きました。

住医学研究会とは？

「健康を考えたらこの建材は使えない!」「家を長持ちさせるにはこの建材ではダメだ!」。家づくりの現状に疑問を抱いた設計事務所や工務店が、本物の家づくりを目指す経営・建築コンサルタント・澤田升男氏が提唱する「0宣言の家」に共感して全国から集まり、医師や大学教授の協力のもと、住む人の健康を追求するために誕生したのが「住医学研究会」です。国の基準、住宅業界の常識に挑み、家づくりの世直しを続けています。

住医学研究会 理事長
医療法人 山桃会
Y.H.C.矢山クリニック院長
矢山 利彦

家に潜むアレルギーの原因をクリーンアップしよう！

長引くコロナ禍でおうち時間が大幅に増えたなか、体調を崩す人も増えています。身近な病気「アレルギー」を例に、免疫のしくみ、身体のしくみを知るとともに、不安をあおるニュースが脳に与える影響と病気との関係性を矢山医師に聞きました。

病気と闘う戦略の基本は病原体を減らす、入れない

アレルギーは、広く言うと「自己免疫疾患」と呼ばれます。自己免疫疾患は、免疫細胞（主にリンパ球）が自らの身体を攻撃し、炎症が起きている状態だと解釈されています。関節に慢性的な炎症が起きれば「リウマチ」と呼ばれ、気道に炎症が起きれば「ぜんそく」、皮膚に起きれば「アトピー性皮膚炎」と呼ばれるわけです。

この症状に対して一般的に使われるのがステロイドや免疫抑制剤ですが、免疫は鼻や口、皮膚から入ってくる原因（＝身体にとっての敵）に反応して、追い出そうと過剰に働いているだけ。薬で症状は抑えられても、原因が消えたわけではありません。アレルギー疾患の戦い方の基本は、自分の味方である免疫を薬で叩くのではなく、病気の原因をなくす、減らす、体内に入れないという視点を持たないといけないのです。

では、原因は何かというと、大きくは「重金属」「化学物質（食品、柔軟剤、家の建材など）」「弱毒菌（ウイルス、カビ、ダニなど」「電磁波」「精神的ストレス」の5つです。

これらを体内に入れないようにするには、住まいの環境がとても大事になってきます。たとえばダニやカビ。家

のホコリ1グラムのなかにはダニが100匹、カビが13万個含まれているといわれます。汚染された食品や皮膚に炎症を起こしやすい柔軟剤などは買うのをやめればいいことですが、空気は吸わないわけにいきません。『0宣言の家』のように断熱性能に優れ、カビが発生せず、ダニがほとんどいない健康住宅に住めば、アレルギー症状が緩和するというデータもあります。

もちろん、そういう家でなくても方法はいろいろあります。いつも患者さんにすすめているのは、掃除をこまめにすること。布団は布団乾燥機をかけて、掃除機で吸う。畳、カーペット、カーテンはスチームクリーナーをかける。特に、タンス、クローゼットには5倍のダニがいると研究でわかっています。よく「季節の変わり目にアレルギーになった」という人がいますが、衣替えの際はしまっていた衣服を一度、布団乾燥機に入れ、熱でダニをやっつけてから着用するといいでしょう。また、猫が持っているトキソプラズマという寄生虫がヒトの体内に入ると、感染症を引き起こす場合があります。「猫と一緒に寝る」のはおすすめしません。

ネガティブ情報が病気を悪化させることもある

意外に知られていないのが、心理的なストレスからくるアレルギー症状の悪化です。そのきっかけは脳にあります。脳機能のなかで免疫の働きをコントロールしているのは、「視床下部」というところです。視床下部がしっかり働いていれば、免疫もしっかり働きます。ところが、ストレスによって視床下部の働きが落ちると免疫がうまく働きません。視床下部につながる「脳下垂体」が機能低下を起こし、さらに「副腎」疲労を起こし、副腎皮質ホルモンが減ることによって、リンパ球が過剰に働くことがあるのです。

このストレスの原因の一つが「ネガティブな情報」です。連日のように流れる新型コロナに関するニュースで不安をかきたてられ、「偏桃体」という脳のアラームシステムが過剰に反応。これによって偏桃体につながる視床下部の機能が落ち、先ほどの悪い連鎖が起こってしまうのです。

「なぜニュースを見るだけで、脳機能が低下するの?」と思うかもしれません。しかし、脳というコンピュータはとても繊細で、ポジティブな情報が入らないと元気になりません。コンピュータをダウンさせないためにも、感情がネガティブになる情報を入れすぎないことが大切です。

偏桃体はまた、身体にとって危険なものを見分ける優秀なセンサー。『診断の名医』でもあります。図にならって、添加物たっぷりの菓子パンや柔軟剤などを「モグモグスー」「クンクンスー」してみてください。息が浅くなるモノ（病気の原因）を外す選択をすれば、お金をかけずに健康を手に入れることができますよ。

「モグモグスー」と「クンクンスー」

脳内の診断名医 扁桃体に尋ねてみよう!

脳内には最高感度のアラームである「扁桃体」があります。これは診断が専門の名医とも言えます。自分の体、健康にとって適しているか不適なのかを即座に判断してくれます。「扁桃体」は脳の深い部位にあり言葉を持ちません。しかし、扁桃体は呼吸機能とつながっているのでその診断は自分の呼吸を観察して知ることができます。

口に入れることができる物

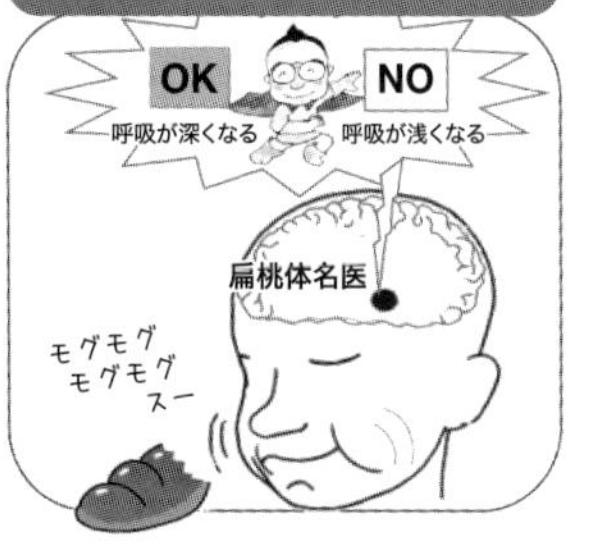

①適、不適を調べたい食品を口に入れ、数回モグモグと噛み、その食品のにおいを口腔より鼻腔に送り込みながらスーッと息を吸ってみる

②これを1～3回繰り返して、呼吸の入りやすさ、息の深さを感じてみる。

③適している食品と扁桃体が判断したときは、呼吸が深くなる。

④許容範囲の食品は呼吸の深さが同じ程度となる。

⑤不適食品と判断したときは、呼吸を繰り返すたびに息が浅くなり、さらにウッと吐き出したくなる。〈その時には、食べたい気持ちがスーッと波が引くように消えていく〉

口に入れられない物

①身の回りの芳香柔軟剤、消臭除菌スプレーをティッシュペーパーに少量取って、「クンクンスー」と臭いをかぎながら呼吸の入りやすさ、息の深さを感じてみる。

②確かに一瞬、芳香はありますが、体によくないものには扁桃体名医が拒否反応をするので呼吸を1回、2回、3回と繰り返すたびに息が浅くなります。
体に良くない物に対し、全くそうならない人は扁桃体名医の働きが低下しているかもしれません。

Y.H.C.矢山クリニック

医療法人山桃会
Y.H.C.矢山クリニック
〒840-0201
佐賀県佐賀市大和町大字尼寺3049-1
☎0952-62-8892
https://www.yayamaclinic.com/

Profile

矢山利彦（ややま・としひこ）

1980年、九州大学医学部卒業。同大学院博士課程で免疫学を専攻。2001年、矢山クリニックを開院。経絡エネルギー測定器ゼロ・サーチを開発し、西洋医学、東洋医学、歯科医科統合、自然療法を気の観点から融合した医療を実践。ガン、リウマチ、アトピー、喘息などの難病に高い治療効果をあげている。著書『気の人間学』『あいうえお言霊修行』ほか多数。Dr.ヤヤマンのYouTube Channelで【お金をかけずに健康になる方法】を視聴できます。

東京都立大学名誉教授
放送大学客員教授
星 旦二

「0宣言の家」で、これだけ変わった！

健康調査の結果を発表

2014年以降、「『0宣言の家』は住む人を健康にするのか?」をテーマにお施主様への健康調査が続いています。今回あらたに、「0宣言の家」に転居する前と後の健康比較・分析を実施。住医学研究会、慶應義塾大学、東京都立大学との協働研究により、日本初の試みで得られた驚きの結果をご報告します。

「0宣言の家」居住者は有病割合が低いことが判明

健康づくりで大切なことはいくつかありますが、そのなかの一つとして私が提唱しているのが、「適切な住宅環境」の重要性です。

特に、暖かい住宅に住み替えると、心筋梗塞や脳卒中といった循環器系疾患を予防することが可能とされています。一言でいえば、「暖かい住宅は、健康寿命を促進する」という仮説が成り立つのです。

では、「0宣言の家」はどうか。私たちは、これまで足かけ7年にわたり、「『0宣言の家』における住まいと健康・家族に関する協働研究調査」を行ってきました。「0宣言の家」に住み替えた方たち７１１人の健康状態を細かく調査し、全国調査の結果と比べてみたところ(一次調査、二次調査)、次のような結果が出ました。

「0宣言の家」居住者には、

- **高血圧者が少ない**
- **糖尿病者が少ない**
- **脂質異常者が少ない**
- **定期的に運動している人が多い**
- **肥満者が少ない**

大きな要因は、もちろん「0宣言の家」の暖かさにあります。四季別、部屋別の平均温度、平均湿度をみますと、一年を通して、また、部屋間でも温度・湿度の較差がほとんどなく、体に優しい家であることが明らかになりました。外気温に関係なく一日の室内温度の変動が少ない。このことこそが血圧を安定させ、循環器系疾患を予防していると考えられます。

さらに、注目すべきは「CASBEE®すまいの健康チェックリスト」のスコア結果です。これは居住者自身が住まいの健康性を60点満点で評価するリストのこと。下の図を見ると、「0宣言の家」は山グラフのピークが50点に近く、大手住宅メーカー、全国の戸建て住宅と比べて住宅環境性能が優れていることがわかります。

ここでもっとも大事なポイントは、居住者の住まいに対する満足度の高さです。「自分は、大手住宅メーカーより住宅性能の高い健康住宅に住んでいる」という主観が、心の面からも健康寿命に影響を与えていると考えられるのです。病は気からといいますが、私の研究でも「自分は健康」と感じている人は、健康長寿であることが実証されています。

一つ一つの結果が新発見レベル！

第一次・第二次調査の結果を踏まえて、「0宣言の家」が居住者の健康維持に寄与していることがおわかりいただけたと思います。では、「『0宣言の家』に住む前と住んだ後の一年で、健康状態はどのように変わったのか？」それが今回の追跡調査の目的です。

たとえば、私自身、大手ハウスメーカーで建てた家を「0宣言の家」にリフォームし、大きな変化を実感しました。それまでの室内の寒さが解消され、風邪を引きにくくなり、ぐっすり眠れるようになったのです。私は夜中のトイレにも起きなくなりました。一番の収穫は、妻の血圧が安定したことです。以前は最高血圧が１６０ｍｍＨｇ以上ありましたが、リフォーム後は１４０ｍｍＨｇ程度まで下がり、薬も必要なくなりました。

当たり前のことですが、ビフォー・データとアフター・データがそろって、初めて〝差〟がわかります。しかし、これまでこうした研究調査が行われた前例はありません。だからこそ貴重であり、意義があると感じていました。そして、その結果の一つ一つが新発見と呼べるだけの価値があったことを、次ページからじっくりお伝えします。

調査対象者：住医学研究会は、2019年に慶應義塾大学・伊香賀俊治教授と東京都立大学・星旦二名誉教授とで健康住宅に転居する事前事後の協働研究調査を102人を対象として実施しました。
その概要を次ページからご紹介します。解析は、慶應義塾大学大学院修士課程・浅倉弘尭様にお願いしました。その概要を示します。

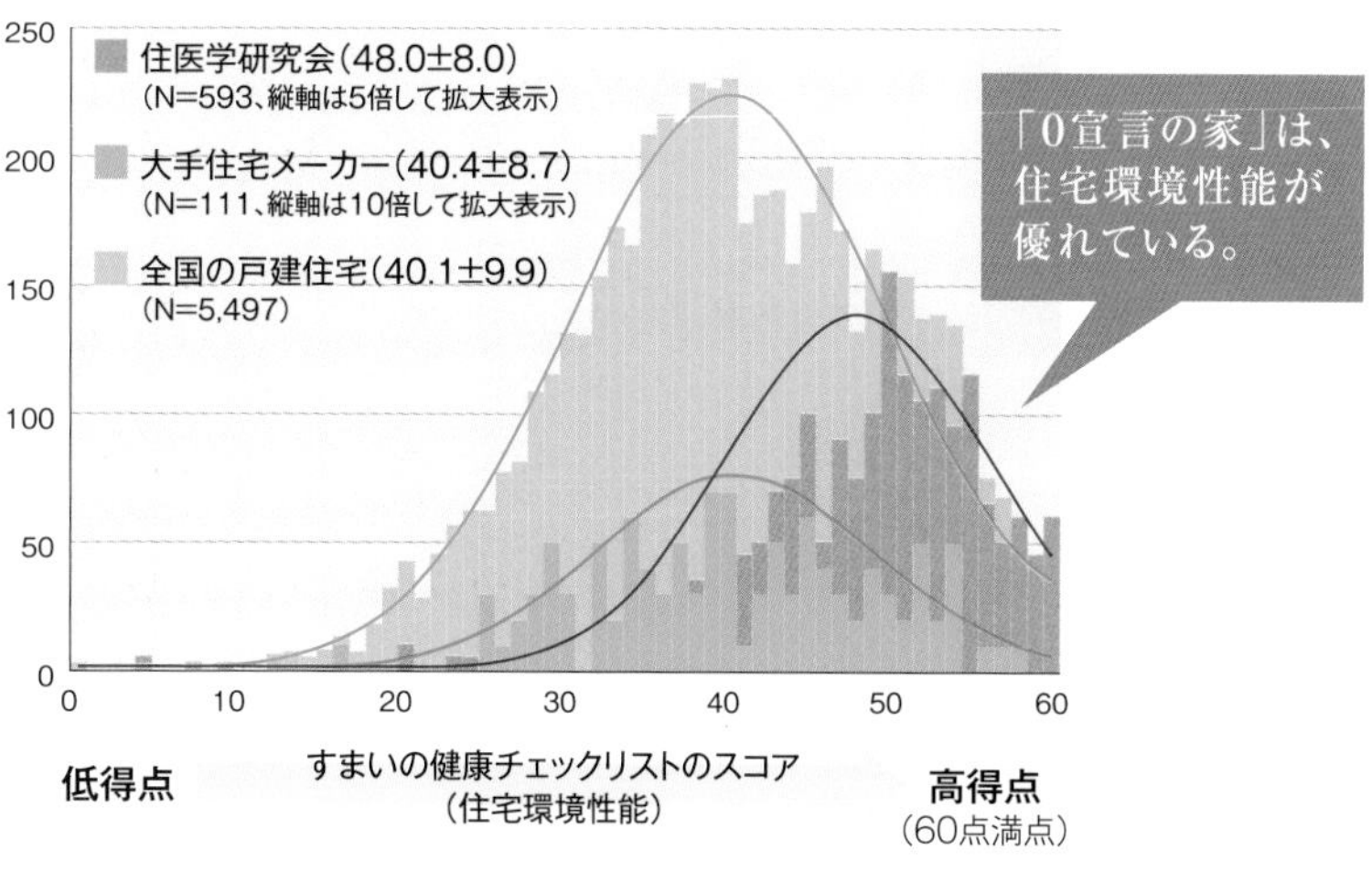

主観評価

住まいの主観評価が前後比較で大幅改善

今回の調査では、「0宣言の家」に住み替える前後の評価をしていただきました。その結果が右のグラフです。2つの山を比較すると、「0宣言の家」に引っ越したことで、住まいの主観評価が20点近くも大幅に向上したことがわかります。

得点の差が示すもの。それは、「0宣言の家」は、以前の家に比べて明らかに部屋の暑さ、寒さがなくなり、カビや化学物質のにおいが減少し、騒音が少なくなったということです。言い換えれば、「快適」と感じる住まいの条件が、居住者自身によってはっきり見えてきたのです。この図が本調査における最も意義ある成果の一つと言えます。

現在、日本には約6200万戸の住宅がありますが、そのほとんどが十分な断熱・気密性を備えておらず、90%以上が室温18℃以下で冬季に寒い家が多くなっています。寒い家で体を冷やし、体温が下がると人間は免疫力が落ち、身体の機能が低下します。健康で長生きするためには暖かい家に住むことが重要というのは、世界の常識なのです。

実際に私も参加した別の追跡調査では、冬の室温が2℃上がると健康寿命が4歳延びるという事実が明らかになっています。

新常識

快適な住まいの条件がはっきり見えてきた！

CASBEEすまいの健康チェックリストスコア※1、文1 前後比較(n=66)

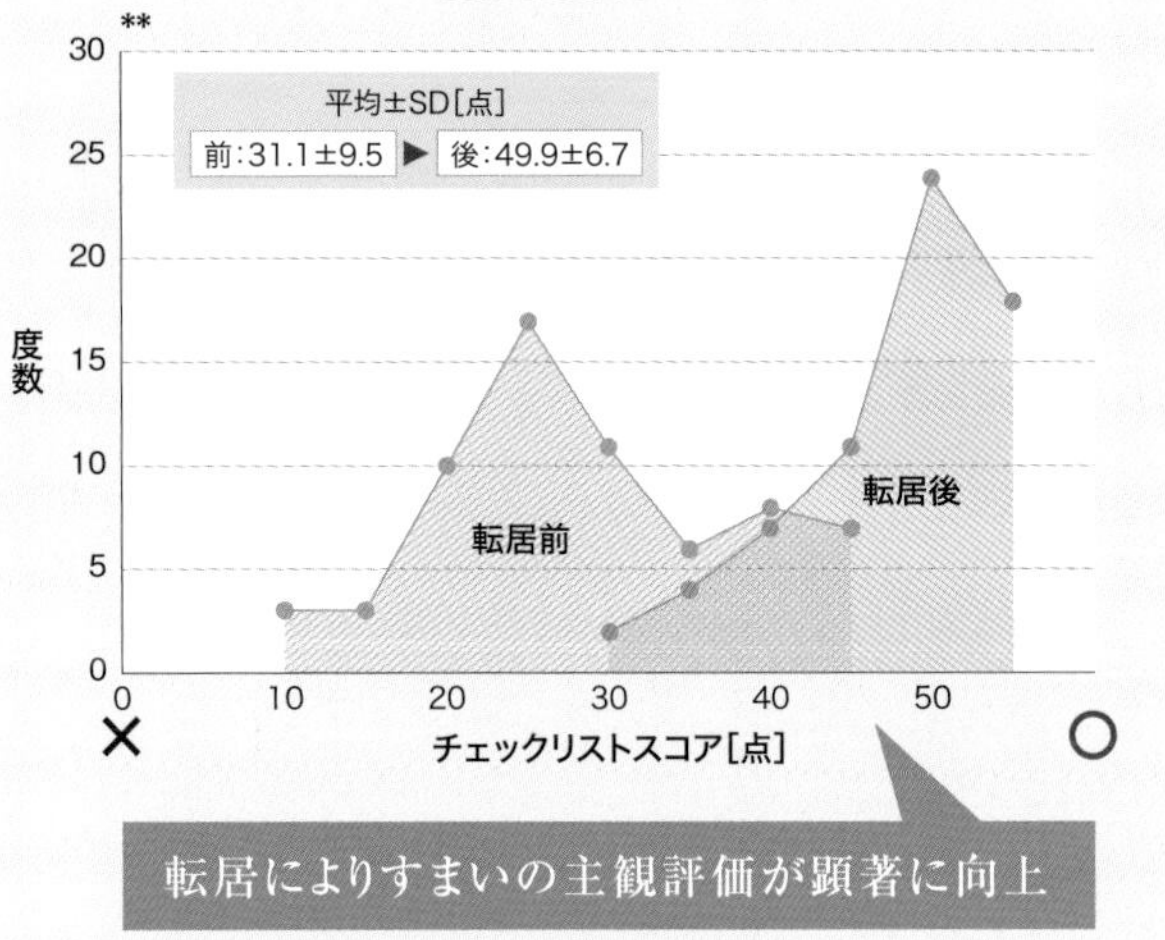

※対応サンプルのt検定 **:p<0.01、*:p<0.05、t:p<0.10
※1 健康に影響を及ぼす住宅の問題を部屋ごと・要素ごとに評価するツール
文1 一般社団法人日本サステナブル建築協会 CASBEE健康チェックリスト 2011

睡眠状態

住み替えによって睡眠状態も改善した

転居前、転居後の睡眠状態の変化について調査したところ、これも顕著に改善していることがわかりました。

睡眠を把握・評価する方法としては、国内外の疫病研究に使用されるピッツバーグ睡眠質問票（PSQI）を採用。居住者本人が自分自身の過去1カ月間の睡眠と睡眠障害について、18の質問に答える形で行われました。回答は7つの要素（睡眠の質、睡眠時間、入眠時間、睡眠効率、睡眠困難、睡眠薬の使用、日中の眠気）に分類され、得点が高いほど眠りが困難になっていると判定されます。

右の図を見ますと、転居前に比べて転居後の得点が低くなっている＝眠りが改善されていることが確認できます。

改善の大きな理由の一つとして考えられるのは、人体に害のある材料を全て排除していること。壁材に使われている天然漆喰は、室内の有害物質を吸着・分解する性質があり、室内の空気をクリーンにすることがわかっています。また、夏は湿気を吸い込み、冬は逆に水分を出して湿度を常に安定させます。さらに、優れた断熱効果で室温も一定に保たれている。それらが仕掛けになって、深い睡眠が得られると推察されます。

新常識

薬を飲まなくても家の性能で眠りは改善する！

PSQI質問票※1、文1 得点の前後比較(n=78)

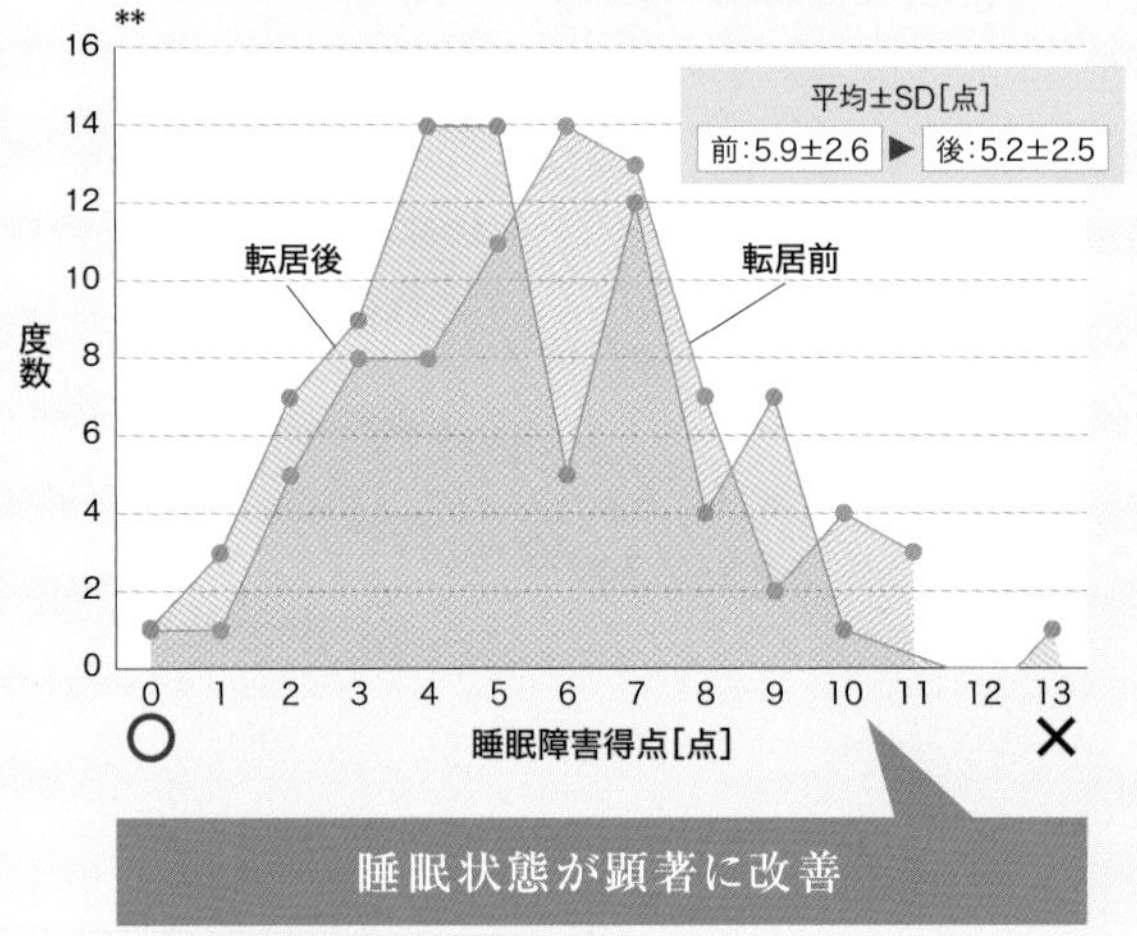

※対応サンプルのt検定 **:p<0.01、*:p<0.05、t:p<0.10
※1 さまざまな睡眠障害の評価に有用なツール
文1 土井由利子ら、ピッツバーグ睡眠質問票の日本語版の作成、精神科治療、vol13、pp.755-763、1998

鼻・目の症状　元々、自覚のあった鼻・目の症状が改善

以前の家にいる時から自覚していた鼻・目の症状も、「0宣言の家」に引っ越したあとに大きく改善されていることが判明しました。

調査対象者のうち53％以上の人が引っ越す前に感じていた「くしゃみ」の症状は40％以下になり、「目のかゆみ」は約50％から約28％まで減少。また、「鼻づまり」は約43％から約30％に、「鼻のかゆみ」「涙目」については、自覚症状のあった人の割合が半分以下に減っています。調査した6項目のうち、「水っぱな」を除く5項目に症状の改善が見られたのです。

鼻・目の症状は、アレルギーが原因であることが疑われます。そして、アレルギーは住まいの温度や湿度、空気の質と大きく関係しているといわれています。「0宣言」の「暖かい家」に住み替えたことにより、結露がなくなり、カビ、ダニがいなくなって、症状も改善したと考えられます。

また、壁にビニールクロスを張る際に使われる接着剤や、床材などの合板に使われる有機溶剤から発生する化学物質もアレルギーの原因といわれています。「0宣言の家」は有機溶剤を全く使っていません。そのことも症状の顕著な改善に結びついたと考えていいでしょう。

新常識
50〜100年前の家づくりがアレルギーに効く

鼻・目の症状の有訴割合の前後比較

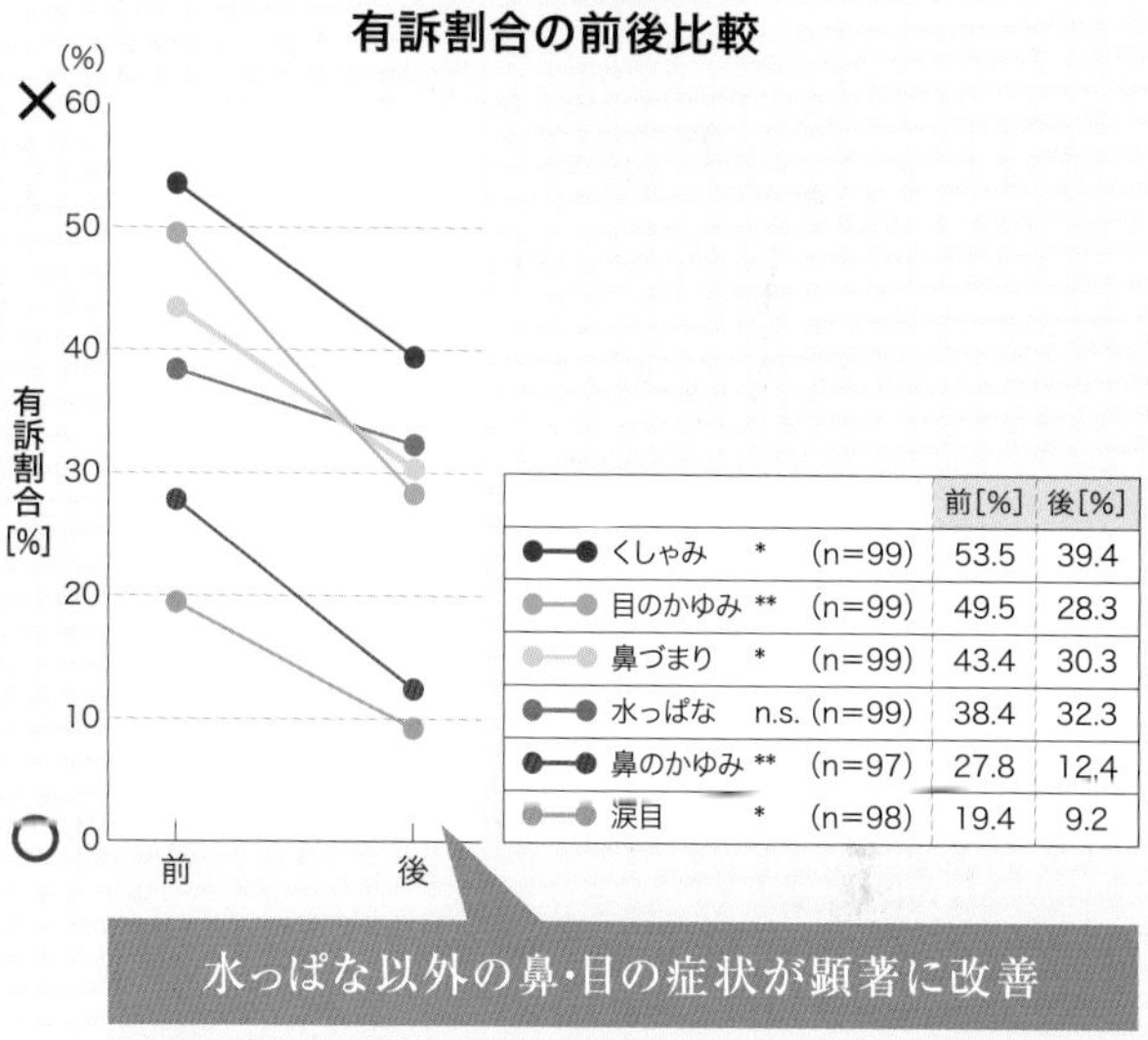

			前[%]	後[%]
くしゃみ	*	(n=99)	53.5	39.4
目のかゆみ	**	(n=99)	49.5	28.3
鼻づまり	*	(n=99)	43.4	30.3
水っぱな	n.s.	(n=99)	38.4	32.3
鼻のかゆみ	**	(n=97)	27.8	12,4
涙目	*	(n=98)	19.4	9.2

※McNemar検定 **:p<0.01、*:p<0.05、t:p<0.10

体感・体験　住み替え後の一年で体調がよくなった！

「肩こり」や「腰痛」「頭痛」「身体のだるさ」「食欲不振」といった不定愁訴について、できるだけ多くの項目を上げて調査した結果が右のグラフです。

自覚症状が改善したと顕著に数字であらわれたのは、「かゆみ」「発疹」「関節痛」の3項目。「かゆみ」と「発疹」に関しては、先ほどのアレルギーを原因とする症状とも関連していると考えられます。

「関節痛」が改善したメカニズムをすぐに解明することは難しいのですが、①深く眠れている、②十分な睡眠によって日中の疲れが取れている、この2つのポイントが背景にあるのではないかと推察します。室内の空気がクリーンで、温湿度が調整され、睡眠が妨げられない「0宣言の家」のメリットが活かされていると思われます。

ここで重要なのは、症状が改善するほど、「主観的健康感」（自分で判断する自分の健康のこと）が上がることです。自分の健康状態について、肯定的に思う人と否定的に思う人とでは、その後の生存日数に明らかな違いがあるという研究成果が報告されています。体調がよくなる家に暮らすことが、健康寿命を延ばす一つのポイントになると言えるでしょう。

新常識
体調が上向くと、健康感が上がり、健康寿命もUP

1年で体感・体験した症状の有訴割合の前後比較

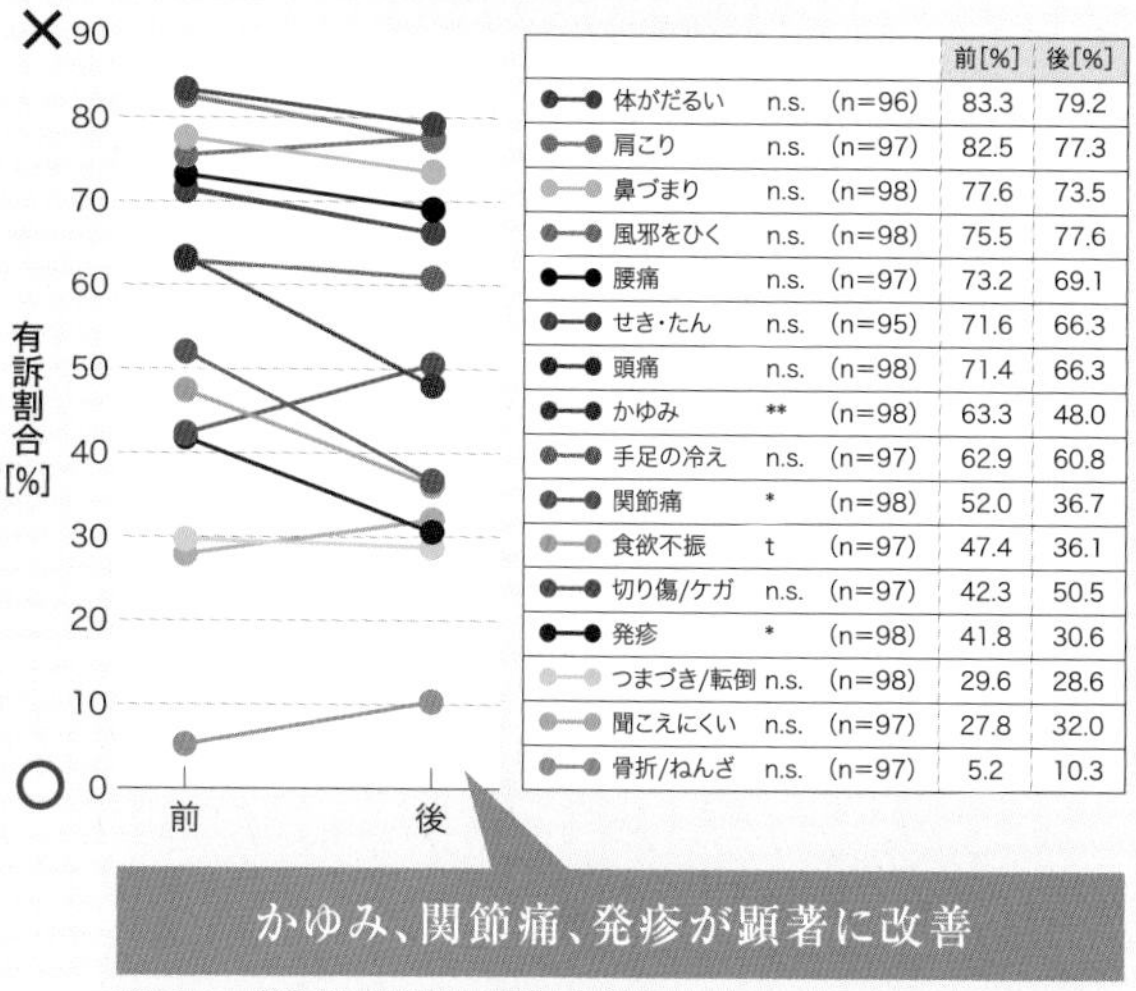

			前[%]	後[%]
体がだるい	n.s.	(n=96)	83.3	79.2
肩こり	n.s.	(n=97)	82.5	77.3
鼻づまり	n.s.	(n=98)	77.6	73.5
風邪をひく	n.s.	(n=98)	75.5	77.6
腰痛	n.s.	(n=97)	73.2	69.1
せき・たん	n.s.	(n=95)	71.6	66.3
頭痛	n.s.	(n=98)	71.4	66.3
かゆみ	**	(n=98)	63.3	48.0
手足の冷え	n.s.	(n=97)	62.9	60.8
関節痛	*	(n=98)	52.0	36.7
食欲不振	t	(n=97)	47.4	36.1
切り傷/ケガ	n.s.	(n=97)	42.3	50.5
発疹	*	(n=98)	41.8	30.6
つまづき/転倒	n.s.	(n=98)	29.6	28.6
聞こえにくい	n.s.	(n=97)	27.8	32.0
骨折/ねんざ	n.s.	(n=97)	5.2	10.3

※McNemar検定 **:p<0.01、*:p<0.05、t:p<0.10

室温

室温較差が2℃改善。家中、暖かくなった

「0宣言の家」に住み替えた方々の健康を改善する大きな要因となった「暖かさ」について、前後比較した結果をご報告します。

転居後は、居間の床上150センチの室温が19℃あり、転居前の住宅と比べて1.1℃上昇。また、居間の床上10センチの室温（18℃）との差は1℃で、温度差も緩和されました。脱衣所の床上150センチの室温（17℃）と居間（19℃）の温度差も2℃と緩和され、転居前と比べて温熱環境が改善されたことが確認できました。

結果的に、居間、寝室、脱衣所、全ての測定点で室温が顕著に上昇し、「家全体が暖かくなった」ことが明らかになりました。家中どこでも暖かい理由は、「クアトロ断熱」によって、内部の壁面温度のムラが少ないことにあります。この図が、もっとも大事な科学的エビデンスです。

今回、暖房の使用割合の前後比較を行ったところ、寝室でガスストーブや石油ファンヒーターを使っている人の割合が、住み替え前の13・3％から住み替え後の3.1％へ大きく減少。居間での床暖房を使用している人の割合も、21・4％から12・2％と、半数程度まで減少したことを併せてご報告します。

新常識

「暖かい家」が寒さの悪影響から居住者を守る

期間中平均室温の前後比較

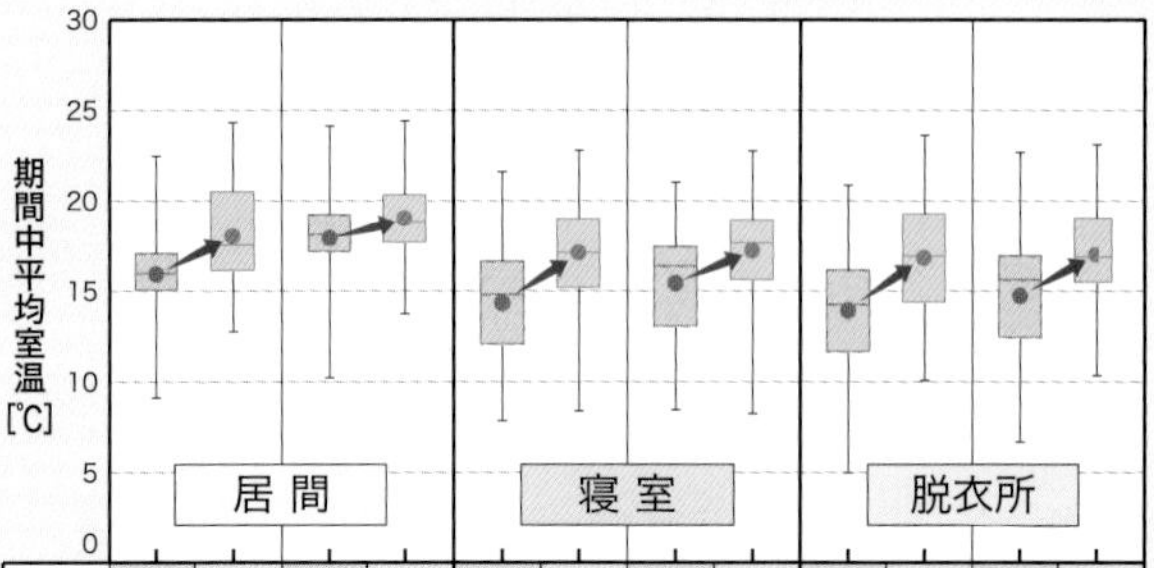

平均室温[℃]	15.9	18.0	17.9	19.0	14.3	17.1	15.4	17.2	13.9	16.8	14.7	17.0
前後	前	後	前	後	前	後	前	後	前	後	前	後
床からの高さ	10cm		150cm		10cm		150cm		10cm		150cm	
	**(n=37)		*(n=38)		**(n=40)		*(n=38)		**(n=37)		**(n=38)	

居間、寝室、脱衣所の全ての測定点で
室温が顕著に上昇

※対応サンプルのt検定 **:p<0.01、*:p<0.05、t:p<0.10

相対湿度

ジメジメした空気が快適な湿度に改善

今回の調査ではまず、転居前の家の湿度の高さが明らかになりました。居間、寝室、脱衣所の測定点のうち、居間の床上150センチを除いた全ての場所で60％以上の数値を測定。カビは湿度が60％を超えると徐々に活動を始め、湿度が上がるにつれて繁殖スピードは速くなるといわれます。この数値から、気付いた時にはカビが増えている状況だったと推測します。

逆に言えば、湿度60％以下の場所では、カビの活動はストップするということ。「0宣言の家」に転居した後は全ての測定箇所で60％を下回っており、適正な湿度の範囲内で保たれていることが判明しました。健康に過ごすための理想的な湿度は、一年を通して50％程度に保たれていること。身体を冷やさない室温は18℃以上という、WHO（世界保健機関）の目安があります。

今回、居住者のみなさんに居間の室温と湿度を時間ごとに測定していただいたところ、夜から朝方にかけての温度低下が抑えられ、朝の冷え込みが緩和されていることがわかりました。

また、湿度の変動が一日を通して少なく、50％前後で安定していることも明らかになりました。

新常識

適正な温湿度が保たれた家は病気を遠ざける

期間中平均相対湿度の前後比較

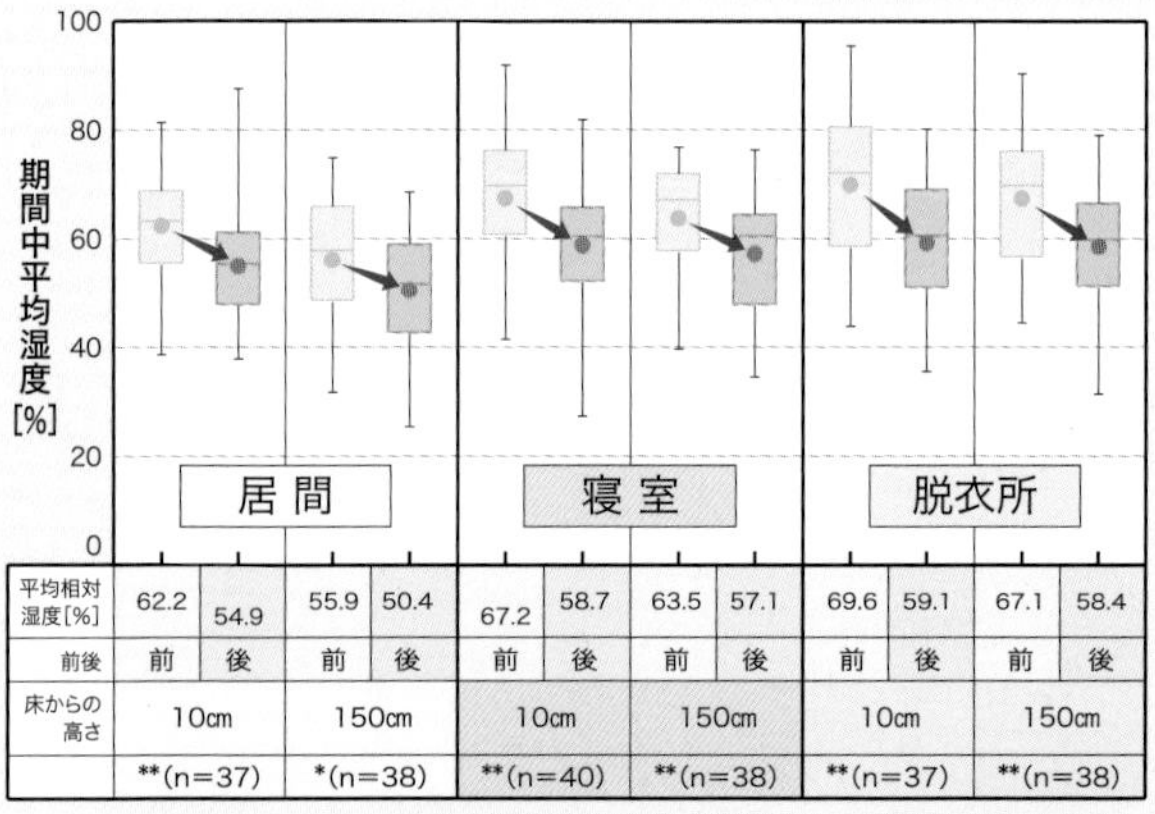

平均相対湿度[%]	62.2	54.9	55.9	50.4	67.2	58.7	63.5	57.1	69.6	59.1	67.1	58.4
前後	前	後	前	後	前	後	前	後	前	後	前	後
床からの高さ	10cm		150cm		10cm		150cm		10cm		150cm	
	**(n=37)		*(n=38)		**(n=40)		**(n=38)		**(n=37)		**(n=38)	

居間、寝室、脱衣所の全ての測定点で
高めだった相対湿度が顕著に低下

※対応サンプルのt検定 **:p<0.01、*:p<0.05、t:p<0.10

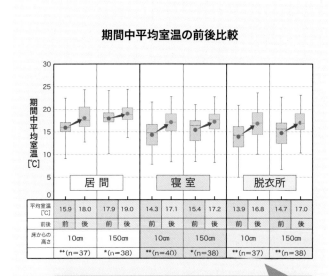

壮年・老年期

45歳以上の血圧が転居後に改善した！

今回の調査では、全対象者に毎朝、起床時の血圧を測っていただき、その平均値を44歳までの中年期と、45歳以上の壮年・老年期に分けてグラフ化しました。

全体的には75人の対象者のうち、45人の平均血圧が低下するという結果がでました。ただし、45歳以下の方々の血圧は、転居前の１１５・６ｍｍＨｇに対して転居後は１１７・５ｍｍＨｇと、ほぼ変化はありませんでした。一方、45歳以上の方々は１２３・９ｍｍＨｇから１２１・５ｍｍＨｇに改善しました。

転居前の家は断熱性能が十分ではなかったことが明確になるとともに、転居後はヒートショックになりにくい家に住むことになったと言えるでしょう。実際に、転居前は冬季の最低室温が18℃に届いていない住宅が約半数を占めていたのに対し、「0宣言の家」は居間の室温が19℃に高まり、温熱環境の改善が確認されています。

このように、一定規模のある体系的で緻密な追跡調査研究成果は、日本では初めての快挙ではないかと考えられます。健康長寿に生活できる住宅環境が整ったという点で、建築学的だけでなく、医学的にも大きな意義がありました。

新常識

「暖かい家」は医療費の削減も可能にする！

起床時平均収縮期血圧の前後比較（年齢別）

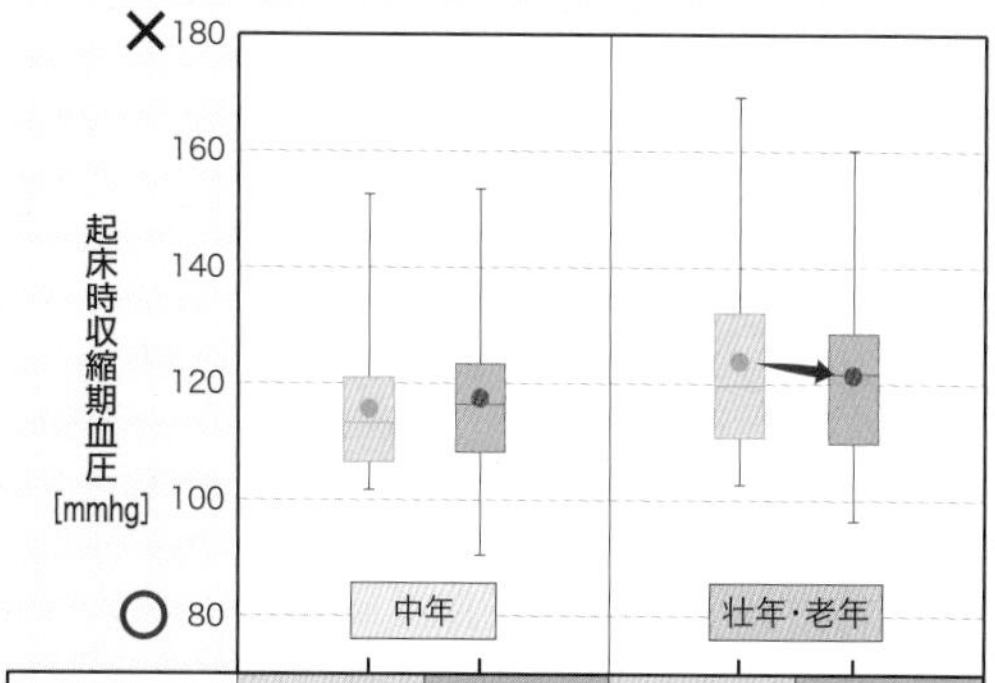

平均血圧[mmHg]	115.6	117.5	123.9	121.5
前後	前	後	前	後
年齢	～44歳		45歳～	
	n.s.(n=39)		t(n=36)	

壮年・老年（45歳以上）において、血圧が低下する傾向を確認

「0宣言の家」は、住む人を健康にする！

これまでの予防医療の考え方は、病気を早期に発見して早期に処置する「重症化防止」が主流でした。しかしながら、医療費・介護費の負担が年々増加し続ける今日の状況は、その方法では不十分だったことを示唆しています。そんな中、注目されているのが「ゼロ次予防」＝健康的な環境を提供し、病気の原因をつくらず、病気を遠ざける取り組みです。

私たちの健康は、国の平和、住居、教育、社会保障、人間関係、食料、所得など、さまざまな要素の影響を受けています。中でも、ＷＨＯ（世界保健機関）は「平和」に次いで2番目に重要なのが「住居」としています。それほど「健康」と「住居」は密接な関係にあるのです。

では、病気を引き起こさない家を建てることはできるのか？ ここまで述べてきたように、「0宣言の家」は、病気を遠ざける「ゼロ次予防住宅」であることが科学的に明らかになりました。

大きな要因としてはまず、「0宣言の家」にお住まいの皆さんが家族の健康を大切に思うという家族力を発揮されたこと。そして、化学物質を含まない自然素材と、断熱施工による調温・調湿機能が健康に好影響を与えたことが挙げられます。

もう一つの成果は、「0宣言の家」の居住者は肥満が少なく、運動頻度が高いという傾向を確認できたことです。適切な温湿度が屋内外での身体活動を促していると推測できます。

また、多くのお施主様が住まいへの満足度やＱＯＬ（生活の質）の高さに幸せを感じていることから、「0宣言の家」は心の面からも健康長寿に影響を与えていると考えられます。家族それぞれが「夢を持ち、生き生きと前向きに生きること」が健康長寿の共通の秘訣です。その基盤が「0宣言の家」にはあると、私は確信しています。

Profile 星 旦二（ほし・たんじ）

1950年、福島県生まれ。東京都立大学名誉教授。福島県立医科大学を卒業し、東京大学で医学博士に。東京都衛生局、厚生省国立公衆衛生院、厚生省大臣官房医系技官併任を経て現職。英国ロンドン大学大学院５カ月間留学。公衆衛生のエキスパートとして、全国地方自治体などと共同し、寿命とさまざまなファクターとの関連を大規模調査するなど「健康長寿」に関する研究と主張を続ける。著書に『これからの保健医療福祉行政論』（日本看護協会出版会）、『ピンピンコロリの法則』（ワニブックスPLUS新書）など。

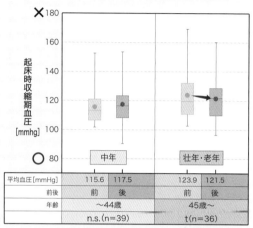

住医学研究会 顧問
とまこまい脳神経外科／岩見沢脳神経外科
大川原脳神経外科病院／別海町立病院
小児脳神経外科部長／小児リハビリテーション科部長
高橋 義男

社会で生き抜く能力をつけ不可能を可能にする

北海道で『子どもの魔術師』と呼ばれ、誰もが匙を投げた難病の子どもたちの命を救ってきた小児脳神経外科医の高橋義男医師。「たとえ重い障がいが残っても、社会に送り出すまでが僕にとっての治療だ」と、さらに子どもが生き抜くための能力をつくるNPOを設立。これまで35年にわたって続けてきた、子どもたちの社会適応能力を引き出す活動についてお話を伺います。

生きる力を伸ばすための自立支援活動を開始

僕のところにやってくる子どもたちは、多くが治療適応外で、「手の施しようがない」とほかの医師ならあきらめる重症の子しかいません。チャンスがあれば助けたいと、外科手術などの治療に挑戦してきました。それで助かる命も増えましたが、そのままでは生きているだけで終わってしまいます。「子どもの能力を伸ばす」という本来の治療がされていないからです。

だったら自分がやるしかないと、医師としての仕事のほかに、『ほっかいどうタンポポ』『にわとりクラブ』など障がい児の積極的な活動を支援するNPO法人を立ち上げました。障がいのある子に社会で生き抜く力（社会適応能力）をつけさせ、自立して生活できるように長期的に行動を支援するための組織です。僕は理事長として子どもたちの成長を見守っています。

「なぜ医師がそこまでやるのか?」と聞かれることがあります。正直に言えば、自分の生活もなくなるし、お金にもなりません。しかし、子どもたちがどんなに重症であっても、努力すれば、そして少しずつ課題を乗り越えていけば、やればできるという自己肯定と自己効力感を持ち、必ず社会貢献できる日がくると思っているので、その信念を貫くべく、私は子どもたちとともにやらなければならないのです。私は子どもたちが社会の中に位置づ

障がいが残った子どもの親たちや周囲の大人に呼びかけ、
自立を手助けする活動は35年間続いている

絵を通じて障がいをもつ子どもたちの社会参加を支援する「いけまぜアトリエ」は24年前から

プールで行われる水療育。お父さん、お母さんと協力しながら、ハンディキャップの感じにくい水のなかで障がい児の能力開発を試みる活動は35年前から

障がい児のアドベンチャースクール「いけまぜ夏フェス」。北海道内で行われる一泊二日のキャンプを通じて社会適応能力をつける。参加者は1000人を超える活動を25年前から

バランスを取るのが難しい乗馬療育も、自分で考える力を引き出す貴重な体験を24年前から

いてはじめて治療が終わると考えています。

では、具体的にどんな能力を伸ばすかというと、状況判断能力と、コミュニケーション能力。「相手の思いがわかること」「自分の意思をあらわすこと」、つまり、自分で考え、判断し、行動する〝社会適応能力〟がつけば、社会の一員として認められ、社会貢献ができます。そのことを学ぶために、重度の障害があっても水泳をさせ、乗馬をさせ、あるいはスキーをさせ、身体を動かしながら、あいさつや時間の観念、忍耐、積極性、チャレンジといったものを主に教えているのです。

ただし、不可能を可能にするためには、本人の努力以外に、家族や周囲の力を総動員することがとても大事です。35年前、親御さんに向かって「明日、日曜日の朝9時、病院の玄関前に集合、プールに行く」と言ったら、初めて目つきが変わりました。「本当にやるんだ」と。それまでは「誰かがやってくれるだろう」という感じでしたが、「自分たちがやるしかない」と腹をくくったんですね。

まずは10年続けてみようと、みんなで努力していったら、「この子にはできない」と思っていたのに少しずつ変化が出てきて、親側の意識が完全に変わりました。経験・体験が重要なんだと理解しました。

能力を伸ばす機会を阻む2つの「わ」を取る

これまで社会に適応できずとも「許される環境」にいた彼らが、受動的ではなく、能動的に自分の道を選んで生きていけたら、これほど幸せなことはありません。漫画『義男の空』にも出てくるS・Tくんは、最重度（オープンリップ裂脳症）の状態からプールで潜る練習をしたり、電動車いすが使えるようになったりという変化に始まり、トーキングエイド（会話が困難な人のためのコミュニケーションツール）を使ってついに自分の言葉でしゃべり出しました。今は就労支援B型で働きながら、自立しています。よくここまできた！と思います。

また、重度の軟骨無形成症のK・Tくんは東京パラリンピックの最終選考に残るほど水泳が得意になり、今は社会企画関連の会社に勤めながら、社会人パラスイマーとして次のパリ大会を目指して練習に励んでいます。

「にわとりクラブ」に関連するNPOには「いけまぜアトリエ」という絵を描く組織もあります。K・Tさんは広汎性発達障害で対人関係の障害を持っていますが、10歳から毎日スケッチブックに向かい、色鉛筆とは思えない強い筆致、独特で大胆な構図が特徴の作品で、数々の賞を受賞。フランスでも展覧会を開いています。

彼らはほんの一例ですが、本人の「できないわ」と、周囲の「面倒くさいわ」の2つの「わ」を取り、この「にわとり」と挑戦を続けた先に可能性が生まれたのです。障がい児の能力を伸ばす機会を阻む問題点はこの2つにあります。「うちの子にもっと良くなってほしいが、これ以上は無理」と思っているのは思い込み。本人も親もあきらめなければ、そして、やる気と少々の無茶をすれば、突破口は必ず見えてきます。

「みんな同じ人間だべや…」

Profile
髙橋 義男(たかはし・よしお) **氏**

1949年、北海道生まれ。札幌医科大学卒業後、中村記念病院に勤務。札医大、北海道立小児総合保健センター勤務などを経て、2005年、中央集約的治療よりも地域展開型医療が重要と、とまこまい脳神経外科・岩見沢脳神経外科・大川原脳神経外科病院、別海町立病院に小児脳神経外科部長として就任。障がい児の支援団体「にわとりクラブ」、「ほっかいどうタンポポ」などの理事長も務めている。自身がモデルとなった漫画『義男の空』(エアーダイブ)は全12巻発売中。

とまこまい脳神経外科
〒053-0811
北海道苫小牧市光洋町1-12-20
☎0144-75-5111
http://tomanouge.jp/

住医学研究会の
活動内容

医師や大学教授とのさまざまな研究結果を元に、合板や集成材、木工ボンドなどの長持ちしない建材や、健康に悪い建材を排除した家づくりを行い、住むだけで健康になる、医師が認めた本物の健康住宅の普及活動を行っています。安心、快適で末永く暮らせる、心から愛着が持てる健康的な住まいを一人でも多くの方に知っていただくために、私たちは日夜邁進してゆきます。

住医学研究会
〒163-0637 東京都新宿区西新宿1-25-1 新宿センタービル37階
0120-201-239　https://jyuigaku.com
住医学研究会　検索

1
フォーラム・イベントの運営

全国で毎週土・日曜、祝日に行われる「住まいと健康」をテーマにしたさまざまなフォーラムやイベント、各種講演会の運営をしています。東京都立大学の名誉教授であり、医学博士の星旦二氏を迎えて、自ら大手ハウスメーカーに施工をお願いし、後悔した体験談のほか、調査研究により得た健康に関するデータや結果をもとにわかりやすく説明、累計40万部のベストセラー作家の澤田升男氏が提唱する「0宣言の家」も含めて、どういった家づくりと生活環境が健康増進へつながるのかお伝えしています。(P22-23参照)

顧問 星 旦二 氏

名誉顧問 澤田 升男 氏

2
会報誌の発行

「住まい」と「健康」は切っても切り離せない関係です。「住まい」は居住者にとって、心身ともに休まる安寧の場所であり、人生の中で最も長い時間を過ごす場所です。そんな場所だからこそ、まさか住んでいて「病気になる!」なんて誰も思いません。住医学研究会では、「本物の健康住宅」の普及活動を行うために、毎月1回「住医学ジャーナル」を発行しています。医師会や大学教授との協働研究の結果や、「0宣言の家」のお宅訪問、講演会、フォーラム・イベント情報など、毎号最新の情報をお届けしています。

4
住まいと健康、家族に関する調査

住医学研究会が推奨する「0宣言の家」。そこに住む人の健康の関係性を明らかにする調査に取り組んでいます。「住まいと健康・家族に関する調査」「新築前後の住環境と健康の調査」は、「0宣言の家」のお施主様にアンケート調査や、入居前、入居後の健康状態の変化、血圧測定などにご協力いただき、「住宅」を取り巻く望ましい環境が生活習慣につながり、「家族の成長」と「健康寿命」にどのように影響を及ぼすのかを調査しています。(P6～11参照)

慶應義塾大学 伊香賀 俊治 氏

3
「0宣言の家」家づくり相談・アドバイスと会員工務店ご紹介

家づくりの悩みを抱えている多くの方々に、失敗しない家づくり・本物の健康住宅の造り方などについて、個別相談会やミニセミナーを全国で開催しています。さまざまな疑問や不安を解決するだけでなく、第三者の視点から相談者に合った最善のアドバイスをしています。また、「0宣言の家」の建築、健康断熱リフォーム等をご希望の方には、全国の優良会員工務店をご紹介しています。資金計画からプランニング、ご契約、完成、お引渡し、お住まいになってからもアドバイスやサポートを継続していきます。第三者目線でのアドバイスはときに厳しいこともありますが、後悔のない本当に良い家づくりを実現していただくため、私たちも真摯に向き合っています。

5
症例の紹介

HPや住医学ジャーナル、フォーラムなどで「住まいと健康」について報告するために、「0宣言の家」のオーナー様訪問を行っています。入居してから数カ月で、「アレルギー症状が緩和した」「糖尿病や心疾患、脳血管疾患等が改善した」「高血圧と高脂血症の悩みから解放された」「10年ほど飲んでいた慢性じんましんの薬の量が減った」「アトピー性皮膚炎、じんましんの皮膚のかゆみがなくなった」など、居住環境による健康へのさまざまな影響をお聞きしています。(P18～21参照)

6
住医学研究会の活動に賛同する医師たち

「住まい」は生涯の中で多くの時間を過ごす場所です。人々の生活習慣や環境とも密接に関係し、住む人の健康に大きな影響を与えると考えられます。そのような動向のなか、「0宣言の家」と「住まう人の健康」との関係性を明らかにする調査に取り組む住医学研究会の活動に私たちも賛同しています。

医療法人 万仁堂
三浦齒科醫院
三浦 正利 院長
〒988-0382
宮城県気仙沼市本吉町津谷明戸24-2
☎0226-42-2418
https://www.manjindo.com

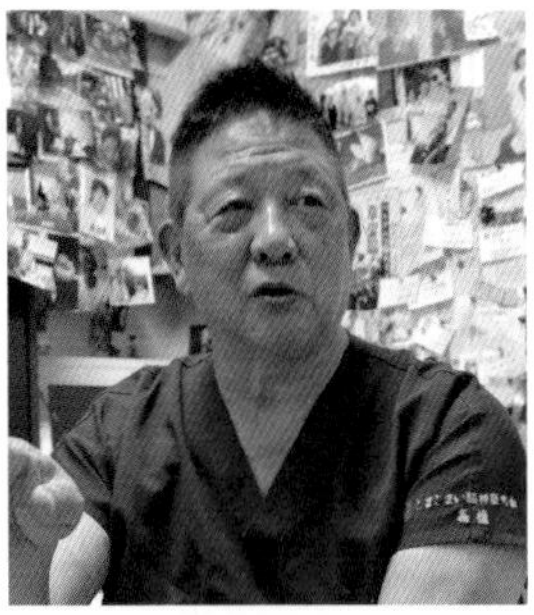

とまこまい脳神経外科・
岩見沢脳神経外科・
大川原脳神経外科病院・
別海町立病院
髙橋 義男 氏
〒053-0811 北海道苫小牧市光洋町1-12-20
☎0144-75-5111
http://www.tomanouge.jp/

高畠歯科クリニック
安日 純 理事長
〒999-2178
山形県東置賜郡高畠町
上平柳2099-2
☎0238-58-0814
https://www.takahatasika.com/

にしさこレディースクリニック
西迫 潤 院長
〒252-0103
神奈川県相模原市緑区原宿南2-39-7
☎042-782-4135
http://www.nishisako-cl.jp/

SSクリニック
柴田 真一 院長
〒460-0012
愛知県名古屋市中区千代田3-14-14
パルティール鶴舞2階
☎052-332-7870
https://www.hifu-ss.com

おおひら歯科クリニック
金城 敬 院長
〒901-2114
沖縄県浦添市安波茶1-27-8
☎098-875-0648
https://oohirashika.jp/

日本根本療法協会 理事
杉田歯科医院
杉田 穂高 院長
〒216-0033
神奈川県川崎市宮前区宮崎2-12-1
宮崎台プラザ
☎044-854-8241
http://causaltherapy.org

医療法人社団観聖医心会
芦屋漢方研究所・吉田内科クリニック
吉田 光範 院長
〒659-0068
兵庫県芦屋市業平町5-2
芦屋ハウス6階
☎0797-38-7210
https://www.yoshida-naika-cl.com/

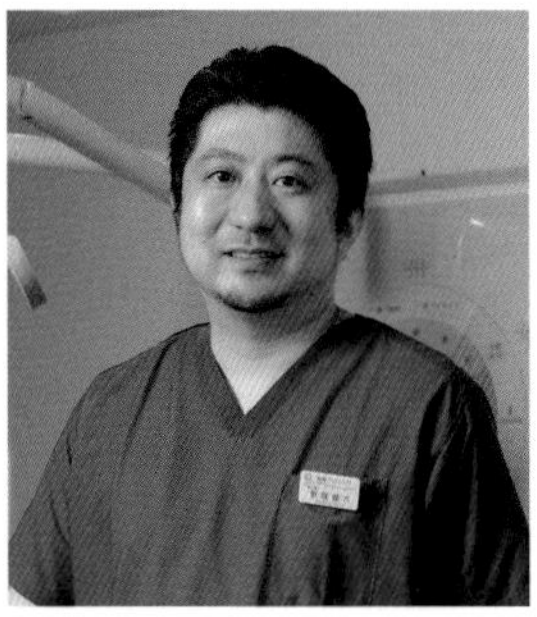

野城クリニック
野城 健太 院長
〒600-8212
京都府京都市下京区東洞院通
七条下ル塩小路町524-4
パデシオン京都駅前Ⅱ番館1階
☎075-354-8112
https://www.noshiro-dc.com/

こもれびの診療所
加藤 直哉 院長
〒116-0003
東京都荒川区南千住5-21-7-2階
☎03-6806-5457
https://komorebi-shinryojo.com/

医療法人 悠水会
佐藤歯科クリニック
佐藤 恭子 院長
〒369-0114
埼玉県鴻巣市筑波1-4-1
☎048-549-0190
http://satou-dental-clinic.com/

統合医療センター
福田内科クリニック
福田 克彦 副院長
〒690-0015
島根県松江市上乃木9-4-25
☎0852-27-1200
http://www.tougouiryou-fukudaclinic.com

医療社団法人 南生会
生田歯科医院
生田 図南 理事長
〒863-1215
熊本県天草市河浦町白木河内220-1
☎0969-77-0039
https://www.ikuta-dc.com

医療法人 廣仁会
直原ウィメンズクリニック
直原 廣明 院長
〒560-0084
大阪府豊中市新千里南町2-11-1
☎06-6871-0314
https://www.jikihara.net/

すこやか未来
大林 京子
☎090-1333-7402
https://sukoyakamirai.com/
診療のお問い合わせ
https://lin.ee/QpMHYBU

医療法人 桑江クリニック
桑江 秀樹 院長
〒559-0012
大阪府大阪市住之江区東加賀屋3-12-18
ラヴィリンス202
☎06-6684-6607
http://www.kuwae-clinic.com

吉川医院
佐藤 俊介 院長
〒870-0049
大分県大分市中島中央1-2-38
☎097-532-2770

須﨑動物病院
須﨑 恭彦 院長
〒193-0833
東京都八王子市めじろ台1-8-25
アゴラビルG101
☎042-629-3424
http://www.susaki.com/

アーニスト歯科クリニック
村田 健 院長
〒683-0845
鳥取県米子市旗ケ崎6-19-37
☎0859-48-1184
https://www.earnest-dc.com

柏瀬眼科
柏瀬 光寿 院長
〒326-0052
栃木県足利市相生町386-1
☎0284-41-6447
https://kashiwase.com/

統合医療 クリニック徳
高橋 徳 院長
〒460-0008
愛知県名古屋市中区栄2-10-19
名古屋商工会議所ビル11階
☎052-221-8881
https://www.clinic-toku.com

アドバンス・クリニック福山
瀬尾 宜嗣 院長
〒720-0809
広島県福山市住吉町5-8
☎084-999-2251
https://advance-clinic-fukuyama.com

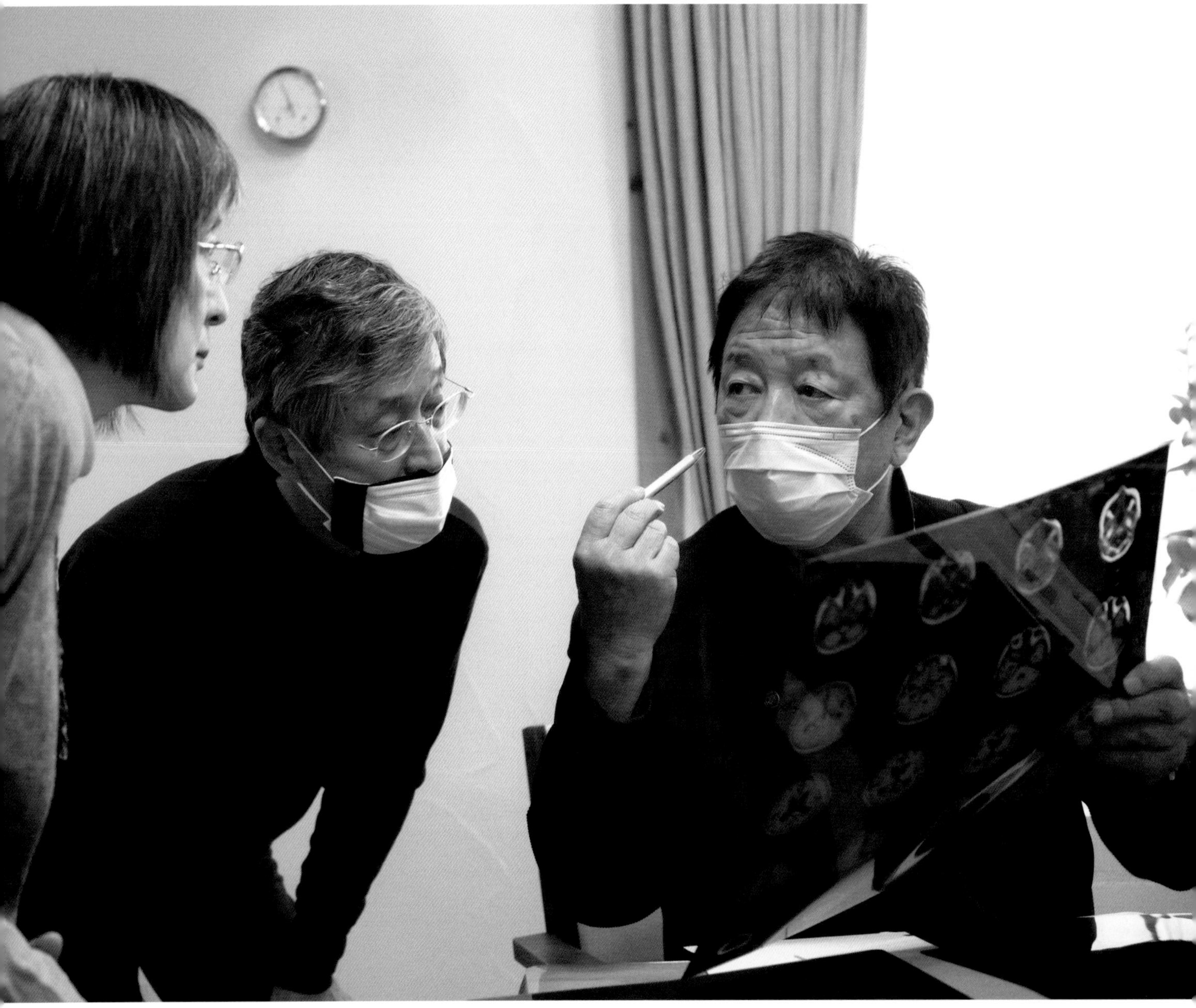

脳障害のK様娘さんを 高橋義男医師が訪問診療

これまで本誌に3度登場し、「0宣言の家」に移ってから脳障害のある娘さんに起こったうれしい変化について語ってくださったK様ご夫妻。そこに北海道で小児神経外科医、小児リハビリテーション医として活躍し、今も子どもたちを救い続けている髙橋義男医師が訪問。障がいのある子どもの可能性を引き出す活動でも知られる髙橋医師は、K様に何を語ったのでしょうか?

髙橋医師は、これまでもK様の取材に対するコメントを本誌にたびたび寄せてくださった。K様ご夫妻は、「脳の状態は悪くない、まだまだいける！」という言葉に戸惑いながらも笑顔をのぞかせた

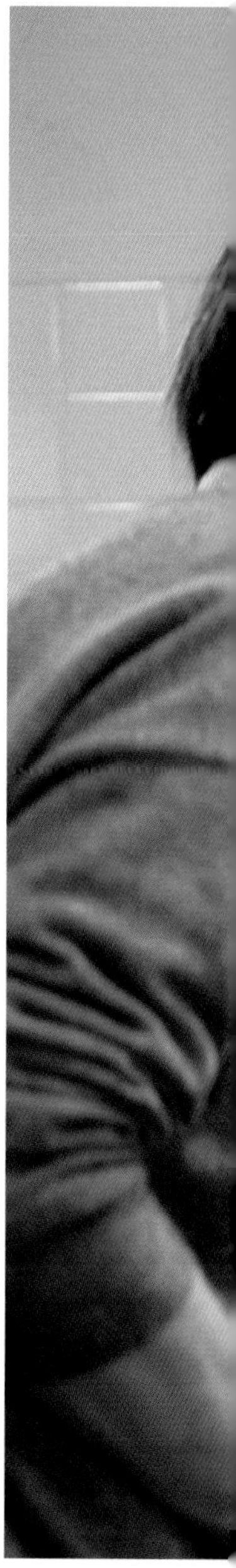

娘さんの能力はまだまだ伸びますよ！

髙橋先生（以下、先生）：今日はよろしくお願いします。早速ですが、娘さんの発症時の状況を教えてください。

K様奥様（以下、奥様）：娘が8歳の時、2004年8月30日に倒れました。学校から「朝礼中に倒れて、今、救急車を呼んでいます」と連絡があり、急いで駆けつけると、娘が見たことのない（白目を向いた）状態で意識なく横たわっていました。救急車で運ばれる途中、背中がエビぞりになって……それが初めて見たけいれん発作です。

K様ご主人（以下、ご主人）：病院では当初「てんかん」を疑ったそうです。発作が治まらず、そのたびに薬で眠らせて、また発作が出ての繰り返しが続き、発作が頻発しなくなったのはその年の暮れでした。付けていた呼吸器が取れたのもその頃です。

先生：診断がついたのは？

奥様：発症して4、5日経って、主治医から「ヘルペス脳炎です」と告げられました。「人間が体の中に持っているヘルペスというウイルスが暴走して、脳にダメージを与えた」という説明でした。脳が萎縮したため、歩けないし、コミュニケーションも取れない、寝たきりですと。

ご主人：実際は歩けるようになりましたし、寝たきりでもありませんが、言葉が出ず、意思の疎通は今も難しい状況です。

先生：私は小児の脳神経外科をやって37年ですが、CT画像の経過を見る限り、それほど脳の損傷はひどくはなく、脳の萎縮も強くありません。脳炎であれば普通は急性期に脳が損傷して脳が腫れてさらに脳が損傷し、慢性期には脳の萎縮にともない、脳室が広がって、脳のボリュームが少なくなり、骨と硬膜の間にすき間ができるんです。このような流れの中で脳実質や脳の構造が崩れてしまうと、おっしゃるような後遺症が残る場合があります。しかし、娘さんは前頭葉と後頭葉がしっかりしていて、右の側頭葉もある程度残っている。断定はできませんが、何らかの原因による脳症でけいれんを起こして脳にうまく酸素が届かなかったことによる低酸素脳症、今は、てんかん後脳症と言いますが、その可能性が考えられます。後頭葉のダメージがないので目からさらに情報を入れてあげたら、前頭葉で記憶を蓄積できるし、言葉もおそらく出てくると思いますよ。

ご主人・奥様：え、本当ですか!?

先生：このくらいの年齢になると、ときどき嫌なことをするととっさに出てくるような、「いや！」「やめて！」といった突発性言語から言葉が増えることが多いです。

ご主人：今のところ言葉は出ませんが、この家に引っ越してから体の状態が落ち着き、その頃から意思表示をするようになりました。トイレに行きたかったら、夜中でも私のことを突っついて、布団をはがして、「トイレに連れていけ」というしぐさをします。また、お腹がすいたら食事の時間でなくてもダイニングテーブルに座ってじっと待っているので、何か食べたいんだとわかります。

奥様：薬を飲むので眠いことが多いのですが、お風呂上がりが一番覚醒していて、ここ（ダイニングテーブル）に座らせて、目の前に新聞や雑誌を置いておくと、ずっと見ているので、いろいろわかっているんだろうなと思います。

先生：よかったら、「字」や「絵」を書くこともやったらいいですね。まだまだ能力は伸びてくると思いますよ。

時間でやることを決め、生活リズムをつくると良い変化が出てきます

髙橋義男氏

一番大事なのは、ご両親が娘さんを説得すること

奥様：実は、呼吸器が取れて一般病棟に移った頃は、自分の名前も書けて、1年生ぐらいの足し算、引き算はやったんです。家族の名前を呼んだこともあります。それがだんだんできなくなりました。

先生：簡単に言うと、今までできていたことが急に難しくなって、その状況に自分が慣れて、がんばることが面倒になったのだと思います。でも、そこをがんばらないと、「退行」といって、できることが減ってしまいます。たとえば今、私が娘さんを見ても、目線が合わないですよね。

ご主人：目線が合わないのか、合わせようとしないのか、よくわからないのですが。

先生：本人が合わせようとしないと考えたほうがいいでしょう。そういう時は、「こっちを見て！」と言うしかない。目線がズレたままなら、こちらから顔を近づけて目を見る。本人は嫌がりますが、なるべくしつこくやったほうがいい。カメラを向けて、レンズに目線を集中する練習をするのもいいと思います。ある患者さんに、診察のたびにカメラを向けていたら、ピタッと目線が合うようになりました。根気はいりますが、必ず変化が出てきます。

奥様：ほかには何かありますか？

先生：本人に選ばせること、二択、三択は大事です。「どっちが好き？」「行く？行かない？」といった質問を出してみる。黙っていても許される環境にいると、人はある意味、何もしなくなりますからね。それから、家でやることを決めて、その通りにやってみる。朝、何時に起きるとか、午前中は絵を描くとか。毎日、決まった作業を繰り返すことで、「これが自分の仕事だ」と理解できるようになります。

ご主人：今、日課にしているのは、ウォーキングマシンで1時間歩くことです。たしかに靴を履かせると、スッと自分でマシンに移動します。あとは、毎回の食事は自分で食べます。これも娘にとっては仕事ですね。

先生：そうです。そういう経験を増やして、チャレンジしていけば、まだまだ伸びてくると思います。娘さんはもう大きいから、タブレットを持たせてもいい。それで絵を描いたり、字のなぞり書きをして自分の名前を書いたり、好きにネット検索してもいいでしょう。

奥様：私がやっているのを見せれば、真似するでしょうか？

先生：はい。もっとも大事なのは、ご両親が語る、説得する、そして一緒にすることです。「嫌かもしれないけど、がんばって」と。嫌がったらギュッと抱きしめて、「これをしないとダメだぞ」と耳元でささやいて。おそらく腕をふりほどこうとするでしょうが、もう1回抱きしめて、説得してください。

入居して約7年、娘の行動や症状が劇的に変わりました

K様ご主人

K様ご家族のこれまで

娘さんが脳炎にかかる

医師からは「寝たきりのまま、人工呼吸器は外せない、コミュニケーションをとることも期待できない」と告げられる。

半年後にリハビリ病院に転院。人工呼吸器は外せたが、8カ月間ずっと寝ている状態だったため、足の筋力が弱り、歩行が困難になる。

自宅療養が始まる

脳障害のリハビリ療法プログラム「ドーマン法」を知り、セミナーを受けて自宅で実践する。1カ月ほどで自分の足で歩けるようになる。また、食生活、運動などのほか、住環境の重要性も学んだ（発作を起こさないようにするには、呼吸を整えることが大事。そのため、住環境を整えることが必要である）が、賃貸住宅ではできる限度もあった。

自宅療養を始めて10年間、年に2、3度はてんかん発作の重積で入院する。奥様は泊まり込みの看病となり、ご主人と息子さんも家事を分担して協力。いつ発作が起こるかわからず、気が休まらない日々を送る。

マイホームを検討

0宣言の家のモデルハウスで、素材の違いを実感。担当者の説明などを聞き、「0宣言の家」を建てる思いが固まる。

ご主人：根比べですね。

先生：そこを乗り越えて自分からやるようになれば、流れがグッと変わりますよ。すぐにできなくてもいいんです。大事なことは努力する生活スタイルです。コツコツやればやがてできるようになる。そしてやればできるという自己効力感を持つことです。

住環境が変わり体調が安定。家族旅行もできました

先生：「0宣言の家」に移ってから、大きな発作が一度もないと聞いています。環境が変わってストレスが減り、安心して寝られるようになると、基本的にけいれんは起きにくくなります。

私たちが働きかければ娘はもっと変わると知れてよかった！

K様奥様

ご主人：勤め先の宿舎に住んでいた頃は1週間に1回は必ず発作があり、私たちも気が気ではありませんでした。それが、こちらに来て一度も入院することなく、表情も穏やかになって、今は家族で旅行もできる。そこは大きな進歩だと思っています。

奥様：ここ最近の変化は、自分のまわりを確認するように壁やテーブル、あちこちを触るようになったことです。今日は取材スタッフのみなさんの手を引っ張ったり、服を触ったり。

先生：体がリラックスできる環境にいることと、ご両親との信頼関係が大きいと思います。周囲の状況を認識しているので、今日のように自分からフレンドリーにもできるんですよ。あと一歩です。

ご主人：今回、先生のお話を伺って、私たちが認識していた娘の状態とは違うことに衝撃を受けました。

奥様：良い方向に違っていたのは、うれしい驚きです。こちらが「やりなさい」と繰り返し働きかけることが、娘にとって大事だということも初めて知りました。

ご主人：先生からまだまだ伸びると言われると、希望がわいてきます。私たち自身も覚悟を持ってがんばらないといけませんね。

ご主人・奥様：今日は本当にありがとうございました。

Profile
髙橋 義男氏

1949年、北海道生まれ。札幌医科大学卒業後、中村記念病院に勤務。札医大、北海道立小児総合保健センター勤務などを経て、2005年、中央集約的治療よりも地域展開型医療が重要と、とまこまい脳神経外科・岩見沢脳神経外科・大川原脳神経外科病院、別海町立病院に小児脳神経外科部長として就任。障がい児の支援団体「にわとりクラブ」、「ほっかいどうタンポポ」などの理事長も務めている。自身がモデルとなった漫画『義男の空』（エアーダイブ）は全12巻発売中。

娘さんは温度や湿度、気圧の変化についていけず、体調を崩しやすい。「ここは温湿度が一定に保たれている分、家がリスクヘッジになっています」とK様ご夫妻

毎日1時間、ウォーキングマシンで歩くのが日課だという。時速3.3キロでテンポよく！ 食事は必ず自分で、箸を使う習慣は子どもの頃から変わらないそう

マイホーム完成直後

引っ越してほどなく、娘さんの表情が穏やかになり、微笑むようになる。トイレの意思表示もできるようになった。

マイホーム完成1年後

引っ越し以来、大きなてんかんの発作は起きていない。一人で階段の上り下りができるようになった。

マイホーム完成3年後

てんかんの発作を抑える薬がほぼゼロまで減少。軽いけいれんはあるものの、突然バタッと倒れるのではなく、自分から床に寝転ぶようになり、格段に危険が減った。一人で数時間の留守番もできるように。ご主人や奥さまにも緊張のほぐれる時間が増えてきた。マイホーム完成5年後になると、家族旅行ができるまでに体調が安定。

本誌2018-2019年号に掲載時のK様ご家族

住医学研究会 名誉顧問
ウェッジグループオーナー
澤田 升男

住宅展示場では真実は教えてくれない

一人でも多くの方に、快適に、健やかに暮らしてほしい。「本当に良い住宅とは何か」をしっかりと考えてみてほしい。そんな思いで、澤田升男氏はセミナーの壇上に立つといいます。住宅展示場の営業マンは、なぜ本当のことを言わないのか。その背景にある住宅業界の裏側の事情と、日本の住宅の問題点について澤田氏にうかがいました。

〝国の認めた〟家は本当に良い家なのか

全国各地でセミナーを開いているのは、どのハウスメーカーにも属さない私が、第三者的な立場でお話しできる場所だと考えているからです。私は、家を売るために話はしません。ただ〝良い住宅をつくりたい〟という思いでセミナーに臨みます。皆さんに、本当のことを知っていただきたいのです。

皆さんが新築やリフォームを検討する際、「とりあえず、住宅展示場で、情報を集めよう」「自分好みのハウスメーカーを見つけよう」と考えると思います。最近はシックハウスなどに関心のある方も多いですから、大手ハウスメーカーの営業マンにもいろいろ質問もするでしょう。すると、営業マンからはこんな言葉が返ってくるはずです。「この家は、国が認めた資材や工法を使っていますから、安心ですよ」。

そして、それを聞いたほとんどの人は「国が認めたなら安心だ。良いものだ」と、納得してしまいます。しかし、本当にそうでしょうか?

現在の日本の住宅の平均寿命は25年といわれます。しかも、5年、10

年という短いスパンでメンテナンスやリフォームが必要になることをご存知でしょうか?

調湿性のない高気密・高断熱の工法を採用し、使う資材はビニールクロスやボンドなど、揮発性有機化合物を含んだ工業化製品ばかり。これらは室内に寒暖差や内部結露を発生させ、家の劣化を早めます。また、カビ、ダニなどを呼び、ヒートショックやシックハウスなどを引き起こす原因にもなるのです。

さらに不思議なことは、このような家で快適に暮らすためにと、24時間換気システムや除湿・加湿器など、たくさんの機械を導入することです。機械も劣化するため、買い換えのたびに、また費用がかかります。

長持ちしない、健康に害を及ぼしかねない、機械に頼らなければ暮らせない。これが、〝国の認めた資材・工法〟の家なのです。

業界は〝早く壊れる家〟をつくっている

では、なぜ大手ハウスメーカーはこうした家を建てるのでしょうか。その背景にある大きな要因は、日本の少子化による業界の先細り感です。以前は年間200万戸といわれた新築住宅の着工件数が、現在は80万戸。さらに後2年もすれば50万戸に減少することが予想されています。住宅業界のマーケットが縮小していく中で、ハウスメーカーがどう生き残るかといえば、リフォームで稼ぐしかありません。そして、リフォームの仕事を増やすためには、〝早く壊れる家〟のほうが都合がいいわけです。また、国は大手ハウスメーカー主導の構図を後押しするように法律の整備を進め、テレビや新聞もスポンサーの意向には勝てません。これが今の建築業界の真の姿です。

実は、このことに気付くまでは、私自身も大手ハウスメーカーの言うことが正しく、素晴らしい技術だと信じていました。23歳で父の工務店を継いだ時、父の続けていた自然素材の家を建てるのをやめ、工業化製品の家を建てるようになったのです。もちろん、自宅も工業化製品で建てました。しかし、新築で建てた我が家は、ほんの数年でリフォームが必要になり、17年後には建て替えになりました。同時期に父も母屋を建て替えたのですが、そちらは50年近く経ってもノーメンテナンス。工業化製品の家は、自然素材の家には勝てなかったのです。

住むほどに健康になる家をつくりたい

住宅業界の外に身を置くようになってから、工業化製品を使わない、長持ちする、そして機械に頼らずに人が健やかに暮らせる家づくりを追求してきました。現在は、資材や工法だけでなく、家の中で使われる電気や水、空気の改善にも取り組みを広げています。結局、家の性能を良くしていかなければ、本当の意味での健やかな暮らしは実現できないのです。しかし、そのことをただ伝えても納得する人は少ないでしょう。そこで、これまでの過程で出会ったたくさんの医師や研究者の方々と力を合わせ、〝住むほどに健康になれる家〟の研究・検証を続けています。

セミナーでも、検証データや実例を交えてご紹介しています。参加する皆さんには、大手ハウスメーカーの〝国が認めた〟という言葉に囚われず、さまざまなエビデンスを参考にしながら〝本当に良い家とは何か?〟を見極める目を持っていただきたいと思っています。

澤田 升男(さわだ・ますお)**氏**

1963年、岐阜県生まれ。自然素材住宅やオリジナル断熱工法を提供する会社を設立し、会員工務店800社を育て、建築界の風雲児と呼ばれる。現在は建築コンサルタントとして後進の指導に当たりながら、「本物の家づくり」を啓蒙する講演活動や執筆を行っている。著書にシリーズ累計40万部突破の『神様が宿る家』『ハウスメーカーと官僚がダメにした日本の住宅』『住宅展示場では教えてくれない本当のこと。』など多数。

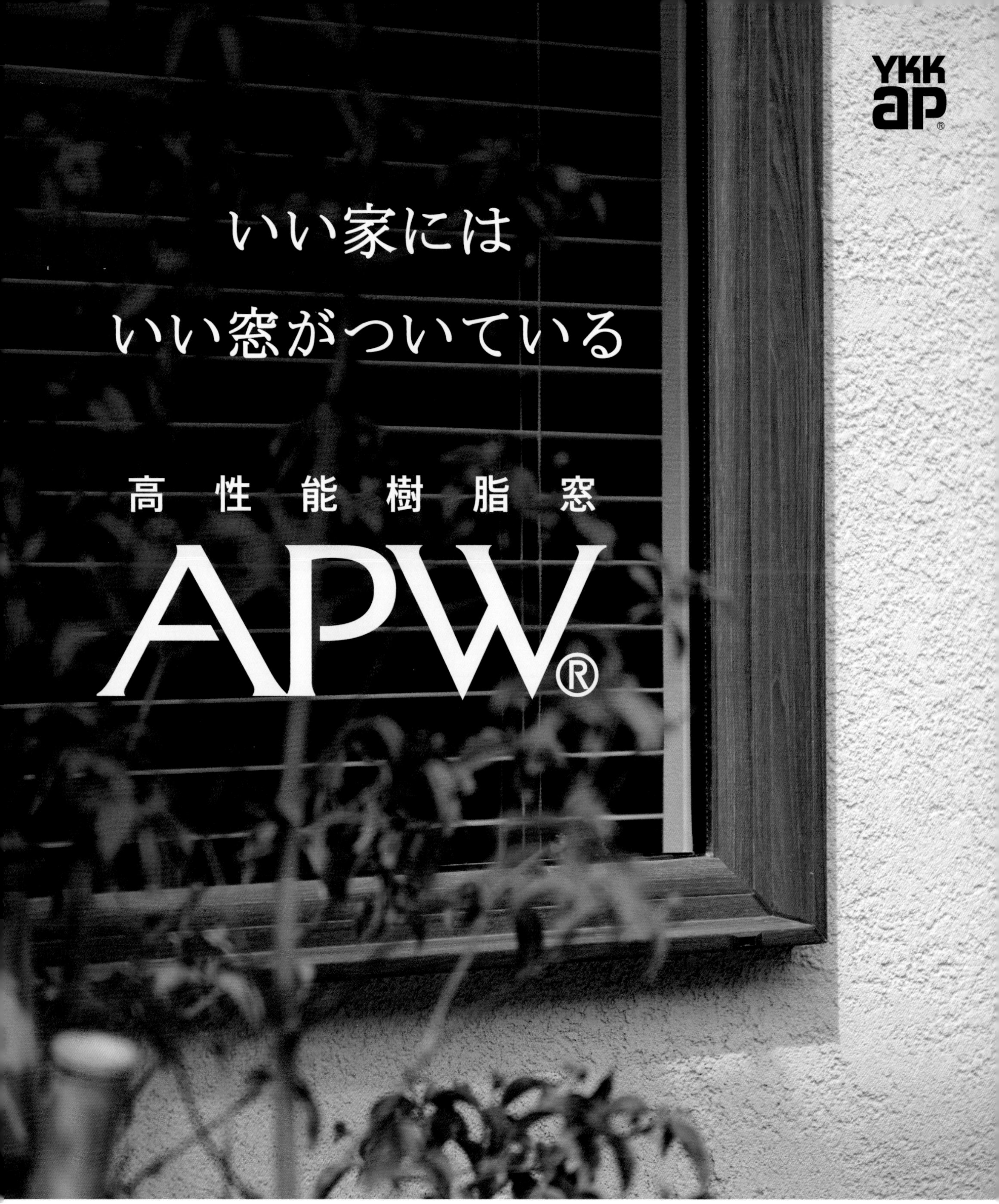

YKK ap®
いい家には
いい窓がついている
高性能樹脂窓
APW®

全国で活躍する
ベテラン医師が語る
住まいと健康

Doctor's File

「住まい」と「健康」は切っても切れない因果関係にあることが医学的見地からもわかってきました。
体と心の健康にはストレスの少ない環境が欠かせません。
これまで治療を受けるだけだったクリニックの空間にも、近年さまざまな工夫が施されています。
住医学研究会の活動に賛同する
全国で活躍する4人のベテラン医師たちに、
それぞれのクリニック独自のこだわりを伺いました。

いやさかリゾートクリニック
関根 沙耶花 院長

自分の心と身体に向き合い、
学びながら健康になる

医療法人 髙橋クリニック
髙橋 努 理事長

からだとこころが楽になる
クリニックを目指して

三恵歯科医院
森 一弘 院長

一本の歯だけを診るのではなく、
一本の歯から全身を診る

ヨネダ歯科医院
米田光孝 院長

歯の健康は、その先の「快」への一歩
幸せな人生を送るための入り口です

Doctor's File. 1

自分の心と身体に向き合い、学びながら健康になる

いやさかリゾートクリニック
関根 沙耶花 院長

ココロとカラダを丸ごと診る総合診療医

私は医学部を卒業後、大学病院で総合診療医を専攻しました。総合診療とは、専門医のように部分を診るのではなく、患者さんが抱える心と身体の問題を丸ごと診る学問のこと。人が抱える病気は、それぞれの臓器がお互いに影響し合って発症します。さらに心と身体も密接に関連しているからこそ、全体を網羅して診る総合医が必要だと思ったのです。

しかし、西洋医学の枠組みだけでは限界があると感じ、鍼灸や東洋医学に興味を持ちました。そんななか出合ったのが、ドイツの振動医学・バイオレゾナンス理論です。たとえば、住環境で問題とされる化学物質や電磁波が原因で病気になる人がいます。それらは血液検査やレントゲンでは発見されないため、現代医学では無視されがちですが、バイオレゾナンスでは〝共鳴〟の技術を使って病気の原因を推定できるのです。また、振動療法や漢方といった代替療法を用いて、身体の深いところにある原因をデトックスすることができます。「私もこんな医療を実践する場をつくりたい！」と、クリニックを立ち上げました。

ところが、またしても壁にぶつかりました。こちらが西洋医学のほかに提供する医療の幅を広げたとしても、患者さんは「自分は病気のことがわからないから、先生、治してください」と来院されます。「医師と患者の関係が一方通行のままでいいのだろうか？」というジレンマが生まれたのです。

そこで、患者さんが「自分で学びながら健康になる方法」を模索し始めました。クリニックに来て薬をもらうだけでなく、私のセミナーの動画を見てもらったり、スタッフが生活指導をしたりと、学びの要素を入れたのです。患者さん自身が病気の真の原因を知り、それを取り除くために努力すれば、自然治癒力が最大限引き出されます。そして、自立した心と身体の健康を実現することで、将来にわたって、その人らしい人生を歩むことができるというのが私の考えです。

実際の例を一つ挙げましょう。ある時、学校へ行けなくなってしまった高校生がお母さんと来院されました。バイオレゾナンスで身体を診ていくと、食品添加物や電磁波の影響が推定できます。続くカウンセリングで、食事の代わりにお菓子ばかり食べて栄養が正しく摂れていないこと、夜、寝る直前までスマホをいじって睡眠時間が短

医師と患者の関係性を超え、「学びながら健康になる」という新しいライフスタイルを提案したい

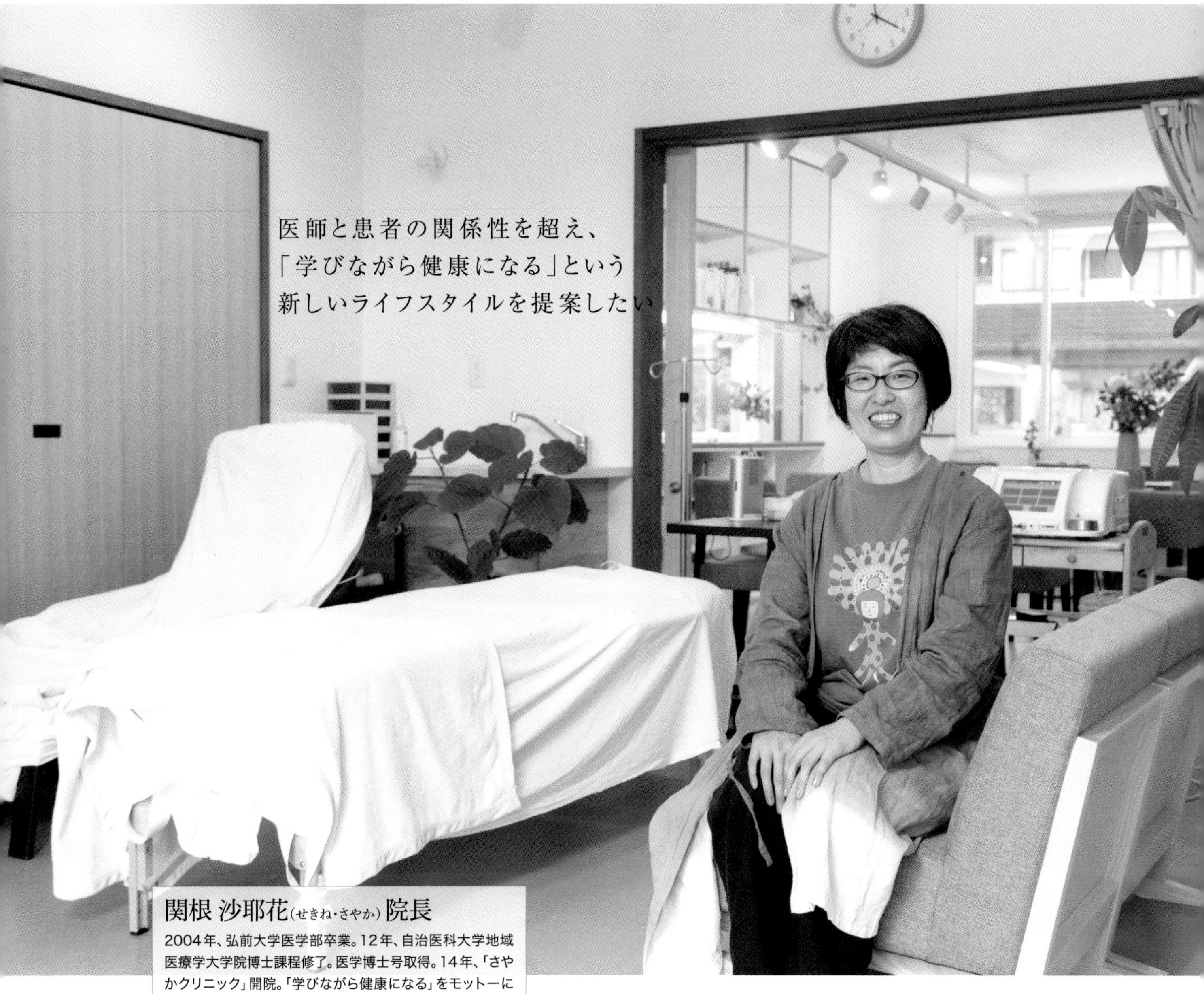

関根 沙耶花(せきね・さやか)**院長**

2004年、弘前大学医学部卒業。12年、自治医科大学地域医療学大学院博士課程修了。医学博士号取得。14年、「さやかクリニック」開院。「学びながら健康になる」をモットーに16年、NPO法人「ぐんまHolistic Health College」設立。17年、クリニックを前橋市から太田市へ移転。22年、体験型健康リゾート施設「いやさかリゾートクリニック」を設立。

いことがわかりました。そこで、振動療法や漢方、サプリメントを使いながら、家では原因となるお菓子を控え、スマホの時間を制限してもらったところ、学校に行けるようになり、自分でも食に興味・関心を持つように。今は月1回の振動療法で自律神経の調整を促しています。自分の心と身体にしっかり向き合えば、人は本当の自分に還ることができるのです。

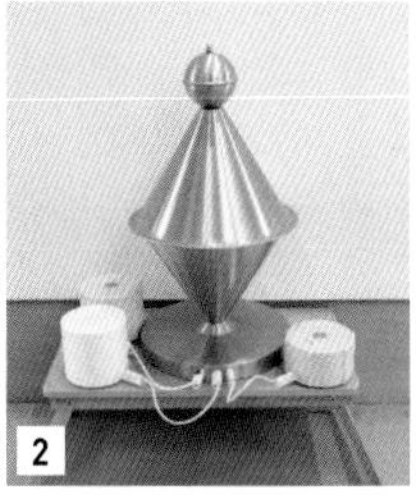

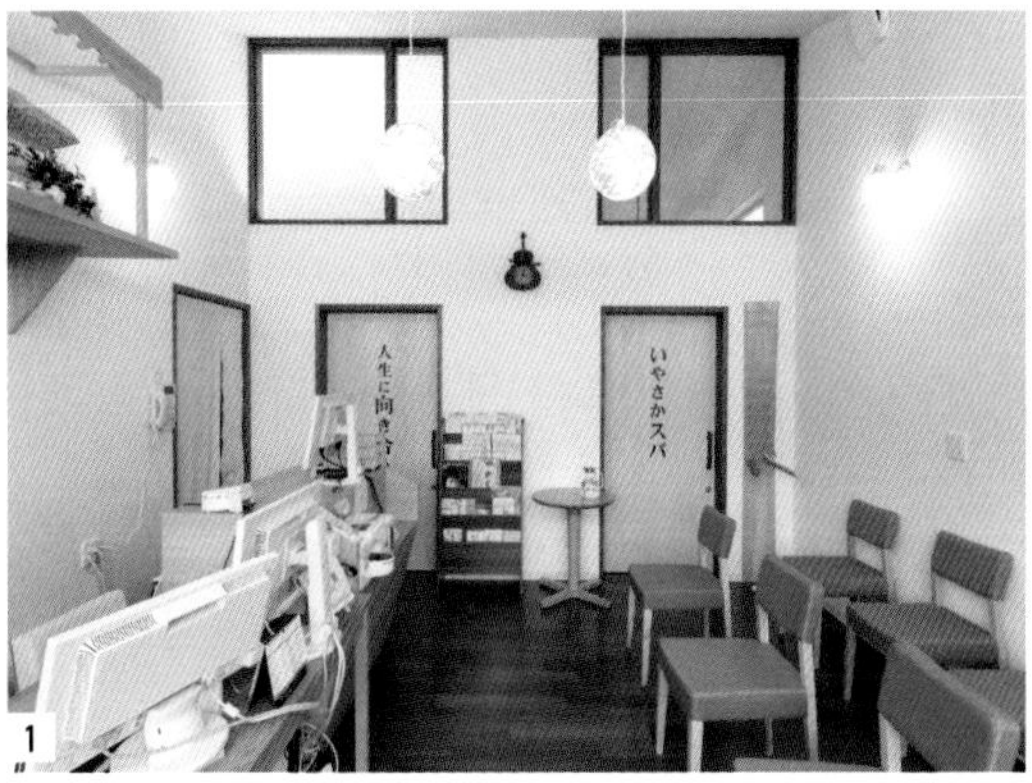

[1]クリニックとは思えない待合室。「いやさかスパ」では漢方蒸しを、「人生に向き合う部屋」では振動療法を体験できる

[2]土地から受ける電磁的影響や電磁波を中和する振動を記憶した装置で、空間全体を調整している

中庭からサロンを見るとこんな感じ。「ここに来るだけで元気になる」と言う人が多いとか

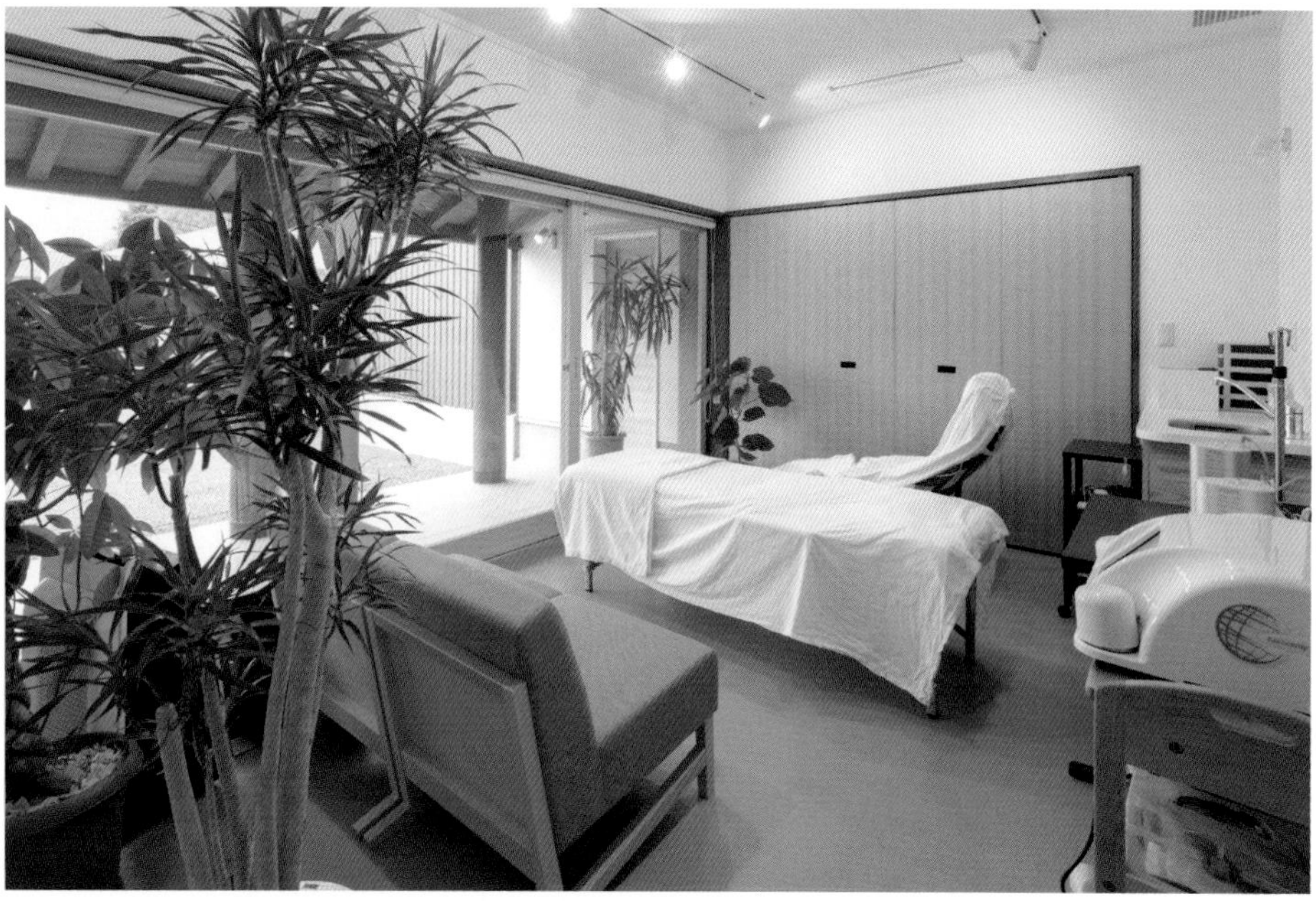

「サロン」と名付けた振動療法の部屋。バイオレゾナンス医療を用いて身体の状態をじっくり測定し、時間をかけて自分の心、身体と向き合える。カーテンを開けると、光と開放感に満ちあふれたリゾートホテルのような空間に

気遣いなく
ゆったり快適に過ごせる
開放的な大人の遊び場

1階にある健康ショップ「根っこショップ」。体質別の薬膳茶や入浴剤、サプリメントを購入できる

同じく1階のカフェ。健康によい食事が食べられ、薬膳茶が飲めるスペース。ここでセミナーが開かれることも

建物内にある半屋外の空間。コンクリートの階段と壁が蓄冷し、夏の暑い日でもひんやりした空気を感じられる

建物が人を成長させ心の変容を促すこともある

「いやさかリゾートクリニック」の一番の特徴は、自分の心と身体に向き合い、自分で学びながら健康になっていける体験型の施設であることです。

　今の自分がもし病気だとして、健康を取り戻すには、今の生活習慣を新しい生活習慣にシフトしないといけません。しかし、「これまで自分が食べてきたのはケミカルなものだった」とわかるのも、自然なものを食べて初めて実感できること。実際に体験してもらうことが大事なのです。

　そのために、建物内に「サロン」を設けました。ここは自分で身体の状態や体質を測定し、振動療法を体験できる「自分で自分をケアする部屋」です。サロンの隣にはカフェがあり、ケミカルなものを含まないおいしい食事を体験できます。また、自分の体質に合わせたオーダーメイドの漢方を煎じ、その蒸気を下半身に当て、身体を内側から温める「漢方蒸しの部屋」も用意しています。リゾートスパのような開放的な空間でくつろぎながらゆったり自分と向き合い、「健康とはなにか」「自分の人生とはなにか」を考える時間にしてほしいと思っています。

　自分の病気を治すのは、医者任せではできません。もっと突っ込んで言うなら、病気になる前に健康について学び、メンテナンスする人を一人でも多く増やしたいのです。「いやさかリゾートクリニック」が、自分にフィットした新しいライフスタイルを体験する場所になることを願って、いろいろな仕掛けも考えているところです。

　もちろん、建物自体が健康でなければ、来る人たちが心や身体をゆる

等身大の自分にフィットした心と身体が喜ぶライフスタイルを体験しに来ませんか?

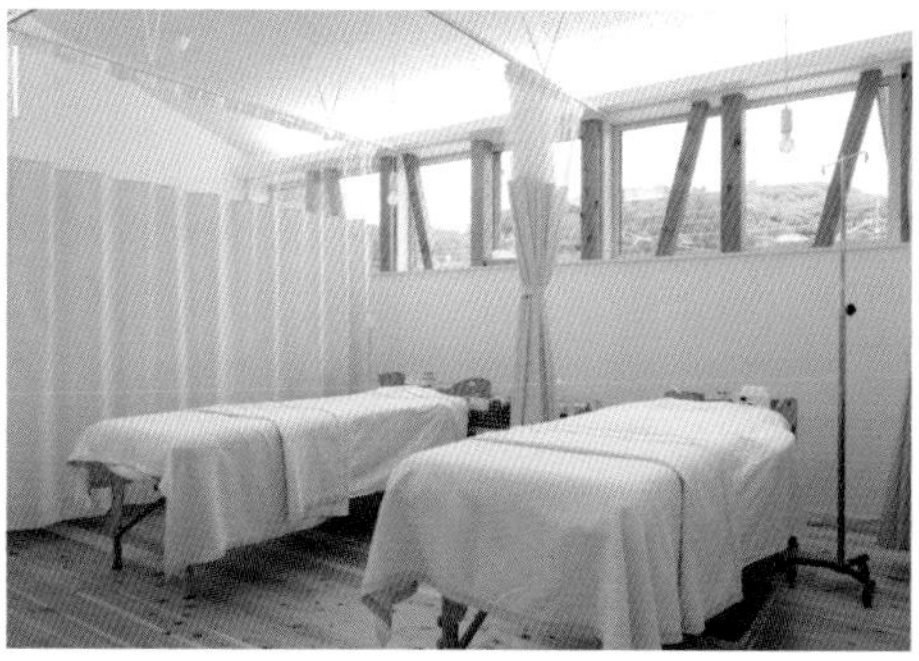
振動療法を受ける部屋。「自分と調和する振動を受けながらビタミンC点滴やオゾン療法を行うことで、より免疫力がアップする」と関根先生

木の壁に包まれた漢方蒸しの空間。天窓からさんさんと光が降り注ぐなか、30〜40分身体の内側からじっくり汗をかく

2階のクリニックへ続く階段。天空にある特別な場所へ向かうイメージで、壁色に3種類の青が使われている

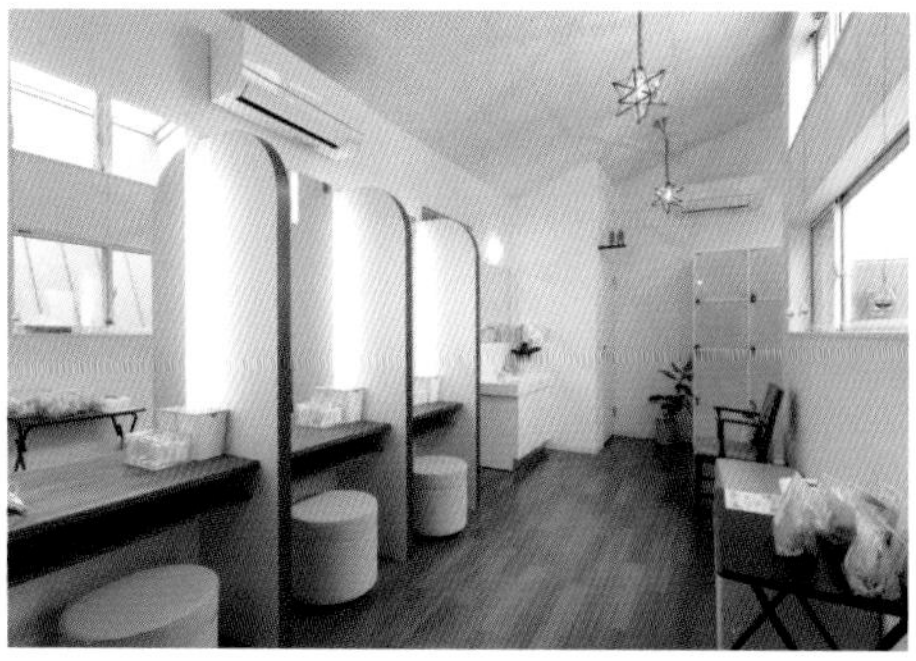
漢方蒸しの前室となるパウダールーム。ここでシャワーを浴びて身体の汚れを落としてから、ガウンを着て漢方蒸しの部屋に入る

めることはできません。ここは電磁波過敏症の患者さんでも深く深呼吸ができるよう、電磁波対策を強化しています。

　また、無垢の木をふんだんに使い、メインとなる壁には天然の漆喰を塗りました。一部、壁紙もありますが、VOC(揮発性有機化合物)を含まないのりを使用しています。

　建築設計の段階でこの建物の図面と動画を提示された時、感動しました。従来型の医療の枠組みを超えた、「学びながら健康になる」体験型健康リゾート施設というビジョンをこの建物がすでに実現していたからです。「この建物に合わせて、自分たちの現実を動かしていこう!」という思いが自然に湧き上がってきました。建物が人の成長や心の変容を促すなんて考えたことはありませんでしたが、今では建物が人間におよぼす影響の計り知れない大きさを感じています。建物はまた、人と人をつなぐコミュニケーションツールでもあります。狭すぎず、広すぎず、ちょうどいい広さの家は家族の気配がいつも感じられ、特別話さなくてもお互いの状態をわかり合えます。また、なるべく自然素材を使い、アースを取って電磁波対策をすれば心身がリラックスします。使い心地のいい家具を選び、遊び心がくすぐられる空間をつくれば等身大の自分にいつでも戻れる装置になります。これからお家づくりをされる方は、そんな視点で〝家〟を考えてみるのもいいのではないでしょうか。

いやさかリゾートクリニック

〒373-0057
群馬県太田市本町30-14
☎0276-56-9585
https://iyasaka-resort.com/

Doctor's File.2

からだとこころが楽になるクリニックを目指して

医療法人 髙橋クリニック
髙橋 努 理事長

スタッフの全ての行動に理念が感じられるように

当クリニックは1977年より診療を開始。豊中市で初めての透析クリニックとして、また、透析医療を中心に泌尿器科、内科の一般外来も行い、地域社会のホームドクターとして貢献してきました。

人工透析に至る慢性腎臓病になる原因には、糖尿病、高血圧、慢性腎炎などがありますが、腎臓の機能が低下し、血液をろ過する機能が悪化すると、その働きを代替するための治療が必要になります。治療の目的は飲食によって体内に蓄積した余分な水分や老廃物を取り除き、血液を浄化することにあり、1回の治療には約4時間を要します。

さらに、腎臓の働きを補うために必要な透析の回数は週3回。透析後は血圧の低下、疲労感、倦怠感も伴います。冷静に考えれば、生活パターンを透析中心に変えざるを得ず、毎日の食事や水分の摂取にも制限があります。患者さんにかかるストレスを少しでも軽減し、前向きに治療を受けていただきたいと、これまでさまざまな工夫を凝らしてきました。

送迎や早朝・夜間透析、患者さん同士の交流の場である患者会の活動もその一つです。

2007年に創業者で院長だった父に代わって私が理事長になってからは、「患者さんにとって居心地のいい空間」をメインに考えるようになりました。〝その場〟や〝そこにいる人たち〟が自然につくり出しているムードの良し悪しが、周囲に影響を与えるのをみなさんもご存知でしょう。

父は至る所に絵を飾り、患者さんにリラックスしてもらおうと努力していました。そうした視覚的効果はもちろんですが、私は〝人〟にもスポットを当て、あいさつや心配りが自然にできるスタッフで、ぬくもりを感じる〝場〟をつくりたいと思ったのです。

そこで、父の代にはなかった理念＝『からだとこころが楽になるクリニック』をつくりました。イメージは、患者さんもスタッフも来るのが楽しくなり、来ると自然に元気が出るクリニックです。理念を実現するための行動指針は3つあります。

一、相互の理解と信頼を基調とする、明るいクリニックを形成します
二、温もりの伝わる、より質の高い医療サービスを提供します
三、職員の能力開発を積極的に推進します

笑顔、あいさつがあふれた明るいクリニックは、来るだけで楽になります

髙橋 努(たかはし・つとむ)理事長

宮崎医科大学(現・宮崎大学医学部)卒業後、大阪大学医学部附属病院(内科)、宮崎医科大学(精神科)を経て、郵便局に入局。7年半の公務員生活の後、2007年、医療法人 髙橋クリニック理事長に就任。医師免許のほか、行政書士、社会保険労務士、日本メンタルヘルス協会基礎心理カウンセラーなどの資格を持つ。

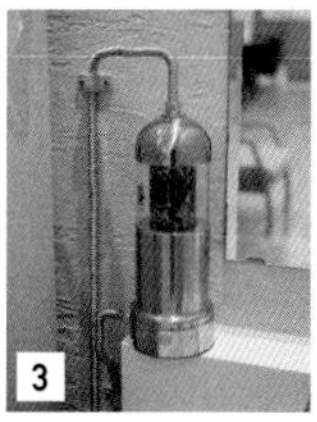
3

2

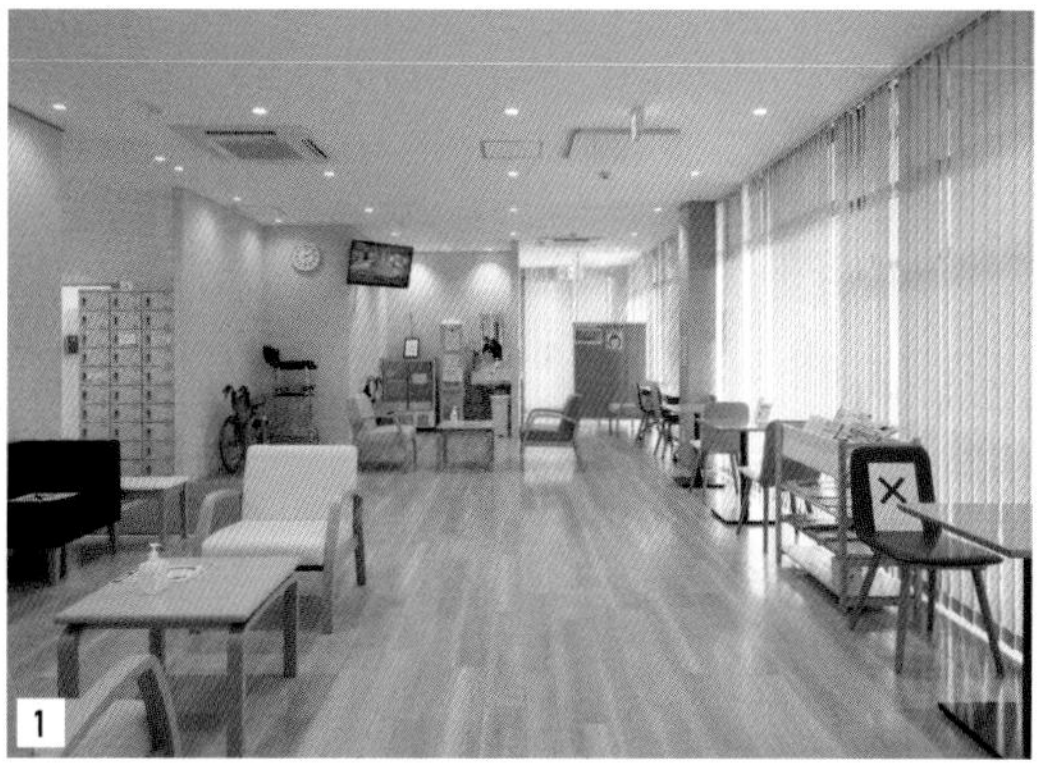
1

[1]広々とした1階待合室。明るい色合いの椅子とテーブルの配置は、まるで喫茶店のよう。長時間の透析を終え、ここでくつろぐ患者さんも多いという

[2]生演奏のような音楽を体感できるスピーカー。音波で空間を整え、聴く人の心身を緩ませる働きがあるそう

[3]縄文時代の清流を目指したという浄活水器。水分制限のある患者さんにおいしい氷を提供したいと導入

まず、スタッフがお互いの個性を尊重し、気遣い・気配りのできる職場風土を目指します。「あいさつ」を基本とし、人の和を大切にしながら、患者様満足を追求。さらに医療人として、一人の人間としての成長をサポートすることにより、働きがいのあるクリニックにするのが理想です。

周囲に気遣いなく
ゆったり快適に過ごせる
開放的な透析フロア

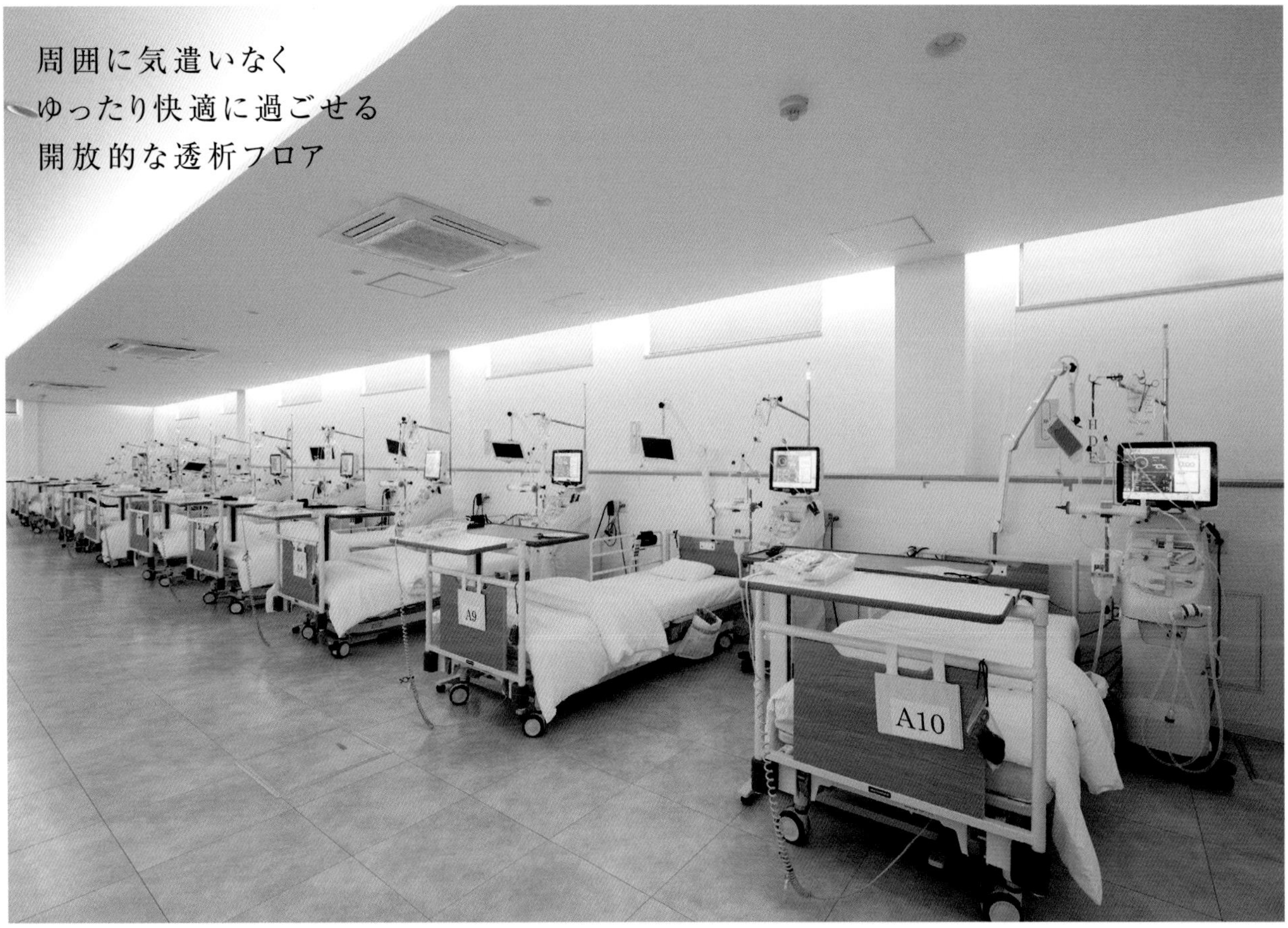

各ベッドにテレビが備え付けられているほか、フリーWi-Fiでインターネットも自由に利用できる。ベッドとベッドの間隔も広く、柔らかなライトに包まれた静かな環境で熟睡する人も多いという

見えない室内環境にもこだわった「人に優しい建物」が完成

実は、私は医師としての経験がほとんどありません。若かったせいもあるかもしれませんが、患者さんとの距離に悩んだ末、勤めていた病院を辞めて郵便局員になった、少し変わった経歴を持っています。ただ、社会人を経験したことで、人に頭を下げることも知りましたし、どうしたら相手に納得と安心感を持ってもらえるか学ぶことができました。そんな外部視点を生かして、患者さん、スタッフ、双方の満足度を高める病院経営ができたらと思っています。

2019年には、当院の理念を体感できる「からだとこころに優しい」新しい建物が完成。1階フロアは広々としたロビー空間と診察室があり、大きな窓からの採光が明るい印象を与えます。2階には明るく開放的な空間に透析ベッドが34台並んでいます。一人でリラックスしながら透析を受けたい患者さんのための個室（有料）や感染症用の隔離室も設け、安心して透析を受けていただける環境をつくりました。

以前の建物は透析ベッドが2フロアに分かれていたため、スタッフの動線が悪かったのですが、働きやすさも改善できました。

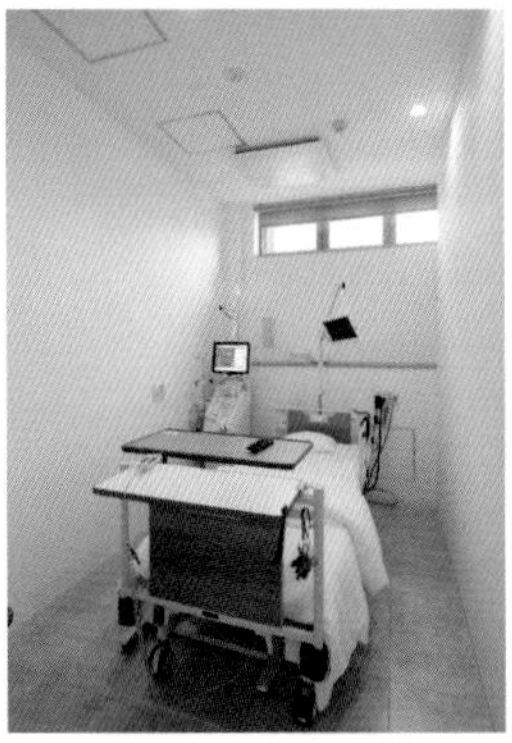

新型コロナウイルス、インフルエンザ等の感染症予防のための隔離透析室。常に万全の態勢を準備している

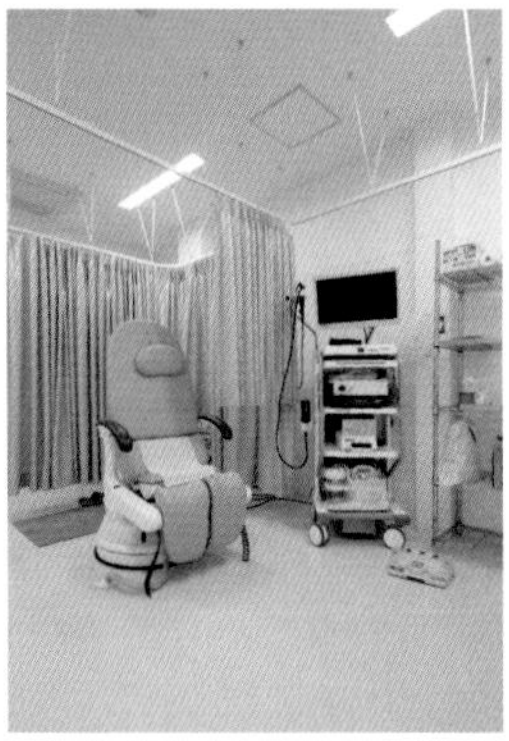

膀胱の病気がないかを調べるため、内視鏡カメラで膀胱内を診察する検査室

「最新の透析装置も導入し、快適で安全な、質の高い医療を提供できるようになりました」と髙橋理事長

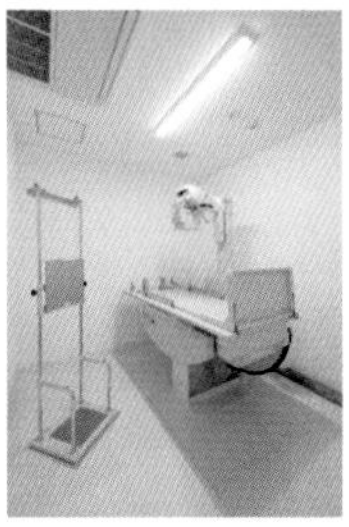

胸部と腹部の撮影を行うX線室

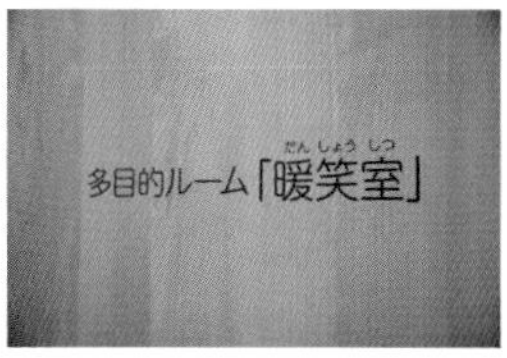

腎臓リハビリテーションで行われる運動療法や食事療法は患者さん自身が行うものだが、患者さんのやる気を引き出すにはわかりやすいレクチャーが必要だ。「暖笑室（だんしょうしつ）がその教育の場になれば」と髙橋理事長は語る

また、この建物には電気の質を改善する、つまり体に悪い電磁波を良い電磁波に変える分電盤を取り入れたり、待合室の壁を漆喰にしたりと、調和の取れた空間を意識しました。このほか、心身をリラックスさせる働きを持つスピーカーシステムや、ゼロ磁場のパワースポットで湧く自然水のようなおいしさを味わえる浄活水器を置いています。こうしたいくつものファクターの積み重ねによって、「快適で居心地のいい空間」にしています。

透析医療で起こるストレスを軽減し、ＱＯＬの向上に貢献したい

透析患者さんへのケアについては、これまで「フットケア」に力を入れてきました。透析を受ける方の足の状態の良し悪しは人命にかかわることもあります。そのために、定期的に爪の状態や足の傷のチェック、血流の管理などを行い、さらなる病気を未然に防ぐ工夫をしているのです。

これに加えて、今後は「腎臓リハビリテーション」をより進化させたいと考えています。「腎臓リハビリテーション」とは、透析医療などで起こる身体的・精神的ストレスを軽くするプログラムのことで、健康の増進や長生きにつながる効果があると、近年、注目されています。プログラムの柱は5つ。運動療法、食事療法、薬物療法、教育、精神・心理的サポートです。

具体的に何をどのようにするかはまだ決めていませんが、目の前の一人一人の患者さんの人生がより豊かになることが目的なので、極端に言えば、方法（手段）は何でもありと思っています（笑）。現状の私の立場では、医師、看護師、臨床工学技士等のスタッフが気持ちよく働ける、つまりＥＳ（スタッフの満足）がＰＳ（患者さんの満足）につながるように環境を整備することが第一の役割だと思っています。また、長く臨床の場から遠ざかっている自分に何ができるか分かりませんが、もともと人の心に一番興味がありましたので、もし求められれば、将来的に患者さんの心と共にありたいと思います。心地良い音楽が流れる環境で、香り高いコーヒーでも飲みながら、堅苦しくない、セッションのようなことができれば良いかなぁと妄想しています（笑）。

患者さんにとって良い環境に結びつく可能性があるのなら、あらゆる手立てを試してみたい

医療法人
髙橋クリニック
〒561-0832
大阪府豊中市庄内西町1-1-6
☎06-6334-1941
https://takahashiclinic.net

Doctor's File.3

一本の歯だけを診るのではなく、一本の歯から全身を診る

三恵歯科医院
森 一弘 院長

日本にいながら アメリカの最新歯科治療を

日本の一般的な歯科では、一人の歯科医師が虫歯や歯周病の治療を行い、インプラントを入れます。しかし、私が学んだニューヨークのコロンビア大学では、治療に対する考え方がまるで違いました。アメリカにも一般歯科医師はいますが、医科と同じように専門医制度があり、私の専門である歯内療法（根管治療）のほか、歯周病、インプラント、矯正、口腔外科、それぞれ専門に分かれているのです。専門医がいる最大のメリットは、質の高い、より高度な治療を行えることです。アメリカでは、たとえば一つのビルに専門医がそれぞれクリニックを持っていて、難しいケースはお互いに専門医を紹介しながら一人の患者さんを診ていきます。

私も最初はびっくりしました。『ジャパンアズナンバーワン』と称されていた日本で最先端の歯科治療を学び、揚々とニューヨークに乗り込んだのです。天狗の鼻を完全にへし折られ、数ヶ月はニューヨークに来たことをとても後悔しました。さらに私の語学力が未熟なせいで考えていることがきちんと伝わらない。そこで日本から根管治療の教科書やレントゲンをわざわざ送ってもらい、挿入図などを教授陣に見てもらい、「日本の大学ではこのように教えています」と説明したところ、教授からの一言は私にとって辛辣なものでした。『そんなに日本の治療が恋しければ帰ってもいいよ』……私の歯科医人生にとって衝撃的な出来事でした。

結論としては、日本式の根管治療と米国の根管治療の概念が全く違うことを理解しました。米国の根管治療の専門医が行う根っこの治療の成功率は95%、片や日本式の根管治療の成功率は45%という数字にその違いがあらわれています。一言でいうと、日本式の根管治療ではまた〝やり直し〟が必要ということなのです。

臨床と講義をこなしながら、大学が休みの土曜日には、教授が開業しているマンハッタンの診療室で早朝から手術の手伝い、レントゲンの現像、カルテの作成などをしながら念願の専門医になる最終試験に合格。3年間で米国歯内療法専門医の資格を取得して、１９９１年に帰国し、三恵歯科医院を開設しました。

専門医が集まり、一人の患者さんを診る米国式の歯科システムの必要性を痛感した私は、帰国当初から、

複雑な治療もワンストップで。
専門医、医科とも連携し、
院内で完結できるよう取り組んでいます

森 一弘（もり・かずひろ）**院長**

1982年、東京歯科大学卒業。83年、開業医としてのキャリアをスタートさせる。88年、開業活動を一時休止し、単身渡米を決意。コロンビア大学に入学し、最新歯科医療を学ぶ。91年、米国歯内療法専門医の資格を取得。92年、川崎にて三恵歯科医院を再開。現在に至る。

米国で勉強してきた歯科医師を招聘し、質の高い治療を目指しました。

現在では、日本歯科大学口腔外科元名誉教授の又賀泉先生、昭和大学インプラント歯科元教授の尾関雅彦先生、インプラントのメンテナンスでは日本の第一人者の柏井伸子先生ら日本を代表する先生方が当院に勤務されています。お三方とも海外の歯科の現場を経験されています。スタッフの歯科衛生士も全員がインプラント認定の資格を持っており、このメンバーならニューヨークでも高ランクに位置し、しっかりと通用する自負があります。

日本の歯科治療はかぶせる物だけが保険か自費かで、大事な根管治療は基本的に保険で行います。ただしアメリカのように根管治療の専門医を教育する機関がないので、歯科医師は自分の経験から技術を習得するしか方法はありません。アメリカでは基本から高度な技術に至るまで、科学的に教育するシステムが構築され、専門医が専門医を育てています。日本にいながら、そうしたアメリカの最新歯科治療を受けられるクリニックはまだほとんどありませんが、当院がその草分けとして、患者さんに真実の情報を発信していきたいと考えています。

アメリカ・コロンビア大学のドクターからのメッセージや、数々の認定証が飾られた院内。世界水準の歯科治療をワンストップで受けられるとあって、地方から来院する患者さんも多いという

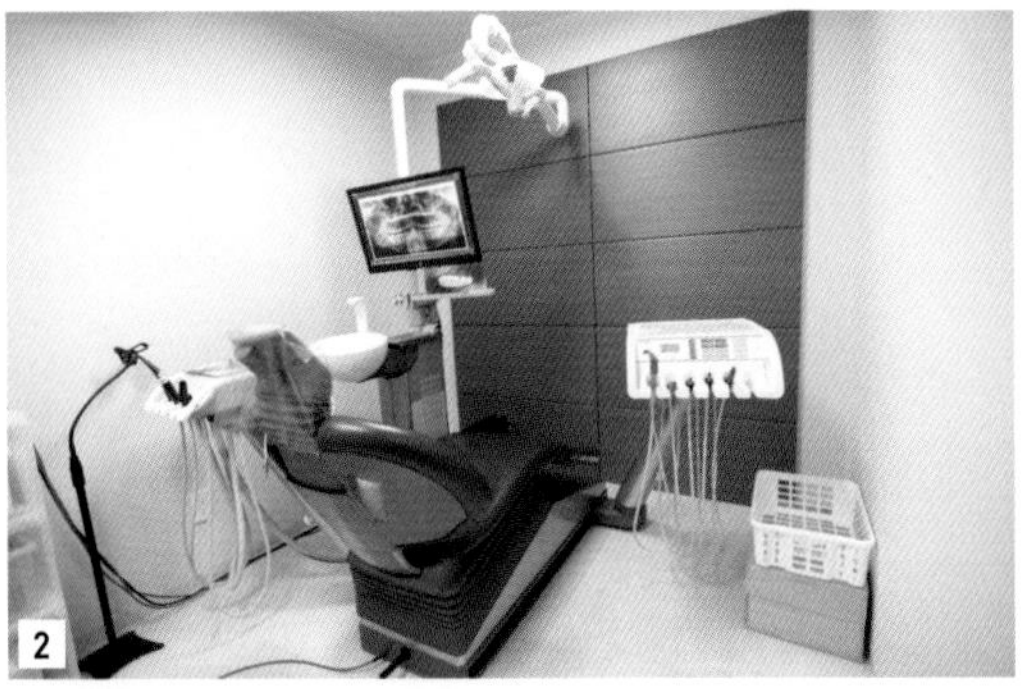

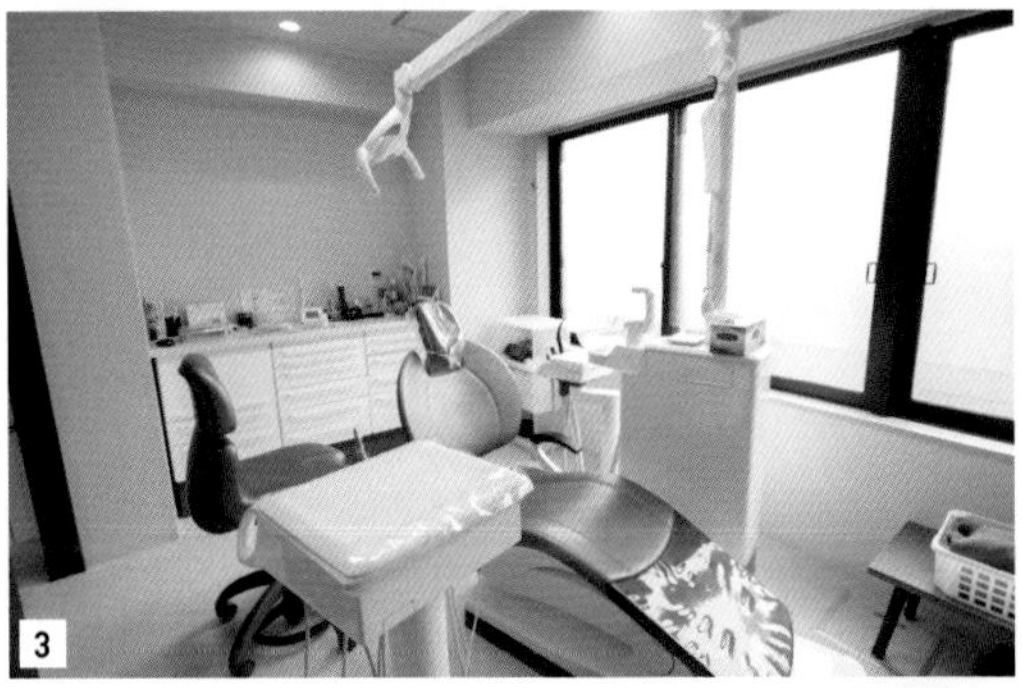

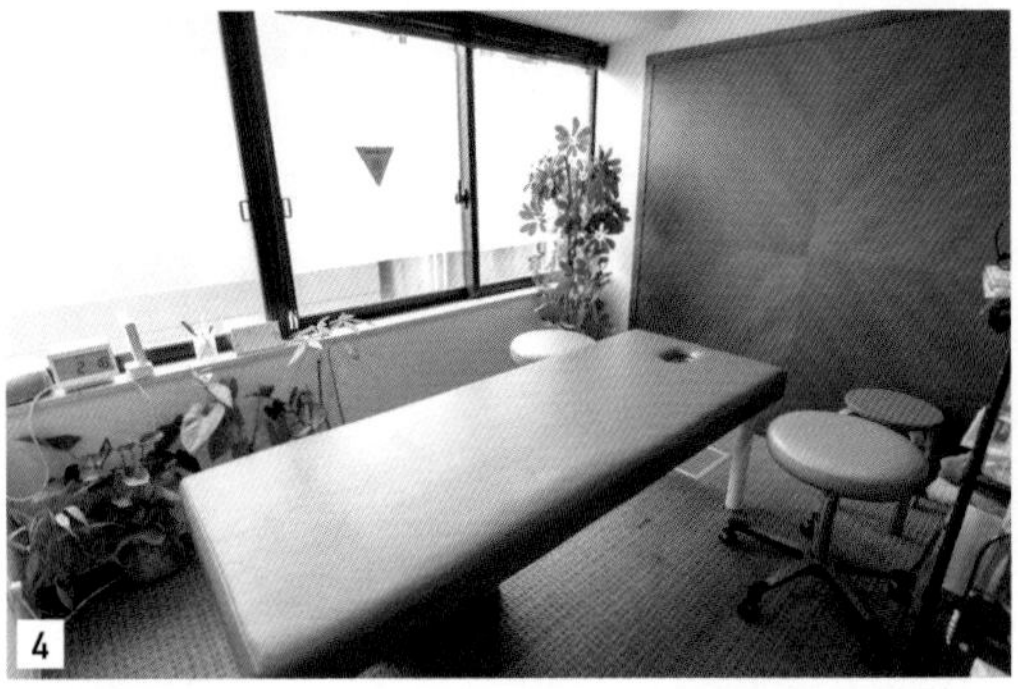

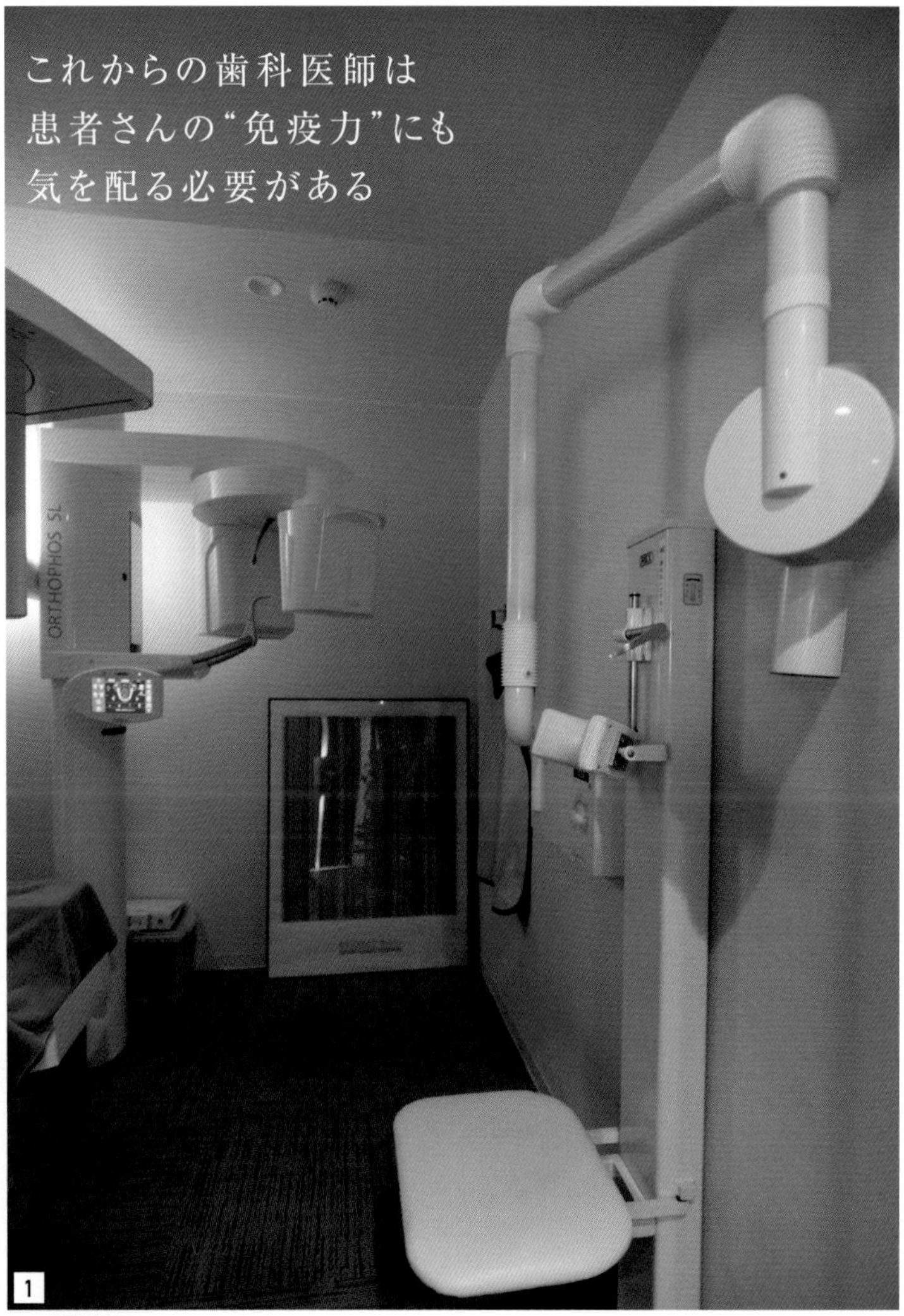

これからの歯科医師は
患者さんの“免疫力”にも
気を配る必要がある

[1]口腔内のCTX線撮影(3D撮影)をするための部屋。初診は口全体の検査のほか血液検査を行い、カウンセリングをしたのちに治療プランを提示するという

[2]森医師自身に気功の心得があり、患者さんの首まわりの緊張を取ってから治療を行うことも。そうすることで交感神経の緊張が緩和し、予後もよくなるそう

[3]難しいケースは専門医との連携によって一人の患者さんを診ていくため、治療台は2つ用意されている。血液検査で問題が発見されれば、医科の医師も駆けつける

[4]歯科治療の前に身体のゆがみを整えるためのベッド。治療に当たるのは、森医師が絶大な信頼を寄せる整体師だ。骨格が整えば血流がよくなり、体調も改善しやすくなる

アメリカの根管治療の考え方を示したポスター。「できる限り歯を残す」のが専門医の使命だ

院内で購入できるメディカル乳酸菌。「腸内環境が整うと歯周病にもなりにくい」と森医師

住まいで免疫力を高めて全身の健康状態をアップ!

私の専門の歯内療法では、まず歯の神経を抜くかどうかを診断し、根幹治療が必要ならば悪いところを最小限取っていきます。今ではインプラント治療もしますが、「どうしても歯を抜きたくない」という方には一度抜いた歯をまた顎の中に戻す手術、根っこの一部を切除して歯を残すなどして、もたせてきました。

面白いことに、歯の神経を診ていくうちに身体のバランスを取る自律神経の重要性に気が付きました。ほとんどの病気は交感神経の緊張によって引き起こされるといわれていますが、歯の痛みも交感神経の緊張が原因になります。交感神経が高ぶることで就寝中の口腔内の唾液の量が減り、歯周病、虫歯、口内炎等の問題が発生します。そのような方は同時に胃炎、潰瘍も発生する方が多いのです。

そこで当院では血液検査を行い、白血球のバランスを見ながら身体の状態を把握し、さらに赤血球の形にも注目して免疫力の高低を検査します。免疫力が高い場合、口腔内にフォーカスして治療すれば順調に改善していきます。低ければ、先に副交感神経を

優位にする治療を取り入れています。

その一つが乳酸菌の摂取です。腸の善玉菌と悪玉菌のバランスが崩れると、脳がストレスを感じ、免疫力が下がってしまうのです。良好な腸の状態を保つため、当院では『メディカル乳酸菌』を提供しています。その乳酸菌の大きな特徴は、善玉菌のみを増殖させる働きがあります。その働きによって、善玉菌優勢の健康な腸内環境バランスを維持することができ、免疫力アップにつながると考えています。

私の考えを理解していただける内科医の山口貴也先生と連携しながら、口腔から全身を診る治療も行っています。特に視床下部、丹田の部位が精神統一され、その機能を発揮する時、交感神経と副交感神経のバランスが回復し、生命維持に不可欠なホルモンが生

「すべての課程を修了し、米国歯内療法専門医としての要件を満たした」と書かれたコロンビア大学の資格証明書

体をストレスから守り、免疫力、自己治癒力を強化してくれるのです。

また、骨格の歪みを矯正する中山保志整体師も勤務しており、歯科治療をする前に身体の歪み、バランスを診てもらいます。

そして、住まいも重要です。「病は気から」という言葉がありますが、仕事先、外出先ではどうしてもマイナスのエネルギーをもらってしまうこともあるでしょう。そんな悪い〝気〟をどこで整えるかというと、〝家〟です。自律神経のバランスが乱れても家に帰れば戻る状態、リラックスできて夜はぐっすり眠れるような住宅をつくってもらい、そこに住むことが一番大切だと思います。無垢の木を使い、化学物質をできるだけ避けた家。さらに、着るもの、食べるものも化学物質を排除するなど、いくつか組み合わせることでだんだんと〝気〟が整ってきます。

それから、体温を上げることも免疫力アップには大切です。平熱が36度以下という人は、断熱性能に優れた家で、お風呂にしっかり浸かり、血流をよくすることをおすすめします。また、室内に暖炉を取り入れると、炎を見ているうちに交感神経の緊張が抑えられ、リラックスした状態になります。

逆に言えば、昼間にいくら交感神経が高ぶっても、住まいがリラックスできる空間であれば、寝ている間に副交感神経が働いて、身体の不調を修復してくれるので病気は予防できる。免疫力が高ければ、簡単には病気になりません。もちろん歯周病にも、虫歯にもなりにくい。そう考えると、病気はそれほど怖くありません。

患者さんにいかに感動を与えるか。「ここに来て本当によかった」と言ってもらえるような診療を提供したい

三恵歯科医院
〒210-0006
神奈川県川崎市川崎区砂子2-6-2三恵ビル4F
☎044-222-1418
http://sankeidc.com

Doctor's File.4

歯の健康は、その先の「快」への一歩 幸せな人生を送るための入り口です

ヨネダ歯科医院
米田光孝 院長

ちゃんと噛める、食べられる。それが心の健康にもつながる

「ヨネダ歯科医院」を開いたのは、1981年。40余年もの間、地域の皆さんの歯の健康をお守りすべく、来院者とじっくり相談しながら仕事をしています。当院では、「心に寄り添う・痛くない歯科」をテーマに、虫歯や歯周病の治療だけでなく、健康な口腔を保つための指導も行ってきました。来院者のお一人お一人の疾患や病状にしっかりと関わり、ディスカッションしながら治療をしています。

病状で一番多いのは、やはり虫歯。しみる、痛いなどの症状を伴う虫歯は細菌感染によるものだと言われていますが、実は健康な口腔内にもそれらの細菌が存在しているんです。

しかし、細菌が活発に活動することで虫歯や歯周病になってしまうんですね。だからこそ、歯の治療をした後でまた虫歯にならないように、細菌が活性化しないための指導も併せて行っています。私たちが目指すのは、10年後、20年後の歯の状態をより良いものにする手助け。患者さんが健康に暮らせて、思うようにやりたいことができる幸せを実感できる、そんな人生を願っているのです。

生活のリズムに合ったその人らしいセルフケアを

虫歯は、痛みが出た時点ですでに神経の近くまで達しているので、虫歯を削ってかぶせものをします。さらに進行していれば、神経を取る処置が必要になります。虫歯の状態になるまでには、生活習慣や間違った舌の使い方のほか、口呼吸で口が乾燥し、唾液が出にくくなり細菌を増やしてしまうなど、さまざまな要因があります。

また、歯の表面や裏側、歯と歯の隙間などについている細菌のかたまり「プラーク」や、歯ぐき、歯肉の炎症は、放っておくと体の細部にまで影響を及ぼしてしまうんですね。特に歯周病は、糖尿病や心臓疾患、動脈硬化、誤嚥によって肺に細菌が入り肺炎になったり、腎炎や関節痛、さらには早産や低体重出産といった、全身疾患につながることもあるのです。だからこそ、虫歯や歯周病をただ治療するだけでなく、生活習慣の改善やセルフケアの方法にも力を入れているのです。ただし、それを押しつけるのではなく、日々来院者さんとしっかりディスカッションをしていきます。年齢や職業など生活のリズムは人それぞれ。その方の暮らしに寄り添ったセルフケアの提案に主眼を置いています。

歯科医師の視点から
幸せで快活な暮らしを願う。
人生をむしばむストレスを
歯の治療を通して
軽減できれば

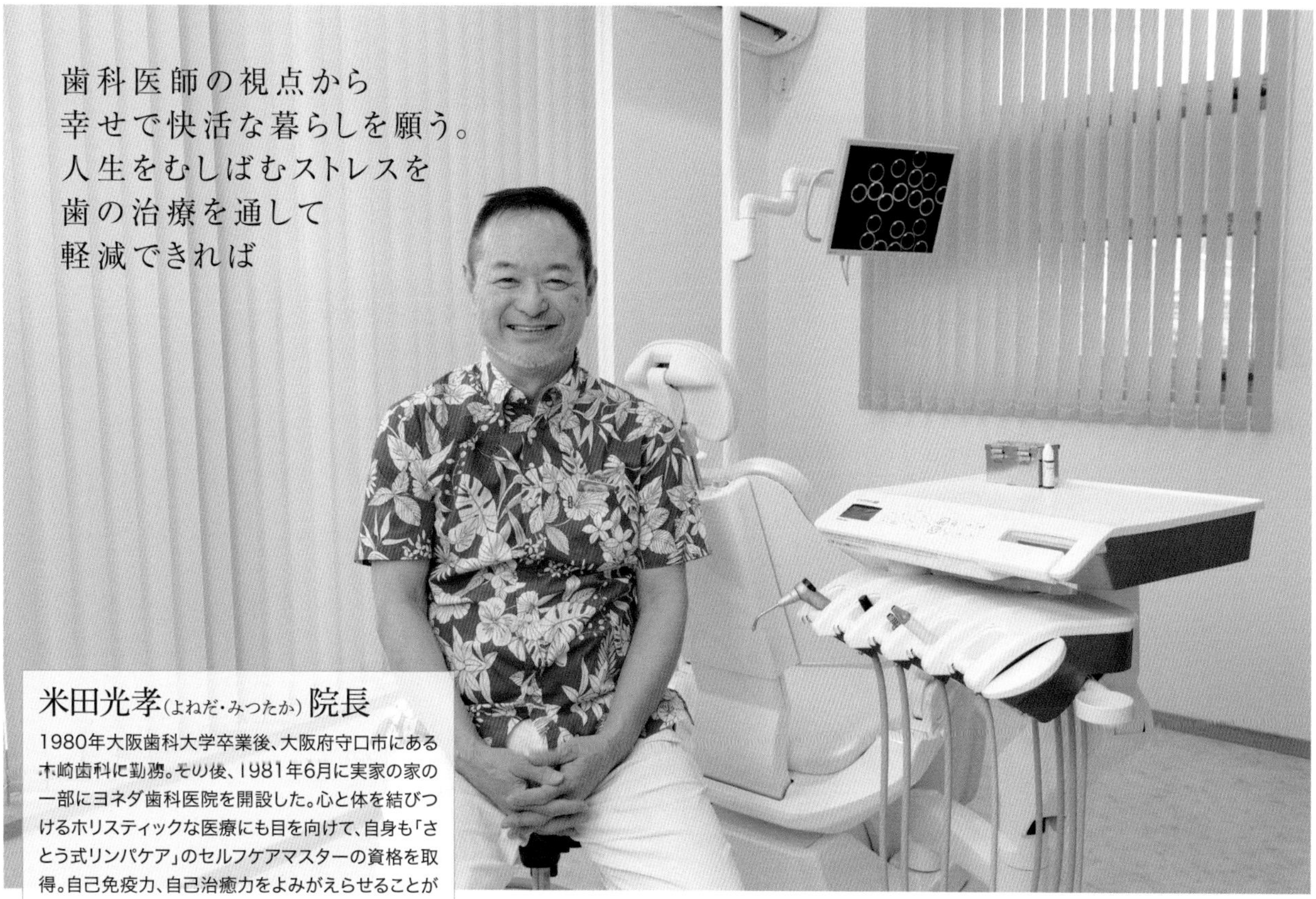

米田光孝（よねだ・みつたか）**院長**

1980年大阪歯科大学卒業後、大阪府守口市にある木崎歯科に勤務。その後、1981年6月に実家の家の一部にヨネダ歯科医院を開設した。心と体を結びつけるホリスティックな医療にも目を向けて、自身も「さとう式リンパケア」のセルフケアマスターの資格を取得。自己免疫力、自己治癒力をよみがえらせることが人生の「快」につながるという視点で治療を行う。

仕事中は、白衣ではなくアロハシャツを着用。「来院者の皆さんにリラックスしてもらえたらと。ジャケットやTシャツも試してみたのですがアロハシャツに落ち着きました」

人生の幸せを追求してほしい
そのために歯を健康に

歯の痛みを止めることは最初の入り口。歯が痛いからご飯がおいしく食べられない、それだけでもすでに、人が幸せに生きることを邪魔しているんです。その要因を一つずつ取り除いていけたらと思っています。

また、人生において自分の力を発揮するためには心の状態も大事です。例えば、歯が気になってうまく笑えない、顔の形がゆがんでいる気がして自信が持てない、なんとなく体調が悪い。私たちが願うのは来院者の「快」ですから、歯の専門家である私たちができる技術で、それらのストレスを軽減できないかと思うのです。歯を白くする、歯並びの矯正を提案する、金属に敏感な方にはセラミックなど体に影響が少ない素材もあることを伝える、噛み合わせのチェックをする。きちんと噛めるだけでも顔の形は変わりますから、そうすることでみなさんの心のサポートをしていきたいと考えています。

しかし、まずは、サポートする私自身が健康で心が「快」でなければ良い治療や「おもてなし」はできません。だからこそ、医院と自宅ともに「0宣言の家」を選択しました。自分自身を自分で幸せにする家や職場を得ることでこそ、来院者の皆さんに良い幸せを提供できると信じています。私は木の温もりに癒やされます。自宅ではゆっくりと体を休め、医院では豊かな気持ちで治療にあたる、それを叶えたのが「0宣言の家」です。

ヨネダ歯科医院
〒658-0052 兵庫県神戸市東灘区住吉東町4-4-10
☎078-841-6871
https://yoneda-shika.com

児童福祉の専門家がデザインする
「子どもの発達支援」

ストレス0の環境で子どもの成長を支援

長崎県大村市

放課後等デイサービス
くじらぐも

古賀 一輝 氏

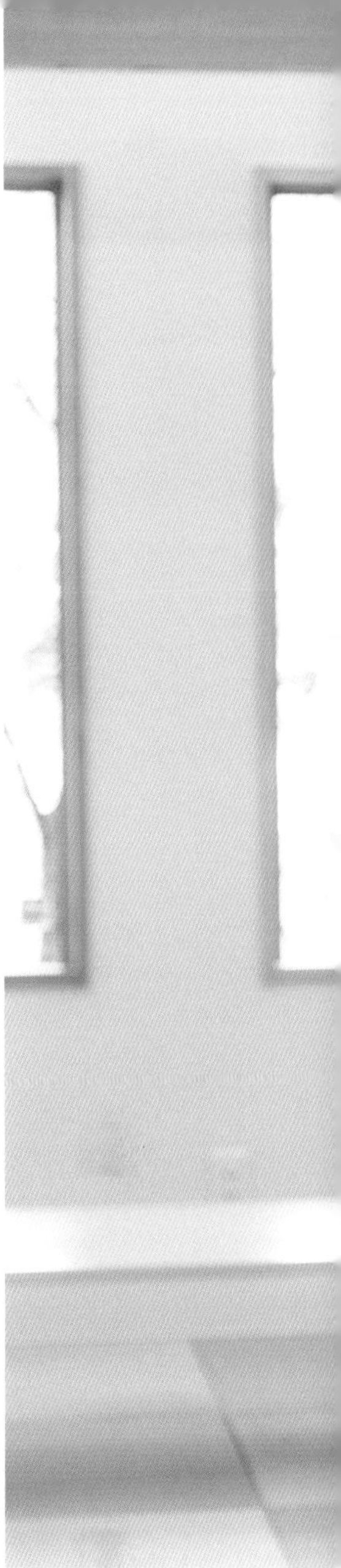

施設の外も、中も、自然の心地良さがいっぱい

緑あふれる県立公園の目の前にある放課後等デイサービス『くじらぐも』。ここでは、学習面やコミュニケーション面で課題を抱える子どもがさまざまな体験を通じて、コミュニケーション力や自信のパワーを育めるよう支援活動を行っています。

「勉強につまずいたり、友達が上手につくれなかったり、学校生活で生きづらさを感じている子どもたちを自然豊かな環境で支援したいという思いから、この場所を選びました」と話すのは、代表の古賀一輝さん。長年、発達障がいなどの生きづらさを持つ子どもたちと関わってきた経験から、施設を建てる場所はできる限り心身に負のストレスを与えるものがない立地を重視したといいます。

この考えは施設の素材や設備にも。『0宣言の家』の化学物質を排除し、自然素材にこだわる家づくりに共感。津留建設とともに『0宣言の家』仕様で建てることを決めました。

施設のコンセプトは、「ふれあい」。「子どもたちがさまざまなヒト・モノ・コトとコミュニケーションできる場を創造したい」と、古賀さんが津留建設に要望したプランが、子どもたちが接客体験できる「カフェ」と「お菓子屋」の併設でした。プレイルームとカフェ、お菓子屋、そしてキッチン。用途が異なる空間を調和させるため、プランニングは試行錯誤を重ねました。

そうして完成した放課後等デイサービス『くじらぐも』は、天然木をふんだんに使用し、自然光がたっぷり差し込む癒やしの空間。中でも、子どもたちが多くの時間を過ごす約18帖のプレイルームは天井にも天然木が貼られ、森の中にいるような心地良さが広がります。窓際には、おやつを食べたり、お絵かきをしたりするスペースとして天然い草の小上がりを設置。高さの変化でゆるやかに空間を区切り、開放感を保ちました。店舗となるカフェとお菓子屋は、床や棚、テーブルに天然木を使用してオリジナルで造作。白と木目を基調とした優しい雰囲気のナチュラルテイストに。また、プレイルームの両脇にカフェとお菓子屋をレイアウトしたことで、3つの空間を直線で移動でき、働くスタッフの方にも配慮した動線を確保しました。

「天然の木、漆喰壁、24時間空調。そして、周辺の豊かな緑。すべてが調和して、施設全体に良い空気が流れています」と、『0宣言の家』の魅力を実感していると話す古賀さん。子どもたちが心身ともにリラックスできる、理想としていたストレスゼロの環境の中で、子どもたち一人ひとりを温かく見守り、生きる力を育む支援が始まっています。

2021年4月、放課後等デイサービス『くじらぐも』をスタート。同時にお菓子屋「フレカシ」、7月にはカフェ「フレカフェ」をオープンした

子どもたちが過ごすプレイルームは、天井が高く、明るく広々。冬でも裸足が気持ち良い無垢床。子どもたちが思いっきり体を使って遊べる活動の中心となるスペース

[右]天然い草の香りが漂う小上がり。読書やおやつを食べる時に使用。棚の奥に見えるのがフレカシ
[左]トイレには、大きな洗面台を設置。漆喰壁の消臭効果でいつでも爽やかな空間をキープ

子どもたちがお客様とのふれあいを通じて、コミュニケーション力などを育む「フレカフェ」。現在はスタッフ中心で行っているが近々子ども達も介入する予定。人気メニューは「バターチキントマトカレー」や手作りデザート

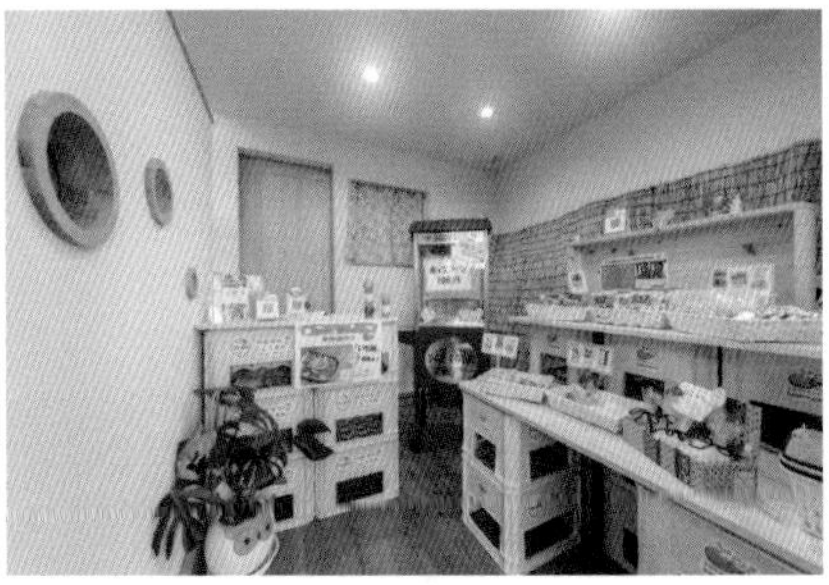

“ふれあい”と応援のかけ声“フレーフレー”が由来のお菓子屋「フレカシ」。有機栽培で育てたトウモロコシと天日塩を使ったポップコーン、栄養を考えた自然派のお菓子を販売。週末は、ジャガイモやサツマイモなどを使った子どもたちの手作りお菓子も販売している

接客体験を通して、貢献感や自信を育む

カフェに来店したお客様から「木の香りに癒やされる」「居心地がいい」という声をいただき、評判も上々とのこと。また、古賀さんやスタッフも空気の清々しさを実感しているといい、「目には見えないけれど、気持ちが良い。それが、『0宣言の家』の良さだと思います。」と話す古賀さんの笑顔から、この施設への満足度の高さが伝わります。

現在、『くじらぐも』を利用しているのは、小学生約20人。読書や読み聞かせなど、「見る・聞く・集中する」といった学習の土台をつくる活動や自然の中で思いっ切り体を動かしたり、毎週土曜日の調理活動、時にはお世話になっている公園で清掃活動を行うことも。これらの趣向を凝らした活動を通して、協力する楽しさや自分を表現する喜びなどを学んでいます。

また、カフェとお菓子屋に子どもスタッフとしてデビューする日に向けて、あいさつやお金の計算など、日々接客の練習を重ねています。

「ここに来る子どもたちは、学校で役割を任せられた経験の少ない子がほとんどです。だからこそ、カフェやお菓子屋でお客様からいただく『ありがとう』や『おいしかったよ』という言葉を通して、『僕にもできるんだ』『私も役に立つことができた』という貢献感を感じてほしい。そうした社会とのふれあいの中で、人に喜ばれる経験を積み重ね、自信や生きる力を育んでいくことが目標です」と古賀さん。そのためにも、『0宣言の家』が生み出す心地良い環境が必要だと力強く語ってくれました。

DATA

敷地面積	398.82㎡(120.64坪)
延床面積	113.05㎡(34.19坪)
工期	4カ月
構造	木造在来軸組パネル工法
断熱	[クアトロ断熱] 内断熱(充填):セルローズファイバー 外断熱:ネオポール 遮熱塗り壁材:セレクト・リフレックス 調湿効果内壁:スペイン漆喰
屋根材	ガルバリウム鋼板、陶器瓦
外装材	遮熱塗り壁材(セレクト・リフレックス)
床材	杉、オイル塗装
内装材	スペイン漆喰
施工	株式会社津留建設

CORPORATE GUIDE P172

放課後等デイサービス
くじらぐも

〒856-0011 長崎県大村市重井田町637-3
☎0957-55-5376

歯科医が選んだ
「0宣言」のクリニック

木の持つ温かな包容力に包まれた空間

兵庫県神戸市

ヨネダ歯科医院

米田光孝 院長

木の温もりに魅了され居心地の良い空間作り

　閑静な住宅地に、白い建物が印象的な「ヨネダ歯科医院」。この地で40年以上も続くこのクリニックが生まれ変わったのは、2018（平成30）年に「0宣言の家」でクリニックと自宅を建て替えた時だった。「以前から住居の一部をクリニックにしていたのですが、院内にバリアフリーを取り入れたいという思いがきっかけとなって建て替えました」と米田先生。ではなぜ「0宣言の家」の家にしようと思ったのか。それは「木の温もりに魅せられたから」だと米田先生は語る。「0宣言の家」のこだわりの素材のひとつでもある「愛工房の杉」は、低温乾燥することで酵素が損なわれず、呼吸する建材と呼ばれている。それを知った時「生きている感覚を残す杉とは、なんと特殊なことをしているんだろう」、とすごく興味を持ったという。実際に愛工房の杉を見たり、ほかの建材の話を聞くにつれ、ここまで徹底的にやっているのかと驚くことばかりだったそう。接着剤や防虫剤など、健康に悪影響を及ぼすものは徹底に排除する。そういうゆるぎない家づくりには、米田先生が思う治療理念に通じるものがあったと振り返る。「私たちには、歯の痛みや歯並びなどの症状を直すだけではなく、それを取り除いた先にある人生を、快適に思いきり楽しんでほしいという想いがあります。当院では、歯の詰め物でも、定番の金属以外に、体の中にあっても安定しているもの、歯の素材に近いものも選べるようにしています。『0宣言の家』もジャンルは違うけれど、健康を害さない素材でつくる家という点で、よく似ているのではと思いました」。

　こうして誕生した現クリニック。1階のキッズルームの床材に、「愛工房の杉」が使われている。「おもちゃや絵本を置いて、子どもたちがゆっくり遊べる場所を作りました。子どもにも優しい木の肌ざわりを感じてもらえるとうれしいですし、そのご家族にも杉の良さが伝わるはずです」。

　ヨネダ歯科医院のスタッフには7つの約束事がある。挨拶をする、相手の気持ちを第一に考えた言葉遣いをする、目を見て話す、悪口や嘘は言わない、話を真剣に聞く、注意されても話に耳を傾け受け止めるといったマナーが並ぶのだが、6番目と7番目がとても印象的だ。自分も他人も大事にする、そして、自分がここにいる理由は何か、周りの人が幸せであるために何をすべきか、どうすべきか、なぜそうすべきかを考えること、と続く。ここからも、来院者の幸せを願う米田先生が、住む人を健康に導く「0宣言の家」を選んだ理由がよくわかる。

優しいピンク色の看板が白い壁に映える。汚れがつきにくい外壁なので、いつでも清潔感にあふれる。バリアフリーのスロープがついているのも先生の想いから

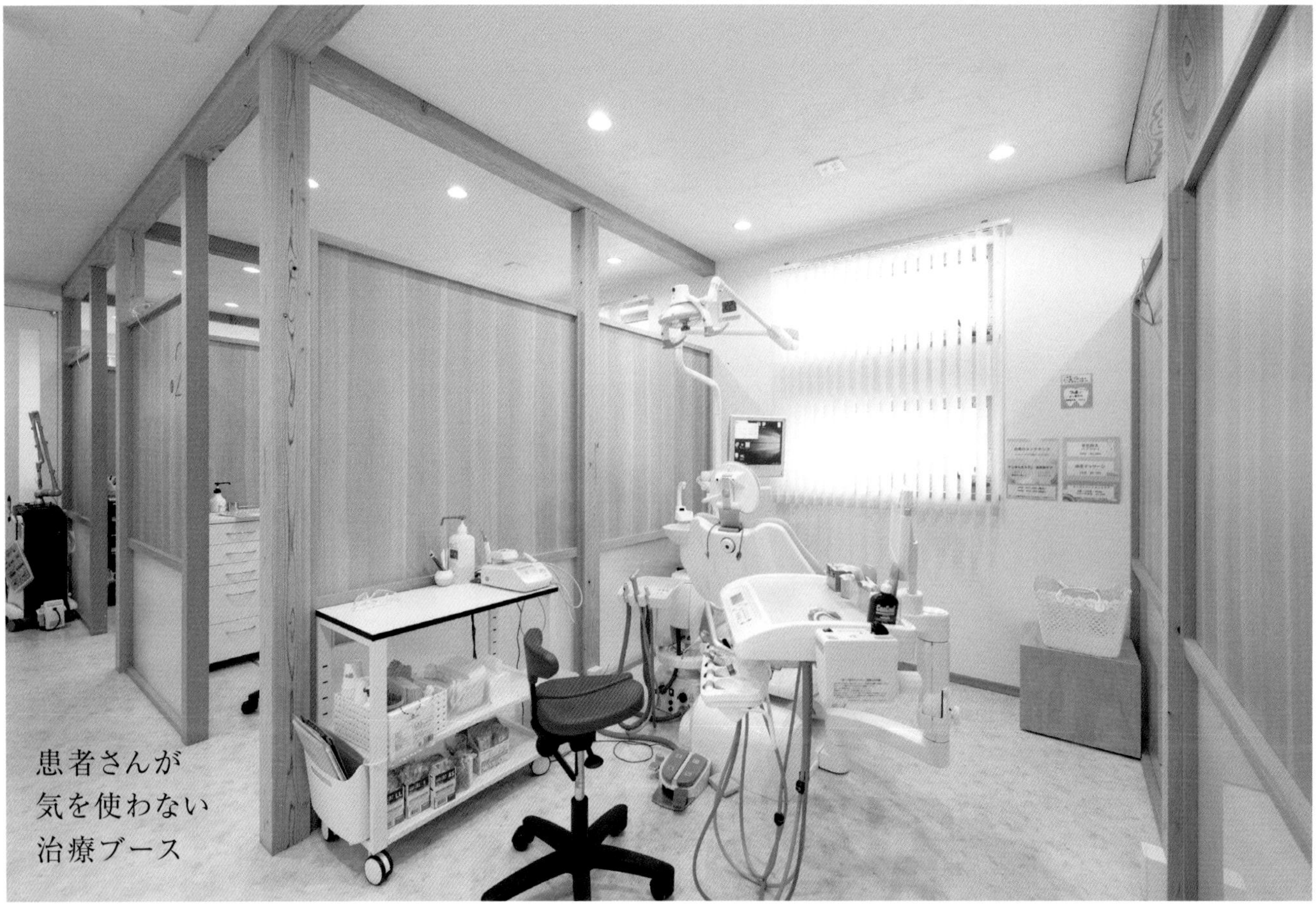

治療ブースの中には、扉のないオープン仕様もある。広めに感じる空間だが、両サイドは無垢の木のパーテーションがあり、ほかの患者さんと目が合わない

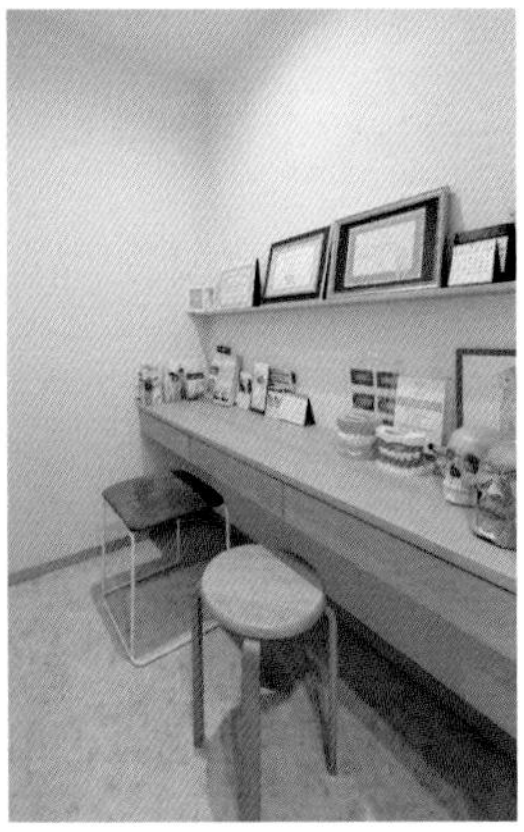

木の机がかわいらしい、子ども部屋のような相談室。机の上には頭蓋骨や歯型の模型があり楽しい

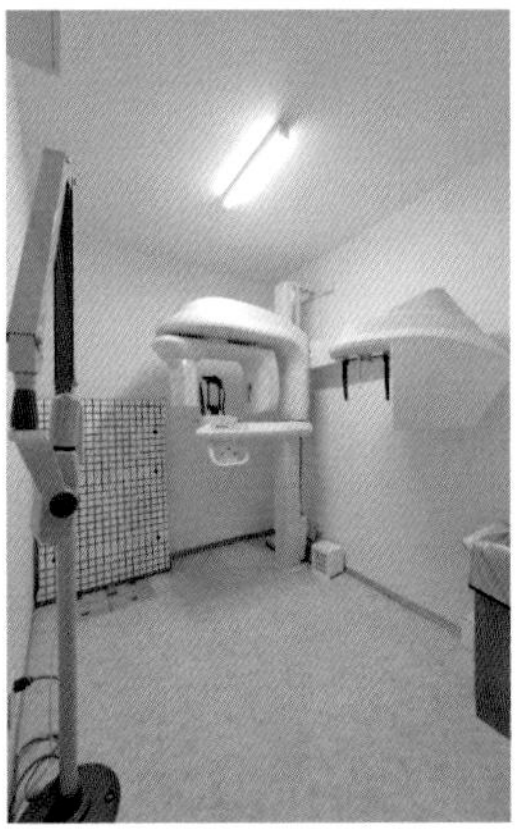

漆喰の壁が印象的なレントゲン室。無機質になりがちな部屋も、どこか柔らかな空気に包まれている

クリニックを訪れた人が最初に出合うのがこちらの受付。色合いも落ち着いたもので統一されている

愛工房の杉を床に使ったキッズルーム。壁はあえて作らず、外からも子どもたちに目が届く

無垢の天然木や漆喰が心も休まる治療空間に

米田先生が「0宣言の家」でつくりたかった空間は、広々とした治療空間。漆喰と天然木の体に優しい室内で、心身ともに治療を受けてほしいという思いがあった。そこで考えたのが、できるだけオープンな治療室にすること。治療ブースは5つあるが、ほとんどが無垢の天然木で仕切った半個室状態。本当は全てオープンにしたかったそうですが「患者さんのプライバシーを考えて個室にしたほうがよいのでは」とスタッフから声があがったので、圧迫感の少ない半個室にしたのだそう。パーテーションも上下には空間を設けてゆったりとした治療ブースに仕上がっている。

また、「キッズルームの居心地が良いためか、子どもたちはいつも笑顔で楽しそう。にぎやかですよ」。

来院者に治療の説明をする小さなブースにも木の素材がふんだんに使われ、子ども用のおもちゃや歯や頭蓋骨の模型なども置かれる楽しい印象。床はどうしても衛生面の観点から天然木を使えなかったそうだが、随所に木の優しい雰囲気がただよい、とても居心地が良い空間

広々とした1階の通路。治療ブースがずらりと並ぶが圧迫感は少ない。この通路はスペースもゆったりで、スタッフの移動もスムーズ

「愛工房の杉」を床に敷き詰めた自慢のセミナールーム。大きな窓から光を取り入れた明るいムード。中央はガラスの引き戸で区切ることも可能

DATA

敷地面積	275.25㎡(83.26坪)
延床面積	262.92㎡(79.53坪)
工期	5カ月
構造	木造在来軸組パネル工法
断熱	基礎:ウレタンフォーム 壁:セルローズファイバー100mm 及びEPSボード25mm
屋根	ヒートバリアボード+セルローズファイバー
屋根材	ガルバリウム鋼板
床材	1階:CFシート貼り 2階:愛工房の杉(節有)厚15mm
内装材	壁:石膏ボード 下地:スペイン漆喰塗り 天井:石膏ボード 下地:スペイン漆喰塗り
施工	株式会社大和 グリーンライフ兵庫

CORPORATE GUIDE P166

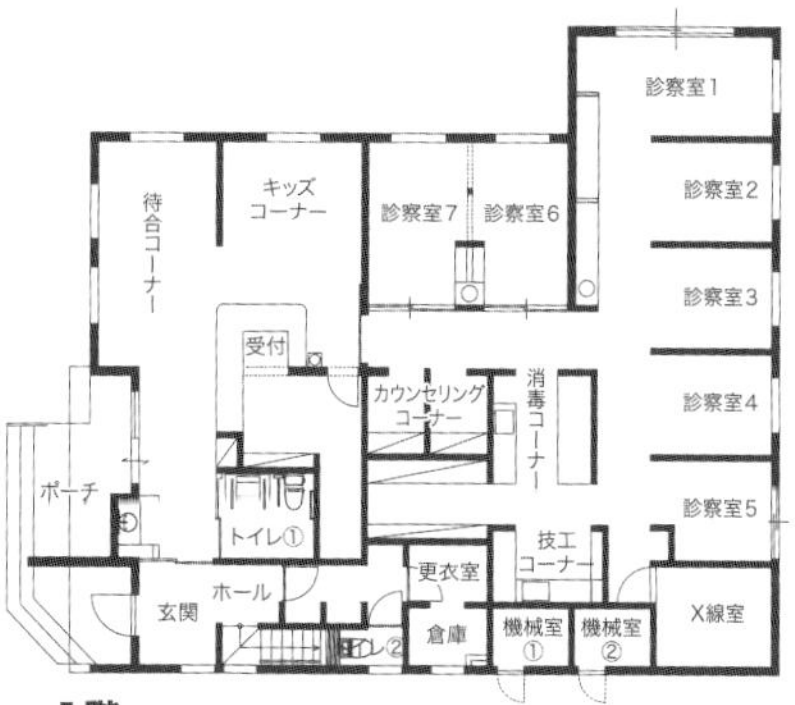

1階

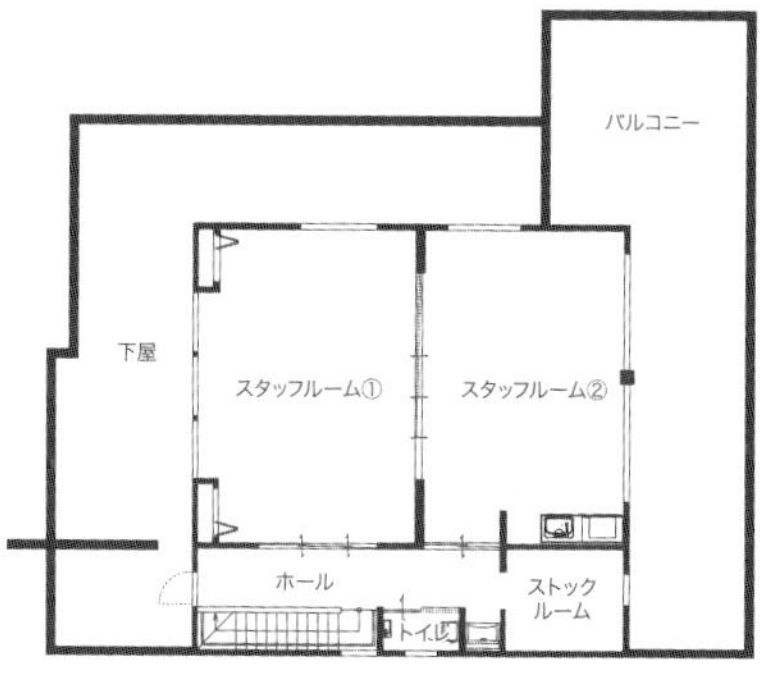

2階

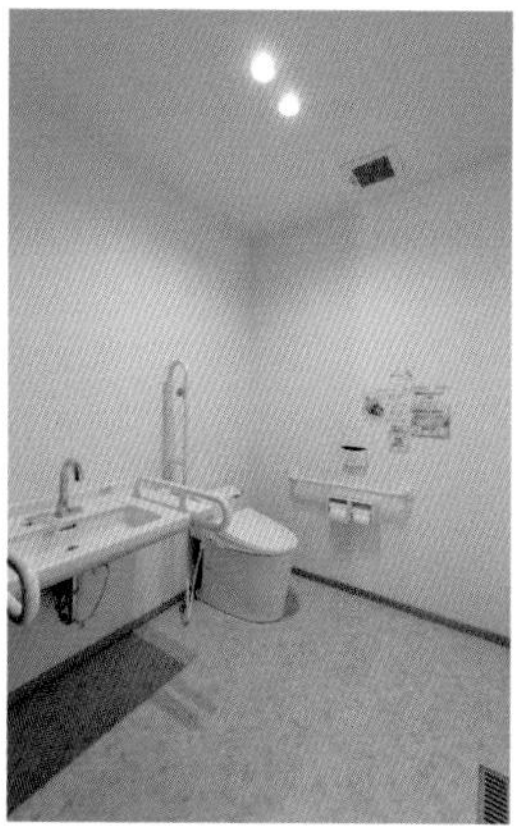

トゥースペーストなど、プロ専門のアイテムを並べて展示。受付と同じく、落ち着いた統一感がオシャレ

漆喰の壁が快適な湿度と温度を保ってくれるトイレ。手すりもあり、幅広い年齢層の患者さんにも対応

明るいライトに照らされた洗面台は清潔感でいっぱい。色は黒と漆喰の白でモノトーンをベースに

となっている。

1階の治療室も快適だが、米田先生が一番叶えたかったコーナーは、床に「愛工房の杉」を使った2階のセミナールーム。「歯や健康についてのお話会をしたくて作りました。実際に何度か実施したんですよ。親子歯みがき教室や、ギターなどの生ライブ開催も。天井も壁も漆喰なので、音の響きがとても良いと評判でした」。コロナ禍でも感染対策をしっかりして、少人数でのセミナーやイベントを定期的に開催していたそう。米田先生自身も「さとう式リンパケア」のセルフケアマスターの資格を取得。顎関節症の患者さんのために生まれたこの施術、ケアの一つとして快適空間と共に伝えていきたいという。

ヨネダ歯科医院

〒658-0052 兵庫県神戸市東灘区住吉東町4-4-10
☎078-841-6871
https://yoneda-shika.com/

扉を開けると木の香りに包まれる1階のリビング。1、2階全ての床に愛工房の杉を使用して、木の家を建てる夢を叶えた

歯科医が選んだ
「0宣言」のご自宅

建てるなら木を主役にそんな願いを叶えた杉の香りに満ちた家

兵庫県神戸市
米田様邸

1階のリビング横にある和室。窓から光を取り入れ、明るさも重視。以前は仮の診療所だったとは思えないほどの住空間

キッチンの横に広がるリビング。窓は大きく明るい印象。仕事の休憩時間はここで過す

食事をとりながらくつろぐ2階のキッチン。リビングも兼ねた16帖で、家族の憩いの場

1階と2階をつなぐ階段を上がると左手に手洗い場がある。漆喰の壁と白いボウルがマッチ。下段にパイン材で棚も造った

2階にはリビングにつながる和室も用意されている。一部板張りで、本棚を置いても抜群の安定感。これなら耐震対策も万全

2階にある8帖の洋室を主寝室に。愛工房の杉の香りに包まれて「よく眠れるし居心地がいい」とご主人。仕事の忙しさも、心身共にここで回復

神戸市で40年以上続く歯科医院を営む米田様は、「0宣言の家」でクリニックを建て替える際に自宅も併せて新築に。現在のご自宅はお母様との二世帯住宅。ここに至るまでに丸1年の歳月をかけて建て替え計画を遂行したのだそう。まずは自宅を新築。2階を住居にしながら1階に仮の診療所をつくった。その間にクリニックを建て替え、完成したあとで仮診療所を閉鎖、1階をリフォームして現在の家になった。「設計士さんは、仮診療所の後を残さず二世帯住宅として完結できるように、最初から柱の位置などを考えて設計してくださいました」。

「0宣言の家」を知ったのは、経営研究会「天下塾」の天下先生から紹介されたバイオレゾナンスの医学会のシンポジウムで澤田先生の話を聞いたのが始まりだ。「西洋医学とは異なる視点の話は驚くことばかりでした。特に気になったのが、愛工房の杉。私は木の温もりが大好きで、木造の家が理想でした。杉が呼吸していると聞き、すごく興味を持ったんです」。こうして、自宅の床にはすべて愛工房の杉を使用、どの部屋にいても木の香りに包まれる優しい家が完成した。「愛工房の杉と漆喰の壁で、空気が柔らかい気がします。あと、よく眠れるようになりましたよ」と、思い描いた家に癒やされながら過ごしている。

柔らかな白とテラコッタ色が優しい憩い家

白とテラコッタの穏やかな暖色で統一した外観。すぐ横には仕事場であるクリニックも併設。そちらも白い壁を中心に設計されているので自宅との統一感がある

扉を開けたら広めの土間を配した玄関が広がる。横には棚付きの収納スペースを完備し、靴や雑貨などはここに入れておく

テラコッタの階段とアーチ型の入り口が、スペインやフランスにある教会のようなムード。開閉しやすい扉も印象的

DATA

敷地面積	161.22㎡(48.76坪)
延床面積	166.61㎡(50.39坪)
工期	6カ月
家族構成	ご夫妻+母親
構造	木造在来軸組パネル工法
断熱	基礎:ウレタンフォーム 壁:セルロースファイバー100mm及びEPSボード2mm
屋根	ヒートバリアボード+セルロースファイバー
屋根材	ガルバリウム鋼板
外装材	ケイ酸カルシウム板+EPSボード+セレクトリフレックス
床材	1階:CFシート貼り　2階:愛工房杉(節有)厚15mm
内装材	壁:石膏ボード 下地:スペイン漆喰塗り 天井:石膏ボード 下地:スペイン漆喰塗り
施工	株式会社大和 グリーンライフ兵庫

CORPORATE GUIDE P166

1階

2階

歯科医が選んだ
「0宣言」のマイホーム

天井高4.6mの開放感あふれる虹色空間

鳥取県米子市
村田様邸

サンルームに直接つながる便利なキッチン

キッチンとカップボードを造作し、背後にはパントリーとサンルームを配置して行き来しやすくしたことでスムーズな家事動線を実現。「家事をしていて幸せを感じます」と喜ぶ奥様は、ソファに置くクッションやカーテンの布に虹をイメージさせる配色を実践

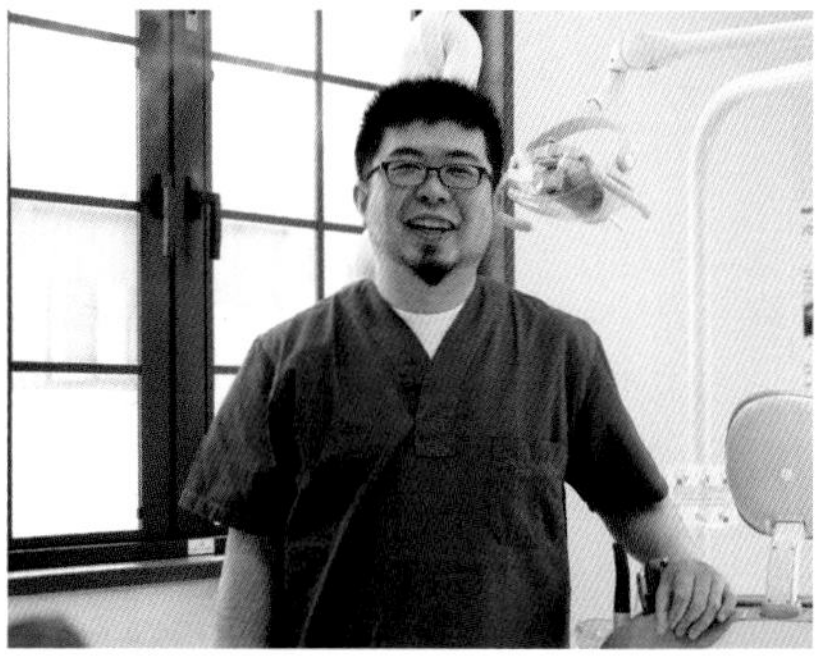

施主様は本誌2022年WINTER & SPRING号にアーニスト歯科クリニックの医師としてインタビュー記事を掲載

バックナンバーをご希望の方は住医学研究会事務局まで

使いやすい造作キッチン。背後には大容量のパントリーを備え、食品を大量にストックしておくのにも便利

「歯科治療を通して全身の健康をサポートしたい」というコンセプトを掲げながら診療を行っている歯科医師の村田様。バイオレゾナンス医学会に所属した約20年前に「0宣言の家」を知り、さまざまな症状を抱える人がこの家に住み始めたことで改善したという症例に接し、健康に寄与する住宅への興味が高まった。夏は涼しく、冬は暖かく過ごせる高断熱の家を、体に害のない建材で建てることは、「健康に良いことをできる限り実行したい」というご主人の想いに合致。希望の条件を満たす土地が見つかり、いよいよ「0宣言の家」仕様で自宅を建てることになった。

床は全面にパインの無垢材を使い、「体感が良いから」と寝室のみ低温乾燥のスギを採用した村田様邸で、最もインパクトが大きいのが天井高4.6mを叶えた吹き抜けのLDK。大きなFIX窓からは自然の明るさをたっぷり取り込め、開放感も抜群だ。娘さんが屋内でも存分に体を動かして遊べるように、リビングにはボルダリングウォールをはじめ滑り台や雲梯などを設置。洗面室の横に配置した室内干しのためのサンルームにはキッチンからも出入りでき、外干ししたいときはここから直接ウッドデッキに出られるなど、奥様想いのスムーズな家事動線を描いているのも特徴だ。

キッズルーム扱いしているスキップフロアにつながる階段と並んで滑り台を設置。マスキングテープを貼って階段も虹色に彩っている

ボルダリングに滑り台、雲梯…遊び心満載の家

リビングに設置したボルダリングウォール。手足を掛けるホールド部分は樹脂製が一般的だが、ここでは無塗装の天然木を数種類採用。滑り台を含め、下地や仕上げ材もすべて無垢材を使った

奥様がこよなく愛するハワイの虹をイメージし、階段やクッションなどを7色に彩ったこの家で暮らし始めて丸1年が経とうとしているが、空気の清浄感と木の香りに包まれてすがすがしさを感じながら生活しているというご主人。寒い冬でも室温は18℃を下回ることがなく、夏も帰宅して屋内に入るとほんのり涼しさを感じることに断熱性の高さも実感している。暑さを感じてもエアコン1台と天井のファンだけで空気を循環させれば屋内全体が快適になる。奥様は以前35度台だった基礎体温が現在は36度台に上がり、冷え性が改善に向かっていて、朝の寝覚めも良くなったという。

「ご飯を作りながら娘が遊ぶ姿を見守ることができるし、家の中でも思い切り体を動かして楽しく遊んでいるのを見られるのがうれしいですね」と奥様。ご自身は睡眠時間が短くても元気でいられることを実感し、この家で初めて過ごした冬は一度も風邪をひかなかったそうだ。

「ウッドデッキでのんびりお茶をしたいし、庭に芝を敷いたり花を植えたりしてもっとこの家を楽しみたいです」と、今後の暮らしを思い描く奥様。「0宣言の家」が家族にもたらす健やかさを実感したことで、今後の診療に役立てられることが出てきそうだ。

生活まわりもおしゃれ&機能的に

レッドシーダーを敷き詰めたウッドデッキ。ここに取り付けるためのブランコもあり、遊びにも寛ぎにも使えるスペース

室内干しのためのサンルーム。物干し竿は電動で天井から降ろし、ここからウッドデッキに出られるので外干しも容易

洗面脱衣室に置かれた造作収納棚は、開口部から中のカゴに投入された洗濯物が外から見えない造りになっている

明るく清潔感あふれる浴室。1616サイズでゆったりと入浴できるシステムバスを採用

広さにゆとりをもたせ、消臭・吸放湿効果をもつ漆喰壁と無垢材の床に包まれた快適なトイレ。ニッチと手洗い台も造作

玄関周りも
機能性を高めて
暮らしやすく

玄関の上がり口には手洗い台とニッチを造作。水栓はセンサーで水が出る非接触型のため、ウイルス対策にも効果的

玄関から廊下にかけては勾配天井のため開放感があり、自然の明るさも得ることができる

玄関にも大容量の収納スペースを確保。天井との間が空いているため閉塞感も感じない

5.6帖の和室。イグサの香りが心地よく漂う空間で、ご主人は夜になるとここに布団を敷いて寝ることもあるという

DATA

敷地面積	596.01㎡(180.29坪)
延床面積	199.93㎡(60.48坪)
工期	10カ月
家族構成	ご夫妻+子ども1人
構造	木造在来軸組パネル工法
断熱	クアトロ断熱(内断熱〈充填〉:セルローズファイバー 外断熱:ネオポール/遮熱塗り壁材:セレクト・リフレックス 調湿効果内壁:スペイン漆喰)
屋根材	三州瓦
外装材	遮熱塗り壁材(セレクト・リフレックス)
床材	パイン、低温乾燥杉(寝室)
内装材	スペイン漆喰
施工	住まいる工房株式会社

CORPORATE GUIDE P170

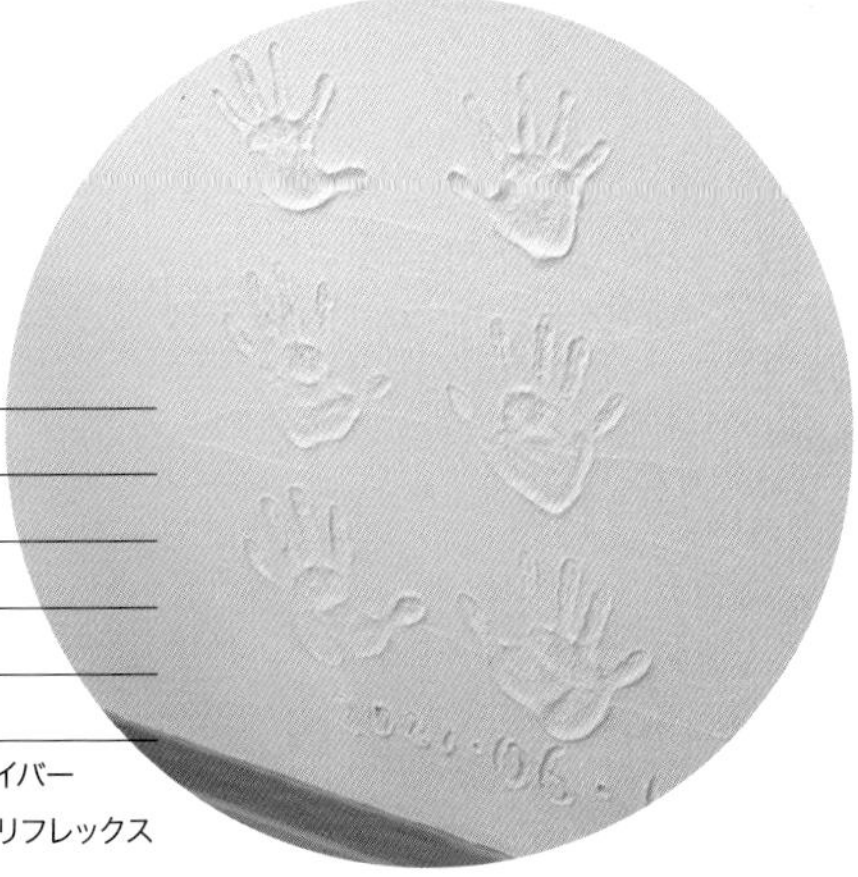

玄関内の漆喰壁には、壁塗りを行った日付けとともに家族3人の手型が残されている。思い入れの深い家づくりの証だ

玄関には重厚感のある大きめの木製ドアを採用。エントランスが屋根付きのため、雨風が屋内に吹き込むのを避けられる

2階建てに見えるほどの高さがある村田様邸。色の異なる三州瓦を敷き詰めた屋根が白い外壁に映え、ゆとりある駐車スペースの入り口に造った花壇では季節の花が彩りを添える。ガレージからは濡れずに屋内に入ることができて便利

特別対談

「住まい」と「食」を自然に近づけると、体も心も強くなる

0宣言の家 開発者
ウェッジグループオーナー
澤田升男

幕内45回の優勝、横綱在位84場所、通算１１８７勝……
数々の偉大な記録を達成し「史上最強の横綱」と呼ばれた
間垣親方(元横綱 白鵬関)。
日本で唯一の「根拠ある本物の健康住宅」の開発者
澤田升男さんとは、以前から親交のある間柄だそうです。
今回の対談では、間垣親方の強さの秘訣に迫りながら、
お二人の共通点である社会貢献活動で起こった奇跡、
住環境の大切さまで、盛りだくさんの内容をお届けします。

二十一代

間垣 翔

（元横綱 白鵬 翔）

「楽しい」でつながることが社会貢献の基本

澤田 升男 *profile*

1963年、岐阜県生まれ。自然素材住宅やオリジナル断熱工法を提供する会社を設立し、会員工務店800社を育て、建築界の風雲児と呼ばれる。現在は建築コンサルタントとして後進の指導に当たりながら、医師も認めた「本物の家づくり」を啓蒙する講演活動や執筆を行っている。住医学研究会・名誉顧問。

澤田　間垣親方とは、共通の知人を通して紹介されたのをきっかけに、食事やゴルフをご一緒させていただいています。素顔の親方は、お茶目で面倒見がよく、偉ぶることは一切ありません。周囲への気遣いも人一倍され、弟子からも慕われ、「男が男に惚れる」と言ったら大げさかもしれませんが、偉大な成績を上げた方がなんて気さくなんだろうと、お会いするたびに感動しています。

間垣　男に惚れてもらったら本望ですね（笑）。今日はよろしくお願いします。

澤田　現在は、宮城野部屋の部屋付き親方としてお弟子さんの指導に当たっておられますが、そのほかの活動について教えていただけますか？

間垣　「白鵬杯世界少年相撲大会」という、国際大会をやっています。去年は14カ国、1200名の子どもたちが集まりました。そこから角界に入った子もいます。11年前、第1回「白鵬杯」で私がメダルをかけた〝阿武咲〟に、実は一昨年対戦して負けました。でも、負けて悔しいというのでもないんです。相撲の世界では、稽古をつけてくれた先輩に勝つことで恩返しができるとされています。私もようやく恩返しをしてもらい、素直にうれしかったです。

澤田　親方はまた、社会貢献活動に対しても非常に熱心ですよね。3月11日生まれという縁で、東日本大震災の被災地でも土俵入りを見せたそうですね。

間垣　震災直後の4月は福島県に物資を届けるのが精一杯でした。6月に入り、今後の平安と復興を願って10カ所で土俵入りを披露しました。特に印象に残っているのは岩手県山田町です。（町が流され）小学校の外階段の踊場に砂を敷き、何とか土俵入りして帰京したところ、翌日、山田町から「横綱がしこを踏んでから1回も余震がなかった。昨夜は久しぶりにゆっくり眠ることができました」と、電話がありました。大相撲は日本と目に見えない糸でつながっていると確信した出来事でした。

澤田　相撲には、もともと邪気を追い払う〝神事〟としての側面がありますからね。とても納得できるお話です。僕も家づくりの仲間と月2回、約5年間にわたって宮城県女川町の仮設住宅を回りました。町で食材を買い、縁日みたいにテントを張って、寿司を握ったり、ステーキを焼いたり。最後はみんなで肩を組んで『We Are The World』を熱唱でした（笑）。

間垣　それが一番ですね。先ほどの〝神事〟に通じる話ですが、宮城県大崎市に慰問に行った際、「結婚して10年経つが子どもができない」という女性のお腹をなでてあげたら、その後妊娠、女の子が無事に生まれたという〝縁を結んだ〟こともあります。お相撲さんは髷（まげ）もそうですし、帯、まわし、横綱は化粧まわしの上からさらに綱を結んでいます。まさに「歩くパワースポット」です（笑）。

間垣　ところで、澤田さんは建築家として若い頃から活躍されていたと聞きました。家づくりは世界で日本が一番の国だと思っていますし、そのなかで「体にいい家」というのはすごくいいアプローチだと思います。特にコロナ禍でみなさんが家から出なくなった今、より健康的な食事や運動方法に注目が集まっているのと同様、「家も見直そう」という流れがきている気がします。澤田さんは、それ以前から家と健康を結び付けてきたわけで、そのことをもっと多くの人に知ってもらいたいし、私もそういう家に住んでみたいと思います。

澤田　ありがとうございます。僕が提唱している『0宣言の家』には、3つのルールがあります。1つは、「劣化しやすい工業化製品を使わない、長持ちして資産価値の高い家」。2つ目は、「機械に頼らず、ランニングコストが極力かからない家」。そして、3つ目は、「体に害を与えるものを使わず、家族が健康に暮らせる家」です。これを最低限のルールにすることで、最適な住環境を家自体がつくり出してくれると考えています。

間垣　工業化製品を使わないとは、合板や集成材を使わないということですよね？　私も自分のトレーニングルームを持っていますが、そのなかを全部、無垢の木にしています。「木から気をもらう」という考え方で設計しました。いただいた花をここに置くと、最後の最後まで長く花を咲かせてくれます。また、照明も光を直接浴びるのではなく、照明器具の下にさらに木組みを設けています。これは自分の感覚ですが、合っていますか？

澤田　非常に正しいです。すばらしい。照明はおそらくLEDだと思いますが、LEDの光というのは人間にとっては振動数が激しすぎるんです。たとえば、目に直に当たると視力が落ち、休全体で浴びると脳に悪い影響を与えるという研究結果も出てきています。

間垣　たしかに、家で寝るよりトレーニングルームのほうが不思議とよく眠れます。隣が公園で、そこにもたくさんの木があるからだと思っていましたが、そういった理由があったのですね。ほかに寝室をよくする方法はありますか？

澤田　先ほどの3つのルールと、「クアトロ断熱」が全てです。これで寝室はもちろん、家中の湿度環境が整います。また、湿度環境が整うことで、カビの繁殖やウイルスの浮遊を抑制し、室内の空気がクリーンになるのです。つまり抗酸化作用が得られるということ。「0宣言の家」は、家そのものが抗酸化機能を持っているので、体がさびにくく（＝細胞の劣化が進まない）、睡眠にも最適な環境だと思います。今後の家づくりで力を入れたいのは、いかに土地の磁場を上げるか。磁場のいいところは抗酸化作用が非常に高いのです。大学の教授との協働研究も進めています。

間垣　この先の進化も楽しみですね。

無垢の木から「気」をもらい稽古しています

間垣 翔（元横綱 白鵬 翔） *profile*

1985年生まれ、モンゴル・ウランバートル出身。2000年に来日し宮城野部屋に入門。01年3月場所で初土俵を踏む。出世街道を駆け上がり、07年7月場所で第69代横綱に昇進。横綱在位数、幕内優勝回数、全勝優勝回数、通算勝ち星など、いずれも歴代1位の大記録を保持。21年に引退し、第二十一代間垣親方を襲名。現在、宮城野部屋の部屋付き親方として弟子たちの指導に当たる。

澤田　家だけでなく、食事も自然に近づけることで頭がクリアになって能力が上がったり、感覚が鋭くなったりするといわれます。親方が長く横綱を務められ、勝ち続けられた秘訣には食事の摂り方もあったのではないでしょうか?

間垣　その通りです。私は杏林予防医学研究所所長の山田先生の指導で、オイルの摂り方、食べる順番、玄米食、無農薬野菜、取組前にたくさん食べないなど多くを実践し、土俵でのパフォーマンスを最大限に高めることができました。それでもやはり、私の体の土台をつくってくれたのは、宮城野部屋に入門してから毎日食べ続けた〝ちゃんこ鍋〟のおかげだと思います。アジのつみれと鶏のつくねが入った醤油味の絶品ちゃんこが、今も私のパワーの源です。

澤田　そのちゃんこ鍋の生みの親、岩崎さん(宮城野部屋マネージャー)のお店に先日お邪魔して、僕もちゃんこ鍋をいただき、とても美味しかったです。次回はぜひご一緒したいですね。ちなみに、親方はモンゴル出身ですが、ゲル(移動式住居)の経験はありますか?

間垣　私はシティボーイなので(笑)、普通の家に住んでいましたが、叔母が遊牧民で、毎年、学校の夏休みに1カ月ほど手伝いに行っていました。

澤田　ほう。どんな暮らしですか?

間垣　草原にはルールがあって、肉が出てくる食事は1日1回、夜だけ。朝と昼はヨーグルトやチーズで簡単に済ませ、あとは千頭いる羊がオオカミに襲われないよう見張りをしたり、水を汲みに行ったり、牛や馬の乾いた糞を集めて燃料にしたり。朝から晩まで忙しい。今思うと、厳しい遊牧民の生活をしたことが、私の芯の強さをつくったのかもしれません。

澤田　ゲルの中は暖かい?

間垣　木の枠を立て、その上から毛でつくった布をかぶせて、さらに上から白い布をかぶせると完全に密閉されます。ゲルの真ん中でストーブを焚けば、とても暖かいですよ。夏、暑い日は布の裾を少しめくるんです。すると草原の風がサーッと入ってきて、それがまた気持ちいいんです。

澤田　これぞ健康住宅ですね。天然木があって、自然の断熱材があって、密閉性があって。最後に、夢を聞かせてください。いずれは親方が部屋を興す時がくるのでしょう?

間垣　まだそれは早いです。今は部屋付きの親方として師匠を助けるのが私の役目ですから。でも、強い力士を育て、いつか相撲協会、相撲道に恩返しすることが私の夢であり、宿命でもあると思っています。そのための体づくり、心づくり、場づくりはなくてはならないもの。その時は、ぜひ澤田さんにアドバイスをもらいたいですね。

澤田　場づくりに食事法、稽古、全てやったらとんでもない部屋になりそうですね(笑)。今まで培ってきた僕なりの技術を全て使っていただき、お弟子さんが出世していく姿を見せていただけたら幸せですね!

お互いを深く尊敬し合っていることがよくわかるお二人。和気あいあいと会話が弾み、終始和やかな空気に包まれていました

史上最強の横綱を育てた宮城野部屋の本物の味

アジのつみれは“骨まで丸ごと”入っているのが特徴。練ったら練っただけフワフワでおいしくなるという。部屋では10キロ以上の材料を手で混ぜる。新弟子時代の親方も、稽古の一つとして毎日ちゃんこ鍋をつくっていたそう

鵬ーHOー

〒104-0061 東京都中央区銀座6-7-6 銀座細野ビル2階

TEL:03-6264-5635

営業時間 17:00～23:00 (L.O.22:00) / 定休日 不定休

［最寄駅］JR有楽町駅 徒歩8分／東京メトロ丸ノ内線 銀座駅「A1出口」徒歩5分

Webサイト

ネットストア

住医学研究会

https://jyuigaku.com

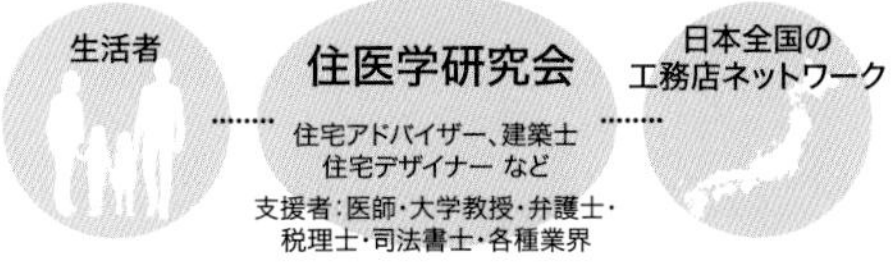

第三者機関「住医学研究会」は、マイホームづくりにおいて、「住まいの総合相談室」として、「これから家を建てたい方」「現状の住まいに満足されていない方」「建て替えやリフォームを考えている方」など、住まいに関する疑問や課題に対して、あらゆる側面からサポートします。また理想の住まいの実現に向けて、志を共にし、かつ確かな技術力を有する全国各地域の優良工務店も推薦します。

0宣言の家

医師が薦める本物の健康住宅「0宣言の家」とは、永く・安心して・健康で・快適に暮らせる家のこと。住めば住むほどよくなって家族が幸せに暮らせる家でもあります。そして、健康を害する材料や短期間で劣化する材料を排除した家づくりです。念願のマイホームを手に入れた、16軒の新築のお施主様と2軒のリフォームのお施主様を訪問しました。

「安心」「快適」「安全」
1ミリも嘘の無い家づくり

0宣言を取り入れた住まい

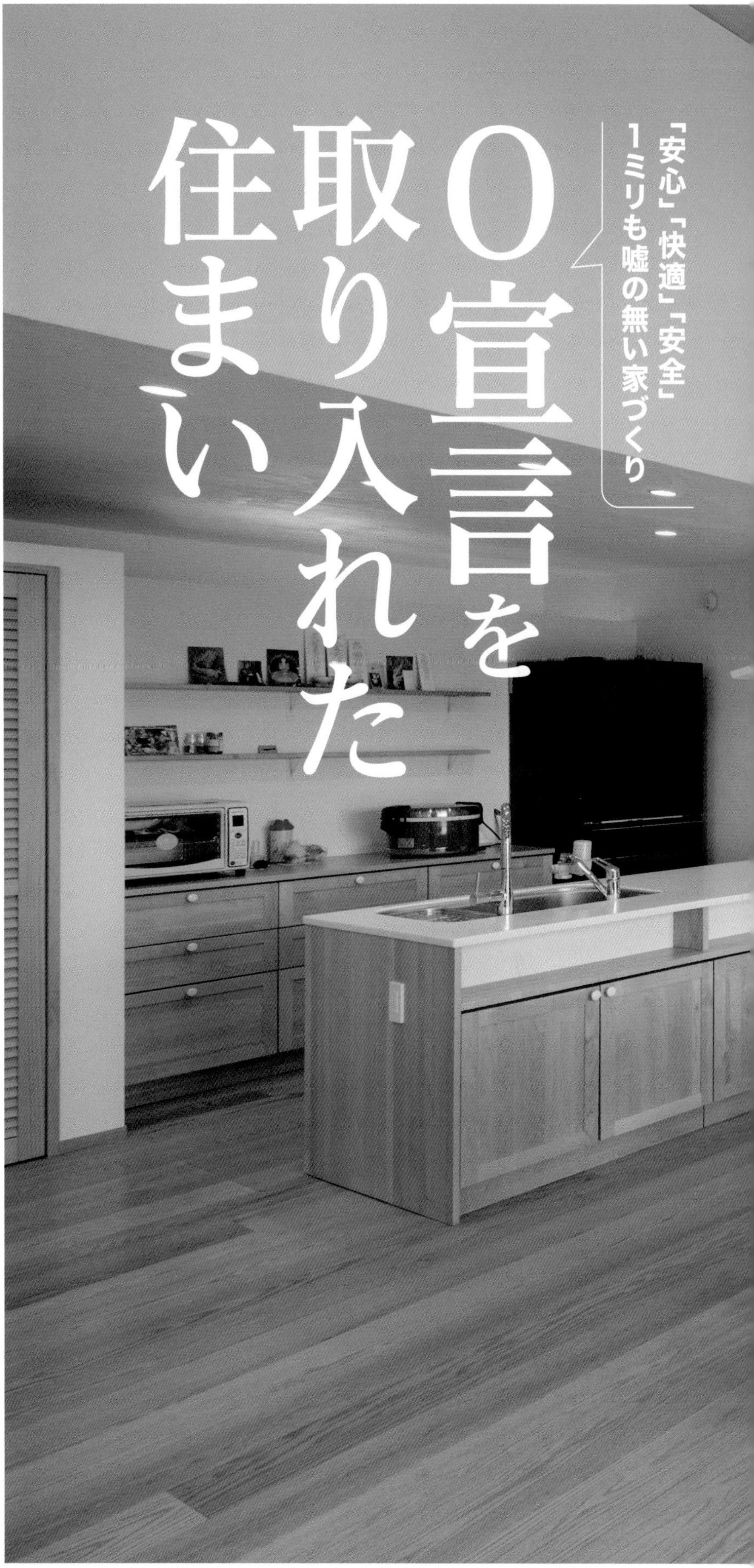

健康に害を及ぼしたり
長持ちしない建材は
極力使用しない家づくり

たとえ国が安全であると認めたものでも、
少しでも人の健康をおびやかしたり長持ちしない建材は極力使わずに建てる家が「0宣言の家」。
早く簡単に組み立てることができる資材で住宅の大量生産を得意とする大手ハウスメーカーの方式が
主流の住宅業界とは逆行する家づくりだが、「本当にいい家を建てたい」という熱い思いがその支えになっている。

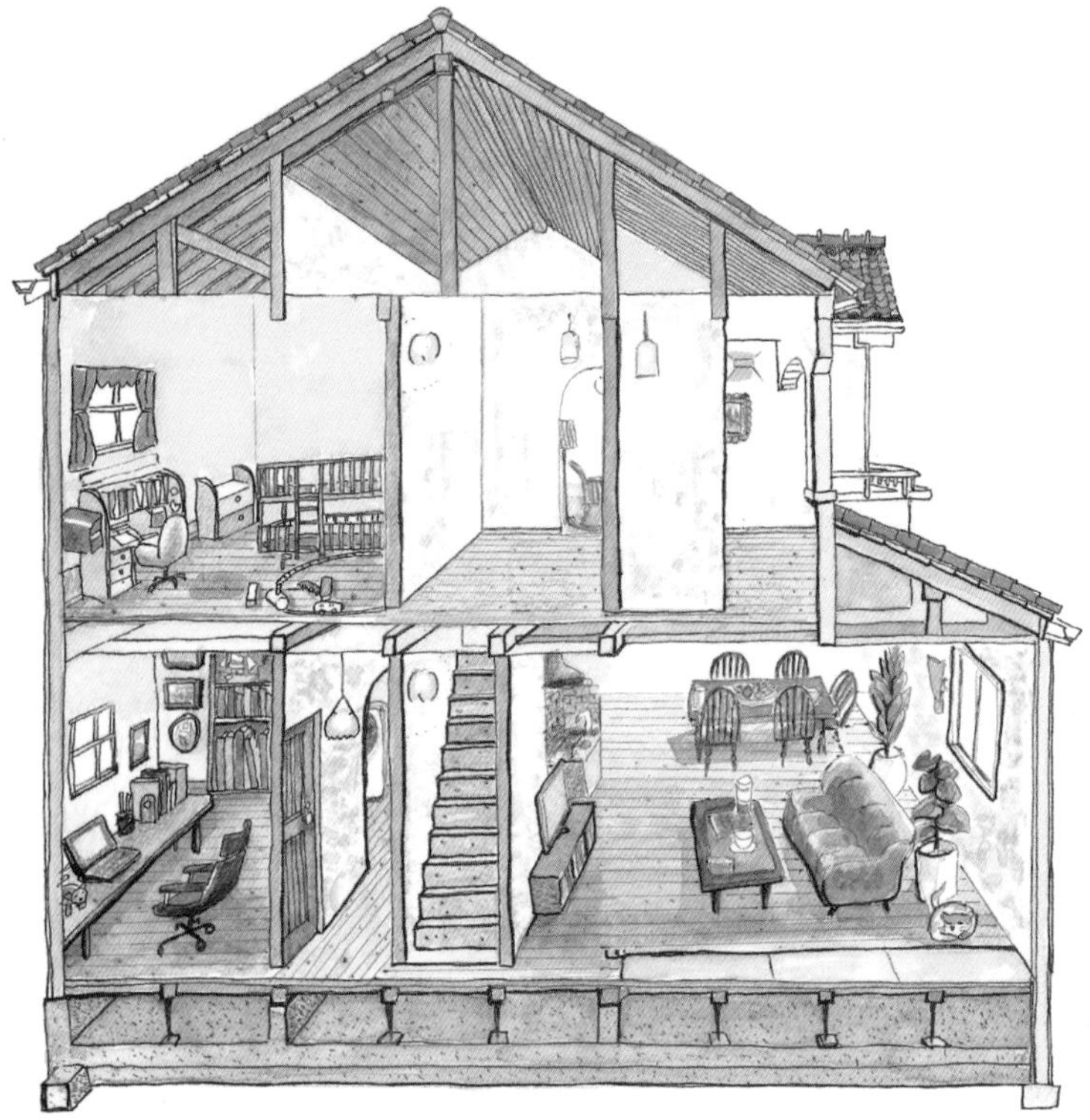

「0宣言」の家

合板ゼロ　集成材ゼロ
サイディングゼロ　ビニールクロスゼロ
木工ボンドゼロ　IHヒーターゼロ
防虫畳ゼロ　化繊カーテンゼロ
化粧合板ドアゼロ　防虫防腐剤ゼロ
シロアリ駆除剤ゼロ　グラスウールゼロ

健康的で快適に暮らせる
長持ちする家を実現

戦後、大量に住宅が必要とされた頃は、何よりも「迅速に家を建てること」が優先され、早く簡単に組み立てられる資材は重宝された。例えばビニールクロスや化粧合板、集成材などがそれであり、現在の大手ハウスメーカーでも当たり前のように使われている。

しかし、これらは経年劣化の激しい工業化製品がほとんどで、高気密・高断熱とうたわれる室内空間はまるでビニールハウス。この密閉された室内で資材から化学物質が放出されることで、シックハウス症候群など健康への悪影響が問題視されるようになってきた。

「0宣言の家」では、こうした大量生産住宅における問題を解決し、耐久性・自然素材・健康にこだわった家づくりを実践。工業化製品資材など長持ちしない建材のほか、電磁波を放出するIHヒーターや化学染料・防カビ剤が使われている防虫畳など、健康に悪影響を及ぼすものなどを徹底排除。

天然無垢材に囲まれ、木の香りとすがすがしい空気に癒やされる「0宣言の家」の気持ちよさは格別。クアトロ断熱による調湿効果で体感温度が一定に保たれ、夏は涼しく冬は暖かく過ごせる家は、快適性はもちろん、大切な家の長寿命化も叶えてくれる。さらに、今、注目を集めているテラヘルツ波を住宅設備に用いることで、身体の抗酸化作用が高まり、細胞を元気にする。そこに暮らす人の元気や若々しさを引き出し、心身ともに健やかな暮らしを実現してくれるはずだ。

安心建材

構造材

ベニヤ板や集成材は一切不使用。国産の杉やヒノキなどの無垢材を、土台や柱、横架材などで使い分け、地震に強い構造を実現。耐久性の高い家づくりを行う。

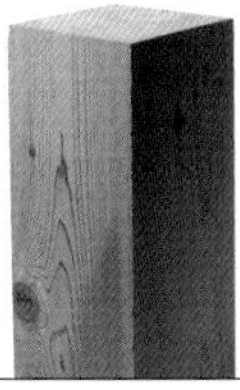

純国産の畳

安価な防虫畳や化学製品の畳ではなく、生産者の顔が見える安全ない草だけを使って作る天然100%の畳表のみを使用。

無垢の建具・ドア

木目調などをプリントした化粧合板ドアや、有害物質を含む接着剤を使ったドアなどが多いなか、無垢の木を安全な健康のりで圧着したオリジナルドアや建具を使用。塗料もすべて自然由来。

フローリング
(無垢)

床や天井にはすべて無垢材を使用。パイン、ウォールナット、低温乾燥させた「愛工房の杉」など自然の色目が美しく、年月とともに飴色に変わる無垢材は調湿性にも優れ、木の香りや優しい肌触りが魅力。

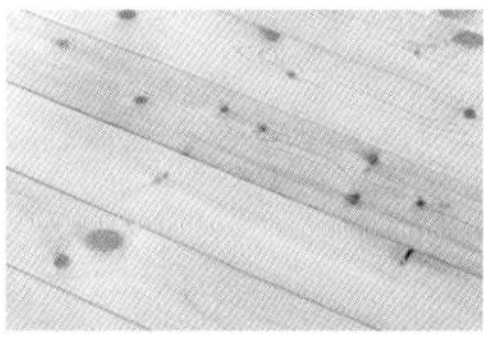

下地材
(愛工房の杉)

45℃という低温で木材をじっくり均一に乾燥させることで防腐効果のある精油成分が全体に行き渡り、水分を再吸収しないため加工後の変形が出ない木材を屋根の下地材に採用。これが家を長持ちさせる最大の秘訣。

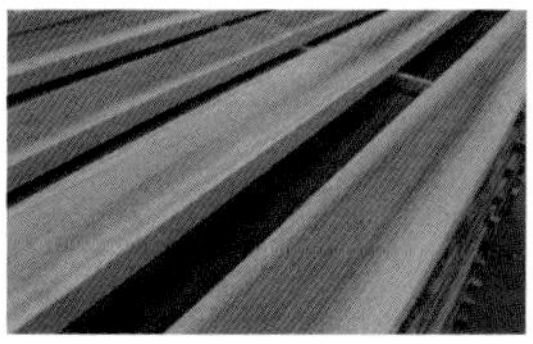

クアトロ断熱

内壁
(スペイン漆喰壁)

壁の仕上げには漆喰や珪藻土が使われることが増えてきたが、割れにくくするためつなぎ材として樹脂が混入されることが多く、実は5%程度混入されると調湿機能はほぼゼロ。「0宣言の家」では空気層が多く、より多孔質で高い断熱・透湿効果をもつ100%自然素材のスペイン漆喰のみを使用。

外壁
(遮熱塗り壁材:セレクト・リフレックス)

日射反射率72%以上の反射性能で、外壁の表面温度を約20〜30℃削減する塗り壁材。強アルカリ性のライムストーン(石灰岩)を骨材に使い、酸化鉄成分を含まないため酸化による変色や色素沈着も起きない。ホウ酸の使用で安全性も高く、防カビ防藻効果が長期にわたって有効なのも特徴。

外断熱材
(EPSボード:ネオポール)

内部結露を防ぎ、地震の揺れにも強いため住宅を長持ちさせる発泡プラスチック系断熱材のEPSボード。特殊なカーボンを練り込むことで断熱に加え遮熱性能まで加えたネオポールは、冷房費が通常より40%少なく済み、原材料が通常のEPSボードの半分で済むため、エネルギーの節約にも貢献。

内断熱材
(InCide PC《インサイドピーシー》 セルローズファイバー)

アメリカの新聞古紙(100%大豆インク)を原料にしたエコ商品で、壁に高密度で隙間なく充填するため高い断熱性・防音性がある。また、InCide PCはEPA(米国環境保護庁)によって安全性が認可されている唯一の断熱材。「ボロン#10」という特殊なホウ酸を使用しており、私たちが普段口にする食塩の致死量の約6.6倍も安全であることが証明されている。

自然素材

健康のり

健康を増幅させ、自然治癒力を発揮できるテラヘルツ加工の技術を応用して作られた接着剤や「にかわのり」など、有害物質を発散することなく、安心して使えるものを使用。

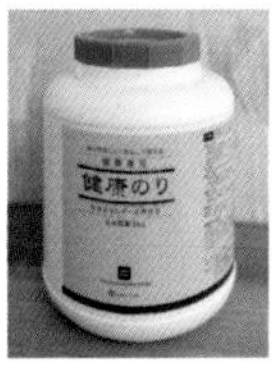

自然素材のワックス

床の仕上げなどに使うワックスも、何より安全性を重視して選択。化学物質を含まない、自然由来のものにこだわり、呼吸することで調湿する無垢材の特性を損なうことのない塗料のみを使っている。

樹脂サッシ

アルミサッシに比べて約4倍の断熱性能をもち、夏は涼しく冬は暖かく室内温度を保つ樹脂サッシ。カビやダニの発生原因にもなる結露の発生を軽減し、高い断熱性と遮熱性で冷暖房コストやCO_2も削減。

スペイン漆喰
(モルセムダーP)

漆喰は古来より住まいに使われ続けてきた左官材。調湿性に優れ、結露・カビ・ダニを防ぎ、脱臭効果もあるため、室内の壁には自然素材100%のスペイン漆喰を採用。コテムラが醸し出す優しい風合いも魅力。

屋根材
(プロヴァンススタイル・素焼きのS瓦)

耐久性、断熱性、遮音性に優れた本物の陶器瓦は、その立体的なフォルムも相まって塗り壁とも好相性。1100℃もの高温でしっかり焼き上げた本物の素焼き瓦は、年月とともに風合いを増し、耐久性も非常に高いため、雨風から確実に家を守ってくれる。

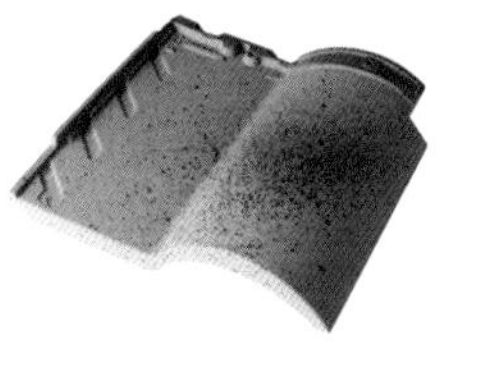

【遮・断・蓄】熱と【調・透】湿の最高バランスを実現したクアトロ（4層）断熱工法

トリプル断熱がさらに進化し、ついにクアトロ（4層）断熱に。これまでの室内の快適さの常識を大きく変える断熱工法となりそうだ。
「呼吸する壁」に透湿性が加わったことにより、さらに調湿効果がアップ。
これで冬の暖かさはもちろん、夏もエアコンに頼らない涼しさを実感できる。

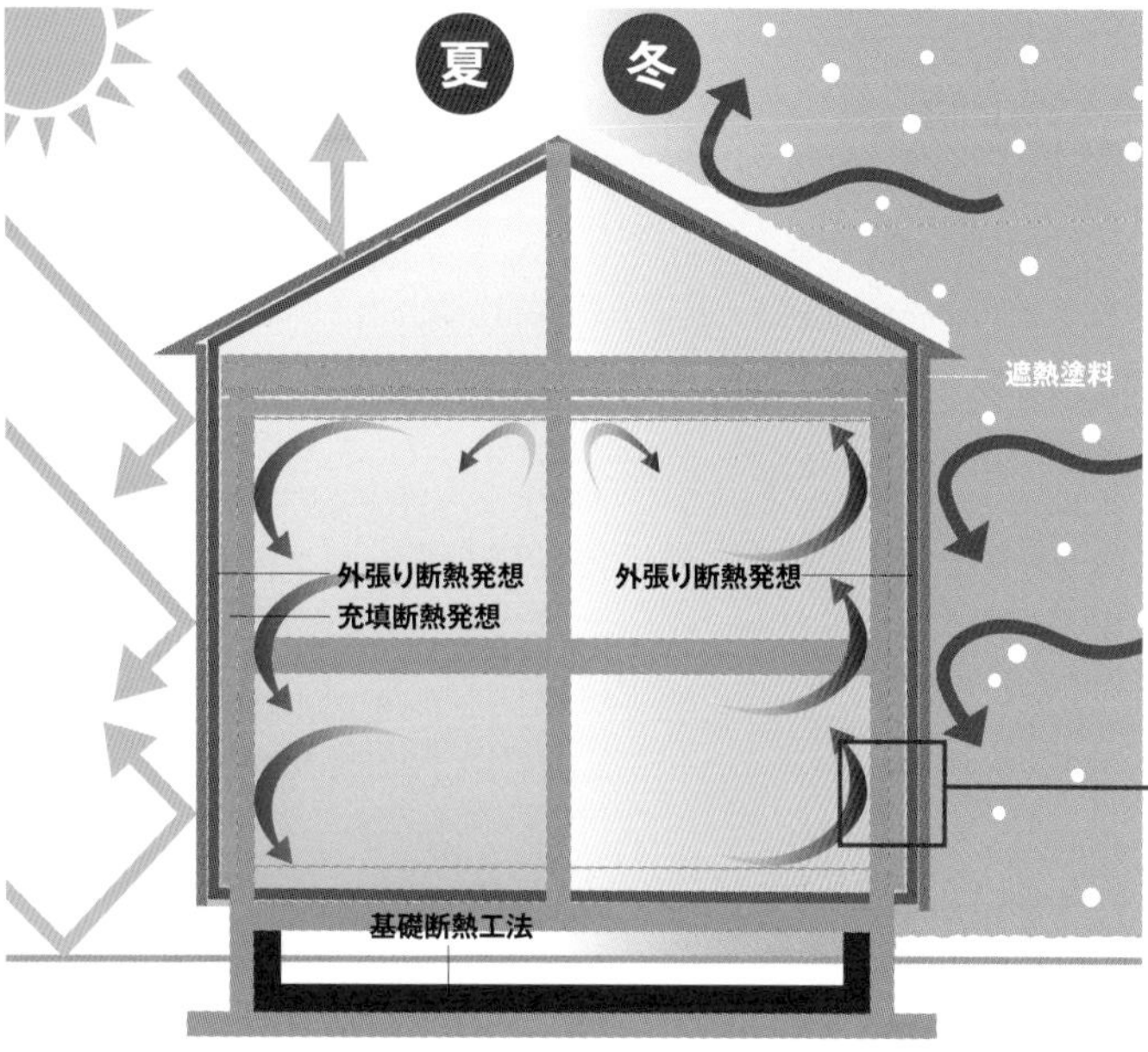

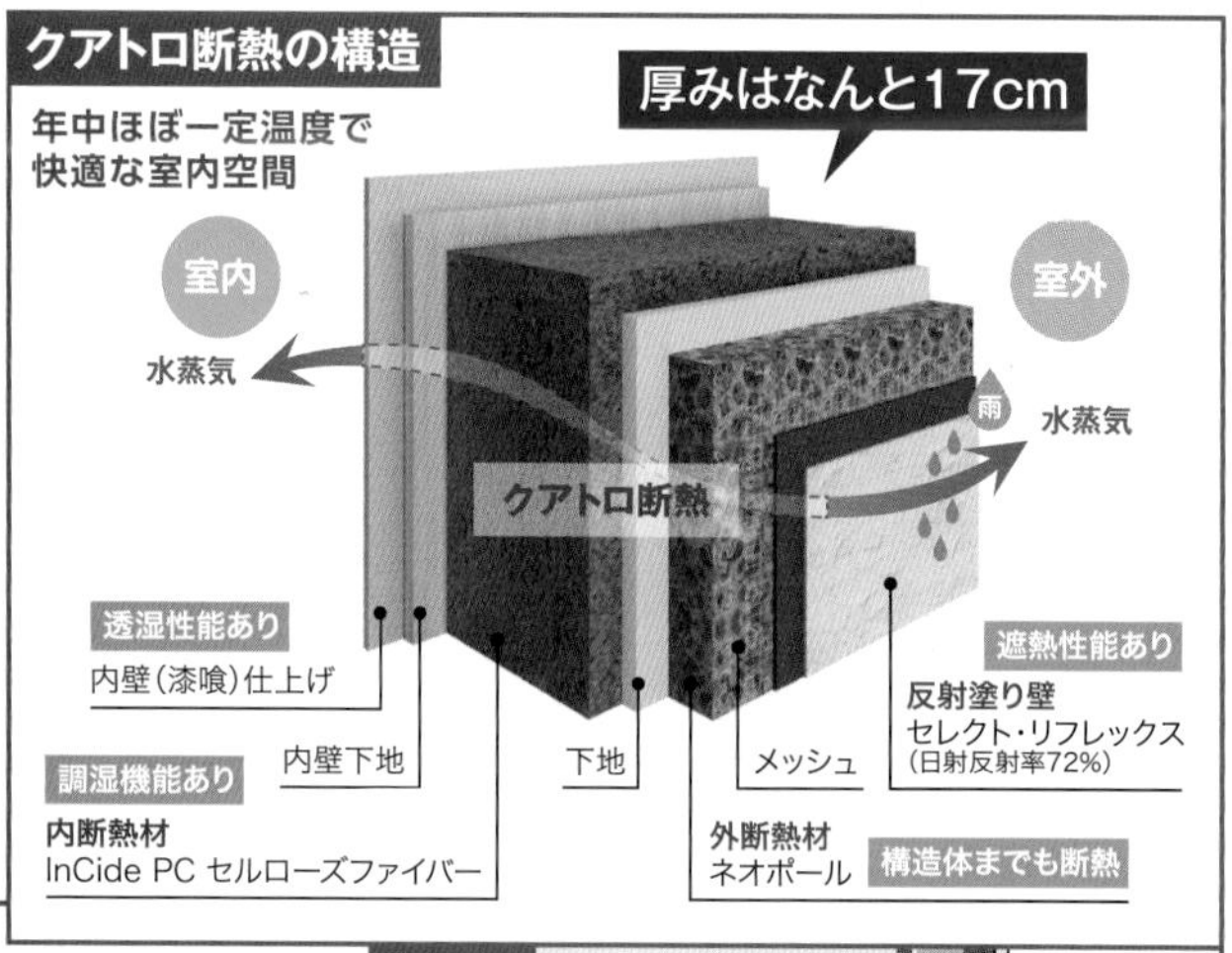

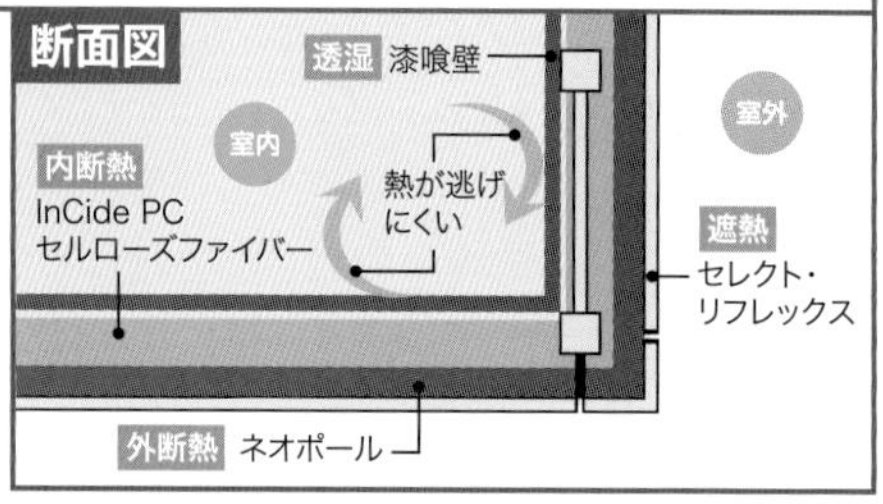

Ua値0.5［w/㎡K］前後

「0宣言の家」全国平均値

※Ua値（外皮平均熱貫流率）…建物内部から外部へ逃げる単位時間当たりの熱量を外皮等（外壁・屋根・天井・床・窓など）面積の合計で割った、断熱性能を表す数値。

日本は、高温多湿の気候でありながら室内の湿度調整をエアコンなどの機械に任せることが当たり前になっている。しかし、無垢材やセルローズファイバー、漆喰といった優れた調湿性をもつ自然の建材にできる限り任せようというのが、クアトロ断熱の考え方だ。

大事なのは、外からの熱や雨の侵入は止めても、水分（湿度）の出入りは邪魔しない素材を使用すること。ところが、今の住宅は、それをビニールで止めてしまっているから、調湿が効かず夏暑く、冬寒いのだ。それで結局、機械に頼ることになってしまう。そればかりか、壁内にたまった水分により、結露やカビが発生し、家の寿命を短くする原因をつくってしまうという悪循環を起こしている。

これに対して、「0宣言の家」では、従来の内断熱材（セルローズファイバー）、透湿性のある外断熱材パネル（ネオポール）、不純物ゼロの遮熱塗料（セレクト・リフレックス）に加え、内装仕上げ材に調湿性と透湿性を併せ持ったスペイン漆喰（モルセムダーP）や無垢材を使用することにより、【遮熱】【断熱】【調湿】【透湿】の4つの性能を兼ね備えたクアトロ断熱工法を今後の標準仕様とした。

その結果、Ua値の全国平均は平成25年省エネルギー基準で制定された寒冷地（1、2地域）の基準「0・46」に匹敵する「0・5」前後に。湿度は冬の室内で平均2%高く、夏は3%ほど低くなり、快適な空間を実現。トリプル断熱に輪をかけたハイレベルな断熱工法によって、さらに「機械に頼らない家」に進化した。

断熱

ネオポール

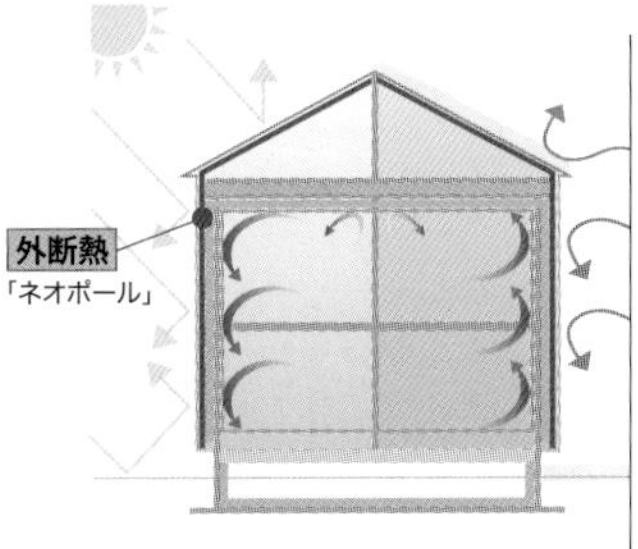

ドイツ生まれの高断熱材

外断熱材「ネオポール」は、ドイツ生まれの高断熱材のEPS（ビーズ法ポリスチレンフォーム）ボード。弾性に優れ、塗り壁のクラック（ひび割れ）や剥離を防ぎ、軽いため建物への負担がかからずメンテナンスが楽。建物を外気から遮断する外断熱は室内温度をほぼ一定に保つ役割を果たし、冷暖房のコストを削減。一般的に高価なイメージのある外断熱乾式工法に比べ、軽量で作業効率が高く、低コストである上に性能が高いのも特徴だ。また、パネル自体が自己消火性を持ち、国土交通省の防火構造30分認定を取得。代替フロンなどを使う断熱材に比べ、環境保全にも配慮した安全性の高い断熱材といえる。

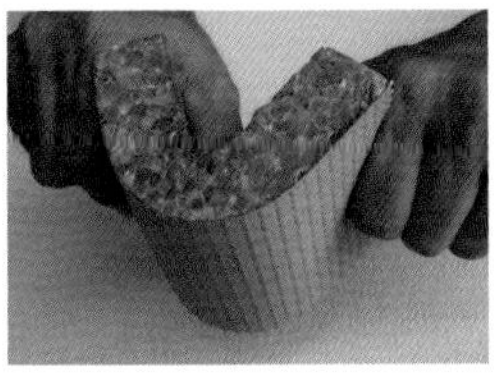

ネオポールの大きな特徴は、自由自在に曲げられる柔軟性。表面にナノ単位の粒子を含むモルタルを薄く塗ることで、両手で強く曲げても折れる心配がない。この性質により、地震の揺れに強い住宅を生むことができる

断熱パネルにネットを貼って一体化。だから地震にも強い！

外壁材としての仕上げは複数工程に及ぶ。まずネオポールの上にナノ単位の粒子状の液体を加えた特殊なモルタルを下塗りし、その上に割れ防止のネットを貼り、全体を一体化。さらに特殊モルタルをネットが薄く隠れる状態まで塗り、遮熱塗料を上塗りして最終仕上げとなる

外壁全体を特殊なネットで覆うため、地震など揺れに対する強度が高く、塗り壁に起こりやすいひび割れを防止する役目も果たす

遮熱

セレクト・リフレックス

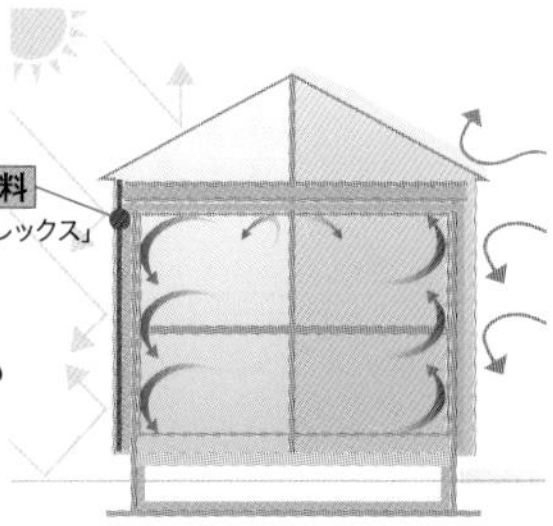

日射反射率72%の遮熱材

太陽光による赤外線や紫外線は、室内の温熱環境に大きな影響を与え、一般的な外壁は真夏だと約60℃にまで温度が上がる。しかし、太陽熱を反射して壁に熱を伝えない塗り壁材「セレクト・リフレックス」を使うと、外壁の温度は30℃程度までしか上がらず、室内を快適な温度に保ってくれるため、冷房費の削減にも効果的。柔軟性があるため割れたり剥がれ落ちたりしにくく、屋内の湿気を外へ排出する透湿性も併せ持つ。材料として使われるライムストーンはアルカリ性のため、汚れが付いても雨風で自然ときれいに。さらに耐火性にも優れ、ヘアークラックもほとんど入らず、高い接着力と耐久性も兼ね備えている。

写真右側。青色に近づくほど表面温度の上昇が少なくないことを示す

一般塗り壁

クアトロ断熱

赤外線ランプによる遮熱、断熱実験

EPS断熱材側表面温度
照射時間1時間

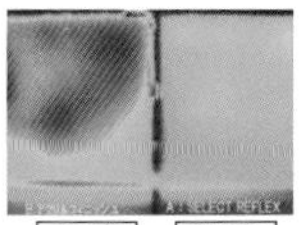

36.0℃　29.6℃

EPS断熱材4号品（ア）20mm＋アクリルフィニッシュコート片面コテ塗り

EPS断熱材4号品（ア）20mm＋セレクト・リフレックス 片面コテ塗り

透湿

スペイン漆喰

（モルセムダーP）

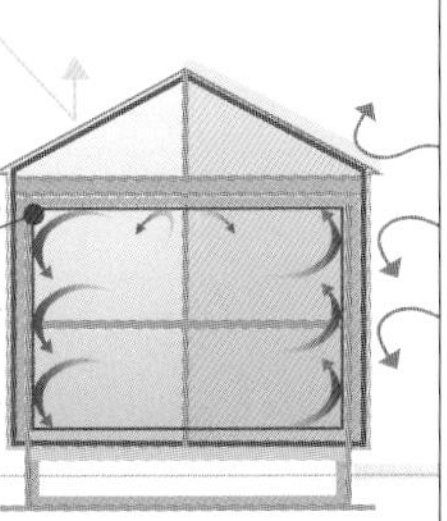

いい家は調湿する家、呼吸する家

スペイン漆喰は日本の気候風土に適した塗り壁材。「呼吸する壁」と呼ばれるほど吸放湿性能が非常に高く、一般の漆喰に比べて+50%という検査結果も。固化材として一般的に使われている樹脂やセメント、石灰などを一切含まないため環境に優しく、漆喰本来の機能を100%発揮。調湿機能も抜群だ。結露やカビ・ダニを防ぐことでアトピー対策にもつながる。また、無数の気孔が空気の層となり、外気温に影響されにくい室内環境を実現。シックハウスの原因となる化学物質を含まず、室内の有害物質を吸着する効果もあり、1mmに満たない人工的な塗り壁と、しっかり塗り厚のあるスペイン漆喰との違いも歴然。

調湿

InCide PC《インサイドピーシー》 セルローズファイバー

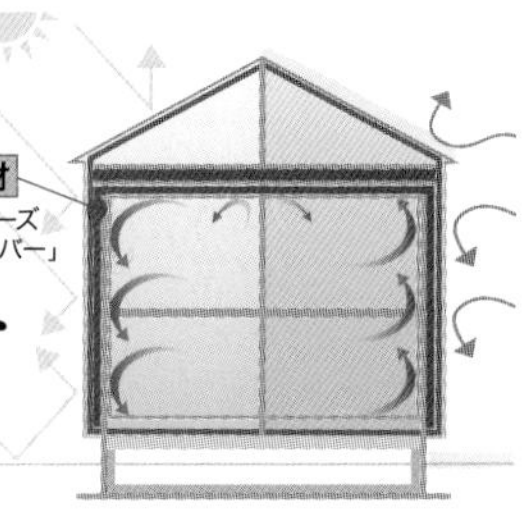

調湿する内断熱材

「InCide PC セルローズファイバー」は、100%大豆インクを使用したアメリカの新聞古紙で作られた断熱材。その断熱性能はグラスウールに比べて約4割も優れている。また、調湿作用を持ち快適な湿度を保ってくれるため、高温多湿な日本の気候に最適で、住環境の劣化につながる内部結露も防いでくれる。難燃剤として添加されるホウ酸には「ボロン#10」という特殊なものを含有率23%も使用しており、より高い効果を得られ、同時にゴキブリやシロアリなどの害虫から家を守る防虫・防カビ効果も高いのが特徴。害虫駆除試験において、99.7%ものゴキブリ駆除という高い結果数値にて証明を得ている。

高い吸放湿性で快適な湿度を維持

靴が濡れたとき、新聞紙を靴の中に入れて水分を吸わせるように、木質繊維には吸放湿性があり、周囲の状態に応じて水分を吸ったり吐いたりしている。このように、生きている木質繊維ならではの調湿効果で常に室内を快適な湿度に保ち、同時に結露を防止する効果がある。

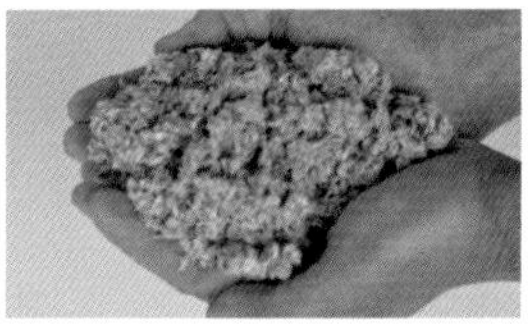

工事専門業者が着実に施工

セルローズファイバーの吹き込み工事は専門業者が担当。この断熱工事には慎重さと完璧主義的な繊細さが求められるからであり、施工の間、他の工事は一切止まる。今まで壁内に結露を発生させた事例はゼロ。

グラスウールは一切不使用

日本の住宅寿命が短い原因の一つが断熱材の施工不良による内部結露。低価格がメリットのグラスウールは、間違った施工により内部結露を起こすことが多い。充填率や密度の低さから断熱効果が薄いのも欠点。

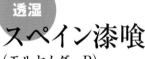

45℃で乾燥した「奇跡の杉」呼吸する建材は室内の空気環境を健やかに保つ

屋根の下地など、見えない部分にまで徹底的にこだわる「0宣言の家」づくり。
木材の人工乾燥は、乾燥温度60〜120℃が一般的なのに対して、住医学研究会が使用する「愛工房」で乾燥させた「杉材」は45℃。
低温乾燥により「奇跡の杉」と呼ばれるその理由をわかりやすく解説する。

代表取締役 伊藤 好則氏

アイ・ケイ・ケイ株式会社
「愛工房」
〒174-0043 東京都板橋区坂下2-27-7
TEL 03-3967-4551　FAX 03-3967-4552

木材乾燥機は温度の高いもので200℃にも及ぶものがあると聞くが、高温で乾燥すると水分だけでなく、木が生き続けるために大切な養分も吐き出されることになる。それに比較して「愛工房」という木材乾燥装置は45℃で乾燥させ、木の大切な「酵素」が損なわれないので、生命を保ち「呼吸建材」として住まいの一部となる。木も人と同様、呼吸する生きものとして、そこに住む人と共に生き続けるのだ。

愛工房の特徴は、大きく5つある。

1. 従来の高温乾燥を覆す、45℃の低温乾燥

2. 木に無理をさせず、気持ちよく汗をかかせるように水だけを出して、木の長所を損なわない

3. 防虫成分・芳香性分・精油成分はもちろん、艶も残ったまま。だから耐久性も高い

4. 木が呼吸しているため、空気を浄化する

5. 木本来の保湿効果、調湿効果がある

その結果、木そのものが断熱材の役割を果たし、室内の空気を爽やかに保つのはもとより、温度の偏りをなくす。

さらにはシロアリなどの侵食を防ぐ効果もある。一般的に「健康住宅」と呼ばれている住宅でも、抜け殻の木が使われていることがほとんどと聞くと、下地材一枚がいかに大切かがわかる。

「0宣言の家」ではお施主様の希望があれば、愛工房で乾燥した各種樹木の構造材や杉板の仕上げ材を、床・壁・天井に採用。また、建具や家具材として使用することもできる。

体の抗酸化力を高める「テラヘルツ波」を家づくりに生かす技術

体の抗酸化力を高めると言われている「テラヘルツ波」は、医療現場での活用に向けての研究も進んでいる、今注目のエネルギーだ。
テラヘルツ波の効果を持つ商品が開発され、私たちの家づくりにも生かせるようになった。
そんなテラヘルツ加工技術について、さらに詳しく知っておこう。

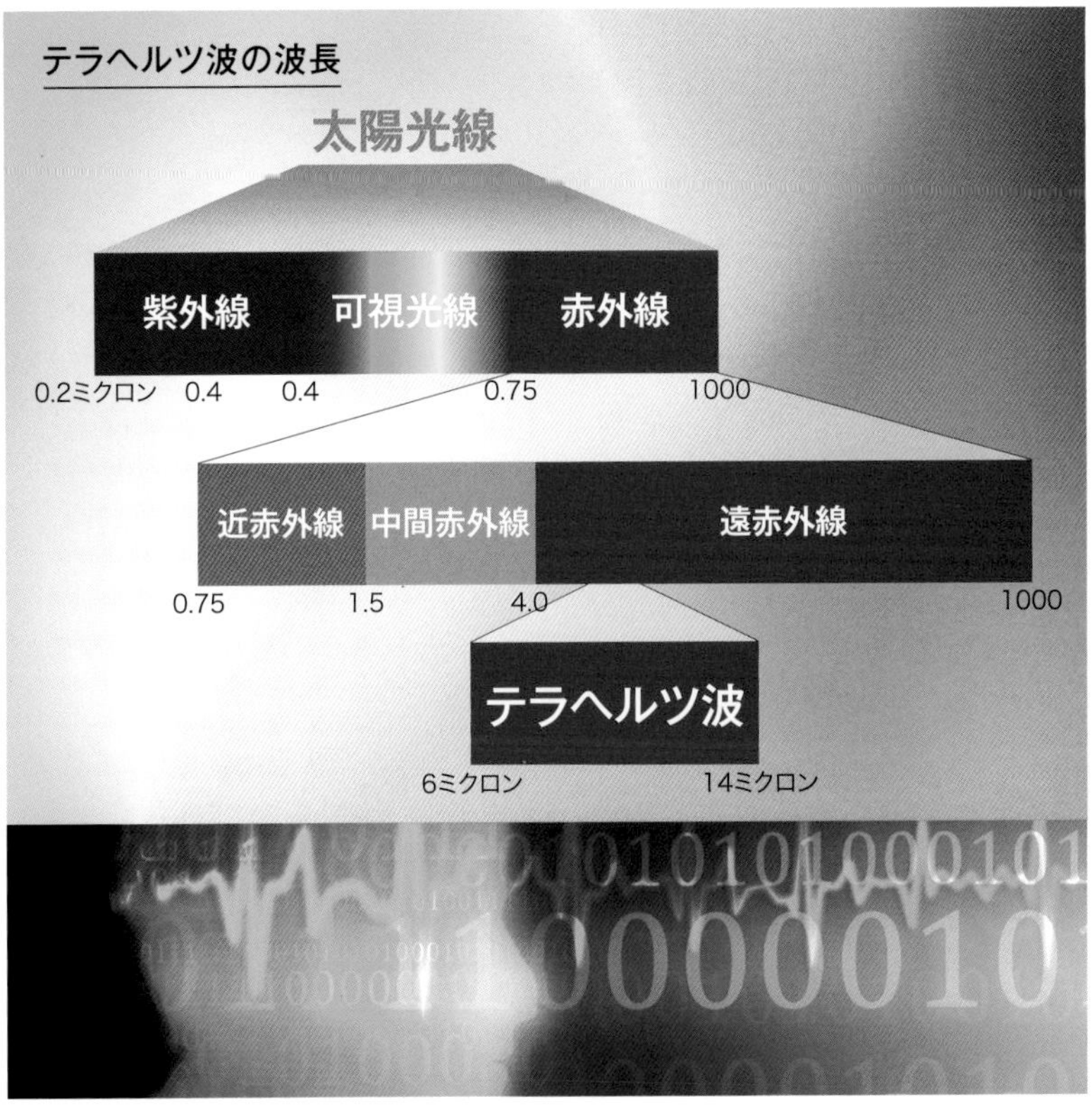

テラヘルツ加工商品

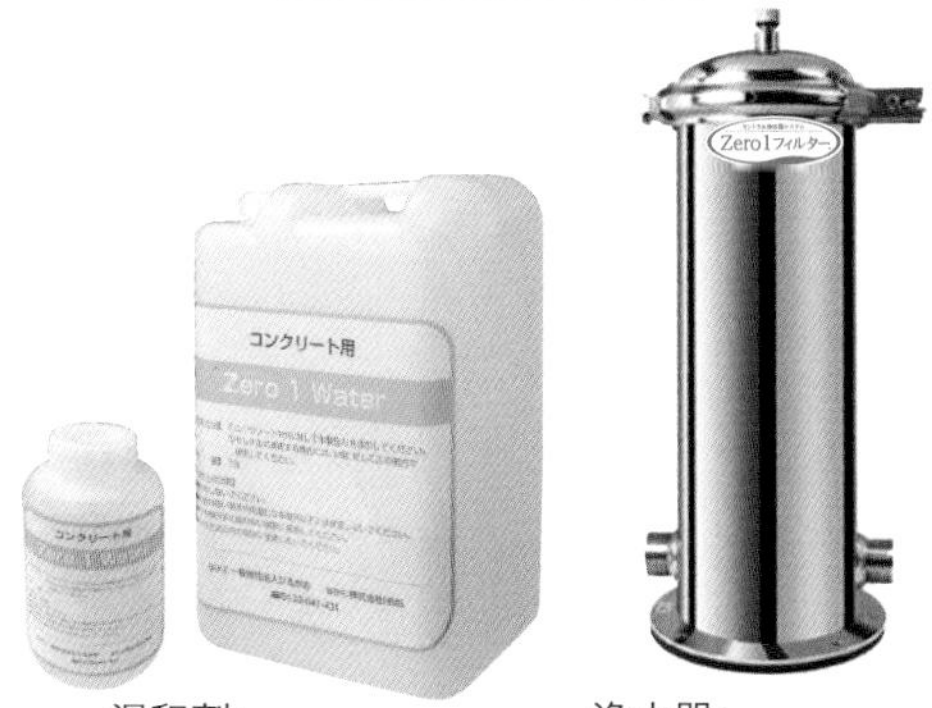

混和剤：
Zero 1 Water ®

浄水器：
Zreo 1 フィルター ®

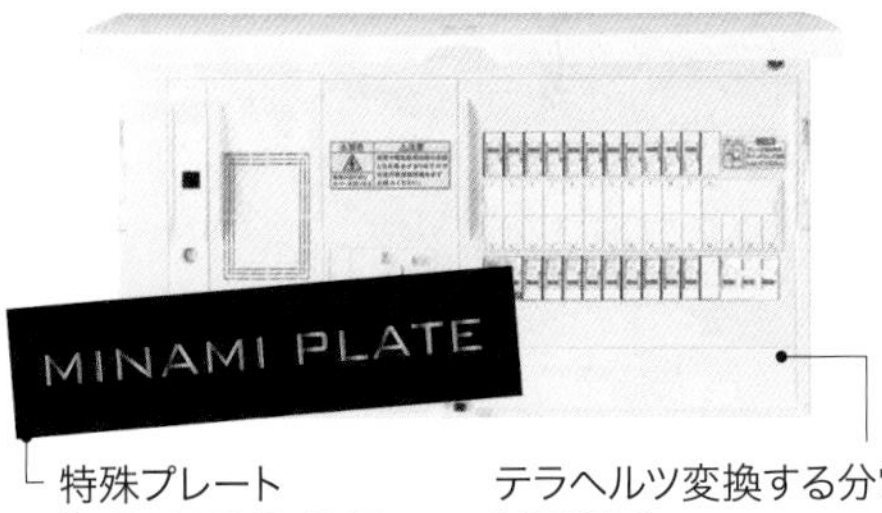

特殊プレート
「MINAMI PLATE」

テラヘルツ変換する分電盤：
MINAMI ®

※画像はイメージです

みなさんは「テラヘルツ波」という、地球の自然が発振している電磁波の一つをご存知だろうか。

テラヘルツ波は「生命振動波」とも呼ばれ、自然だけでなく私たち人間の細胞も絶え間なくテラヘルツ波を発振している。１００ギガヘルツ（１０００億ヘルツ）～１００テラヘルツ（１００兆ヘルツ）の振動数を有する電磁波で、電波と光波の両方を有する波。人体に有効に作用されると言われている遠赤外線の波長は４～１０００ミクロン、テラヘルツ波の波長は６～14ミクロンとされており、この波長が身体にいいとされている。

血行が悪く肩こりや腰痛、または疲れを感じた時、テラヘルツ波を照射することで抗酸化力が高まり、弱った細胞が元気になるともいわれ、医療の現場で活用するための研究も進んでいるのだ。

医療現場以外でも、その効果を日常で得ようと、強力なテラヘルツ波を照射する「テラヘルツ加工技術」によってさまざまな商品が生み出されている。

その一つが有害電磁波をテラヘルツ変換する分電盤だ。体に悪影響を及ぼす有害電磁波を、分電盤を通すことにより良いものへと変化させる。この分電盤を通した明かりを被験者に当て、脳波測定試験を行ったところ、緊張感が緩和され、リラックス効果があることが判明した。

生活のあらゆる場面で、テラヘルツ波の効果が得られ、より生き生きと安心して毎日を過ごせることを期待できる。

電磁波を悪いものから良いものへ

［テラヘルツ変換する分電盤：MINAMI®］

家の中にいると、イライラする、身体がだるい、落ち着かない、そんな経験はないだろうか。
その原因は、電磁波の影響もあると考えられている。
住医学研究会が対処法として推奨する「電気質を変える」という新しい取り組みを紹介しよう。

私たちは、朝起きてから夜寝るまでスマートフォンを操作し、こぞって電気自動車に乗り、食事はIHヒーターを使用して調理する――。そんな、常に電化製品の欠かせない生活を送っている。しかし、それらからは悪い電磁波が放射されているのをご存知だろうか。

例えば、健常者であっても、大量の電磁波を一気に浴びると体が極端に酸化してしまう。それが原因で痛風を発症したり、ガンを発症したり、リウマチになるなど、その人の免疫が弱い部分に悪い影響を与えることが多くあるのだ。また、“子どもへの影響”も問題だ。例えば、若年性の白血病を発症する確率が急激に高まるという。健常者でもガンの発症確率が上昇。WHOの発表でも“ガンの発生要因”として電磁波が大きな要素であると公表されている。中でも最も危険な電化製品と言えるのは「IHヒーター」と「LEDライト」だ。どちらも身近なものであり、以前からさまざまな危険性が提唱されてきたが、未だ根本的な解決には至っていない。例えば、IHヒーターは“電磁波の放射”という点では以前より改善していると言えるが、調理物を酸化させることは改善できていない。IHヒーターと聞くと調理をしている人が影響を受けると思いがちだが、実は家族全員が調理後に酸化した食べ物から影響を受けているのだ。酸化したものを食べると身体は酸化し、老化が進み、徐々に太っていき、肥満や病気の原因にもなる。

また、LEDはと言うと、一般論では副交感神経を刺激すると言われており、不眠の原因になることが危惧されている。通常のLEDではβ波が非常に高くなってしまい、脳が緊張状態を感じている。これでは学習や創作活動に適しているとは言えず、たとえ手元が明るくなり、電気代が安くなったとしても、子どもの勉強効率を上げることには一切つながらない。それどころか、脳に過度な緊張を与えてしまい、勉強の妨げをしていると言っても過言ではないのだ。

これまでの電磁波対策は電磁波を軽減する方法が取られてきたが、上記のIHヒーターやLEDが身体にもたらす悪影響は電気そのものに問題がある。そこで、家庭の電気を供給する元から改善することに着目して開発されたのが、テラヘルツ加工技術を用いて電気をテラヘルツ化する分電盤だ。電磁波の質を変えるという新しい考え方を持った電磁波対策とはどのような効果をもたらすのだろうか。

一般的な電磁波対策は・・・

対象物から離れる

簡単な電磁波対策は、電磁波の対象物から離れること。

アースをする

電場（電磁波の要素の一つ）を抑制することで余分な電気を逃し、感電防止などの役割を果たす。

アースだけでは、健康改善にならない・・・

電磁波の対象物から離れたりアースをすることは、電磁波を軽減してはくれるが、電磁波から受ける影響をゼロにはできない。そのため根本的な健康改善へとはつながらないと考えられる。

住医学研究会が推奨する電磁波対策の一つは・・・

電気質を変える！

身体に悪い影響を与えると考えられる電磁波を軽減するのではなく、悪いものから良いものへ変えるという新しい取り組み。

テラヘルツ変換する分電盤：MINAMI®

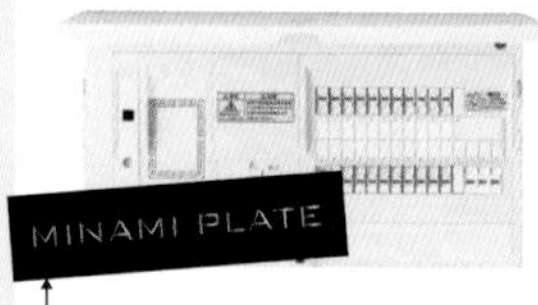

●特殊プレート「MINAMI PLATE」

外から入ってくる電気をテラヘルツ波に変換するよう特殊プレート「MINAMI PLATE」を装着した分電盤：MINAMI®。電気を供給する分電盤から改善することで、その電気につないだ電子機器や家電にも同じ効果が表れて、家中を良い電気に変えることができる。

※画像はイメージです

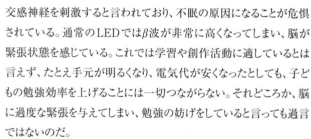

見えないところからの本質的な改善が健康につながる

テラヘルツ変換する分電盤：MINAMI®は電気の供給元である分電盤で電気を改善することで、家中の電気の質を一挙に高めてくれる。例えば、照明から受ける影響として、緊張感が和らぎリラックス度が上がったり、アンチエイジング対策になる抗酸化力が上がるといった効果が、実験結果からも証明されているのだ。

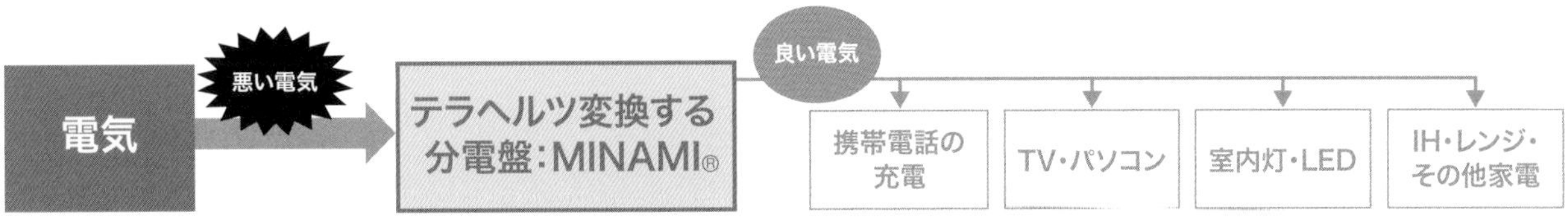

テラヘルツ変換する分電盤：MINAMI®を数値で証明

脳波測定試験

		α波	β波
LED照明	照射前	10.0	88.3
テラヘルツ変換する分電盤：MINAMI®＋LED照明	照射15分後	38.3	61.7

(単位：%)

緊張が和らぎリラックス度UP！

健常な成人女性（58歳）を被験者とし、20分間安静状態を保った後、使用前の1分間の脳波を測定
ついで、テラヘルツ変換する分電盤：MINAMI®にLED照明をセットし、15分間頭部に照射直後に1分間脳波を測定

α波
心身ともにリラックスした状態の時に発する。心身の健康に良い影響を及ぼすといわれている。

β波
覚醒（起きている）時に出ている脳波で、注意や警戒・心配等をしている時に出る。

抗酸化試験

		酸化還元電位
LED照明	照射前	+84
テラヘルツ変換する分電盤：MINAMI®＋LED照明	照射15分後	+77

(単位：mV)

生体の抗酸化力が7UP！

健常な成人女性（58歳）を被験者とし、20分間安静状態を保った後、照射前の酸化還元電位を唾液にて測定
ついで、テラヘルツ変換する分電盤：MINAMI®にLED照明をセットし、30分間頭部に照射直後、同様に測定
被験者と照明の距離約10㎝

抗酸化
活性酸素による酸化を抑え、体の中を錆びつかせない（酸化を抑える）こと。アンチエイジング。

マイナスイオン試験

		測定値
LED照明	照射前	49
テラヘルツ変換する分電盤：MINAMI®＋LED照明	照射15分後	79

(個/cc)

マイナスイオンがUP！

LED照明照射前のマイナスイオンを測定。
次にテラヘルツ変換する分電盤：MINAMI®にLED照明をセットし、30分間照射後、同様に測定
LED照明の距離約10㎝
測定時の室内マイナスイオン数平均43個/cc

マイナスイオン
ストレス軽減効果・リラックス効果や、空気中のチリ・ホコリを除去するなど空気清浄効果、成長促進効果や寿命を延ばす効果があると考えられている。

※室内のマイナスイオン増加は、身体の抗酸化力向上に影響すると考えられている。

高水準な日本の水道水を安全な水に

[浄水器:Zero 1 フィルター®]

水道水は安心安全なものだという認識で、普段からなんの疑いもなく生活に利用している。
しかし、身体に影響する物質は本当に入っていないのだろうか。
大切な家族が毎日触れる水だからこそ、この機会に考えてみたい。

水道水には「鉄サビ」と「塩素」が含まれている

近年、水に気を遣っているという人が増えてきたが、これは水道水に含まれる塩素を危惧するからこその傾向と言える。水道水に含まれる塩素は殺菌剤としての作用を持つが、これは同時に鉄の水道管の腐食を進め、サビつかせる原因でもある。

昨今、水道管が破裂した事例をよく耳にするのは、老朽化しサビついた水道管が増えてきているためだ。現在、新築の戸建ては塩ビ管を使用することが多いが、浄水場から各家庭までは鉄の水道管を通るため、各家庭の水道水には鉄サビが含まれている。

浄水器の主な役割は、水道水に含まれる鉄サビとその原因でもある塩素を取り除き、きれいな水を提供すること。このZero 1 フィルター®は91.5%(水温25℃)の遠赤外線放射率がある高性能セラミックボールをフィルターに採用。活性水素を出し、有効なミネラル成分を豊富に含んでいる。また、遠赤外線効果やマイナスイオンの発生により、細胞の活性による免疫力の向上、老廃物の排出、身体の機能向上など健康面でもしっかりと安心して使える浄水器だ。そして、浄水器はキッチンの蛇口だけに付けても意味がない。水は粘膜からも吸収されるため、水道水の塩素や鉄サビは、浴室の蛇口やシャワー、トイレのウォシュレットなどからも身体に吸収され悪影響を及ぼす。

このZero 1 フィルター®は外付けのセントラル方式の浄水器なので、たった1台設置するだけで、家中の水を改善し、安心で快適な暮らしをサポートしてくれる。

浄水器:Zero 1 フィルター®

高性能セラミックボールによる遠赤外線の効果

遠赤外線の放射により、水分子(クラスター)が細分化され
下記のような効果が期待される。

①ミネラルなどがより吸収されやすい
②水分子が活性化され、新陳代謝を促進する
③生存酸素を活性化し、バクテリアやカビの侵蝕から保護する
④温度の安定化、物質の変性を止める働き
⑤抗酸化力の向上　など

25℃で遠赤外線放射率

91.5%

セラミックボール

あまり知られていない塩素の危険性と国際基準

浄水場で消毒する際に使用される「塩素」は、水と化合することによって発がん性物質「トリハロメタン」を生成する。その他にも、塩素が含まれた水によって、皮膚や粘膜から水分を奪われ、肌荒れやアトピーの一因になるともいわれている。1986年のアメリカ化学会では、入浴中に気化した塩素を呼吸や皮膚から吸収する量が水を飲んだ時の100倍にも上回ると発表される(News scientist,1986-9-18,Lan Anderson)などさまざまな危険性が唱えられている。また、日本の水道水の残留塩素濃度は法律によって定められており、水道法第22条によると、遊離残留塩素を0.1㎎/L以上保持するように塩素消毒することが明記されている。これは国際基準からみると、かなり高い濃度となっている。

国名	基準
ドイツ	0.01以下
アメリカ	0.5以下
フランス	0.1以下
日本	0.1以上

塩素が与える人体へのダメージとZero 1 フィルター®の効果

では実際に塩素が人体に与えるダメージと、Zero 1 フィルター®を採用することで得られる効果をみてみよう。

塩素が人体に与えるダメージ

アトピーや大腸がんの危険性も

入浴の際にシャワーなどを使用している時、湯気がたくさん立ち上がる。浴室内で気化した塩素は表面積が大きくなるため、飲料と比較して6倍から最大で100倍もの量が体内に吸収されてしまう。この塩素は肌にダメージを与えるため、アトピーの原因になったり、呼吸によって気管支や鼻の粘膜を傷つけてしまう。さらに体内に入った塩素は腸を始めとする体内器官を傷つけてしまうのだ。

小ジワや乾燥などの肌へのダメージ

塩素は強力な殺菌力がある上に安価であり、その残留性（水によく溶け、長く留まる）のために浄水の要とされ消毒を目的に多用されている。しかし、農薬や漂白剤などにも使用されていることをご存じだろうか。塩素は肌や髪の毛のたんぱく質を酸化させるため、乾燥したり刺激を受けやすくなったりする。肌トラブルには化粧品やステロイド薬に頼るよりも、塩素を取り除く根本的な解決が必要だ。

▶ Zero 1 フィルター　を採用することで、これらの症状の発生を軽減できる

Zero 1フィルター®の効果

カビの嫌なにおいをカット

内部の高性能セラミックボールフィルターによって塩素とカビの原因になる物質“2-MIB”と“ジオスミン”を除去。これらの物質は、ごく微量に含まれているだけでもにおいの原因となるのだ。Zero　1 フィルター®で磨き抜かれた水は、雑味のないおいしいコーヒーやお茶を楽しませてくれる。

ご飯のおいしさが引き立つ

残留塩素が多く含まれる水で調理をすると、野菜や米の持つビタミンを約30%も損なってしまう。塩素を除去することで素材本来の味を楽しむことができる。さらに、高性能セラミックボールによる遠赤外線の効果は備長炭の2倍以上もあり、水の質を高めおいしいご飯が炊きあがる。

洗濯物の脱色を抑える

塩素には漂白作用がある。これを利用して野菜の漂白作業などにも塩素が使用されているが、洗濯物にとっては大敵。大切な衣類が塩素によって色あせてしまうことも少なくない。Zero 1フィルター®で浄水された水は塩素が取り除かれており、大切な衣類の脱色を抑えてくれる。

より強固で耐久性の高いコンクリートに

［混和剤：Zero 1 Water®］

コンクリートは“固いモノ”という認識はあるが、コンクリートを練る際に加える混和剤によって、その強度や耐久性に変化が生じるという。
では、どのような混和剤を使用するとその性質にどういった変化があるのだろうか。

抗酸化作用を発揮して酸化を防ぎ、材料を強固に密着

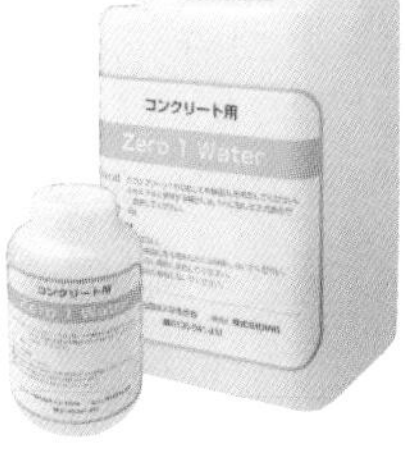

ベタ基礎のコンクリートは、テラヘルツ加工され、抗酸化作用を発揮する混和剤：Zero 1 Water®を使用。コンクリートの形成要素である砂・砂利・水・セメントを強固に高い密度で結合させる働きを持つ。結果、空気含有率が少なく、酸化しにくいコンクリートとなり、耐久年数が長寿命化する。

強固で長寿命な「0宣言の家」のコンクリート

コンクリート供試体圧縮強度試験 配合設計条件（強度24N／mm²,スランプ18㎝）

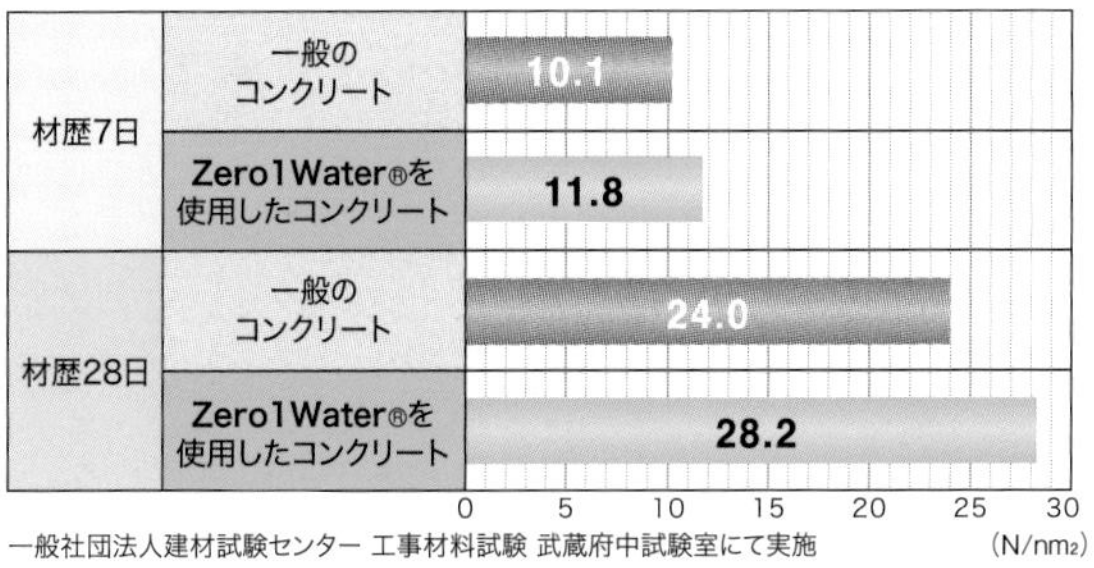

一般社団法人建材試験センター 工事材料試験 武蔵府中試験室にて実施

肌の保湿・保温効果や洗浄・消臭なども効果があるナノバブル

水産養殖業や農業、臨床医療、化学工業など幅広い分野で活用されてきた微細な気泡「マイクロバブル」。
そのマイクロバブルをさらに微細化した「ナノバブル」が一般家庭の水道水にも取り入れられるようになった。
その方法や、水道水がナノバブル化することによって家族の暮らしにどのような変化をもたらしてくれるのかを見てみよう。

“浮かない泡”ナノバブル

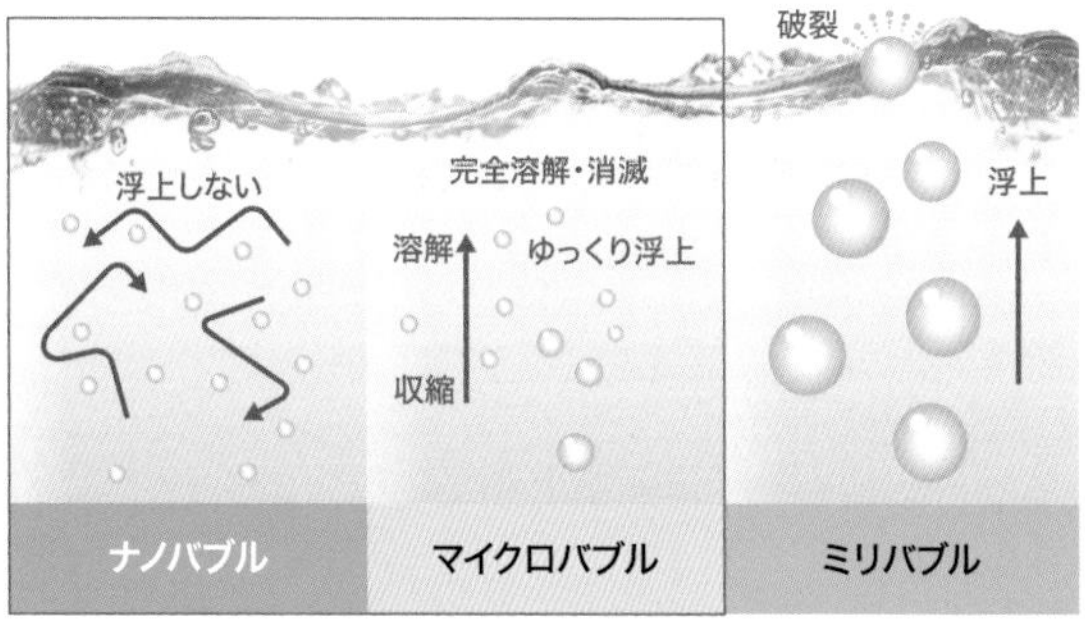

「マイクロバブル」は非常にゆっくりと上昇するが、時間経過とともに消滅する。「ナノバブル」は浮上せず、水中内で浮遊し、長期間水中に存在することが可能となる。(3カ月以上残存)

ナノバブルの大きさのイメージ

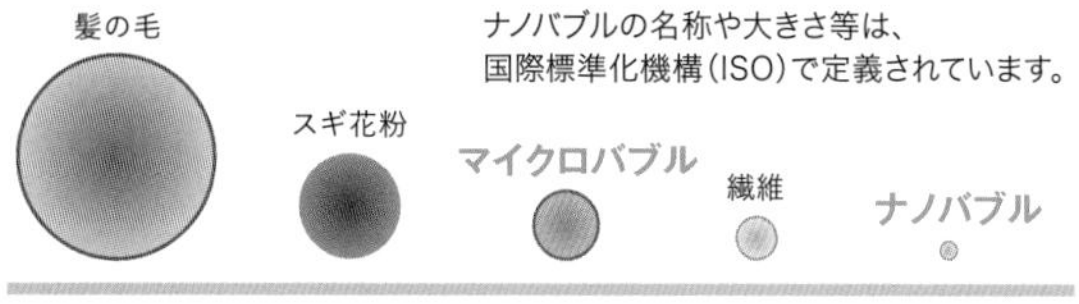

ナノバブルの名称や大きさ等は、
国際標準化機構(ISO)で定義されています。

ナノバブル発生装置「Moist-NanoBubble《モイストナノバブル》 Beauty Aqua《ビューティアクア》」

2022年8月1日より発売開始予定

水がバブル発生装置(Moist-NanoBubble Beauty Aqua)の中を通過する際に、旋回(トルネード回転)し、圧力差を利用しながら水の中に含まれる空気を気体化させ、ナノバブルを発生。外部から空気を取り込むこともなく、貯水する必要もないので水そのものが清潔な状態を常に保てる。

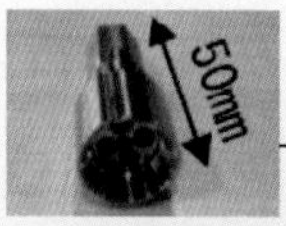

内蔵されたバブル発生コア

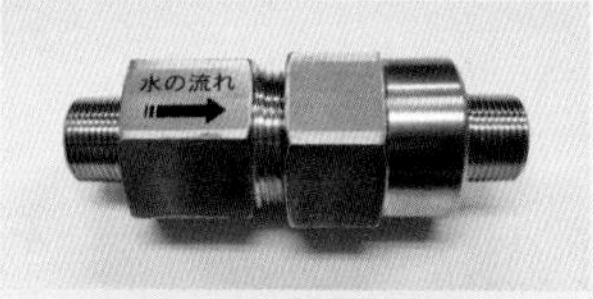

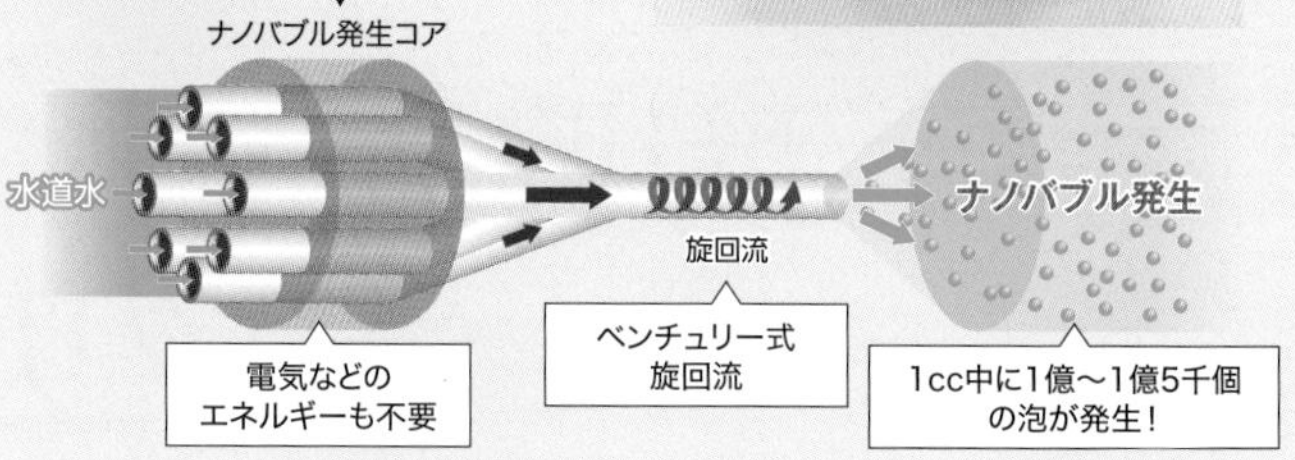

洗浄作用
微細な気泡が汚れを包みこみ、除去する

保温・保湿作用
体の芯から温め、お肌の保護も期待できる

消臭作用
洗濯物の不快な臭いを微細気泡が除去する

配管の保護
微細気泡により配管環境を改善させる

ナノバブルの大きさは1㎜の100万分の1と髪の毛や毛穴よりも小さく、目に見えないほどの超微細な気泡のことをいう。

ナノバブルの特徴の一つが、水中での上昇速度が非常に遅く、長時間滞留すること。それにより、人の皮膚への浸透も早く、入浴時には保温効果、保湿効果を高め、毛穴や肌の汚れを吸着してかき出してくれるなど、健康と美容にも効果が。また、キッチンや洗面台、トイレや洗濯機などでも、ナノバブルは汚れの隅々まで入り込み吸着、剥離してくれるため、しっかりと効果を発揮。食器洗いの際に汚れ落ちや泡切れがよく、トイレや浴室では水を流すたびに汚れも一緒に洗い流してくれるので、掃除の回数が減ったという家庭も。洗濯物の汚れ落ちもよく、消臭効果もあるという。

しかし、このような効果を発揮させるには、ナノバブル水が家中を通っている必要がある。今までにあった一般的な商品は、キッチンやシャワーだけといった一部のみに対応していたが、今回紹介するナノバブル発生装置「Beauty Aqua※」は、給水根元1カ所に設置するだけで家中の水道水をナノバブル化してくれ、家族の健康的で快適な暮らしを実現してくれる。

※2022年8月1日より発売開始予定

特徴

Moist-NanoBubble Beauty Aqua

家庭内の水道水が全てナノバブルに

メンテナンスフリーで ランニングコスト不要

ナノバブルを作るためのポンプなどは必用なく、給水時の水圧を利用してバブルを生成するため、特別なメンテナンスは不要でランニングコストがかからない。家計にも優しい最新技術。

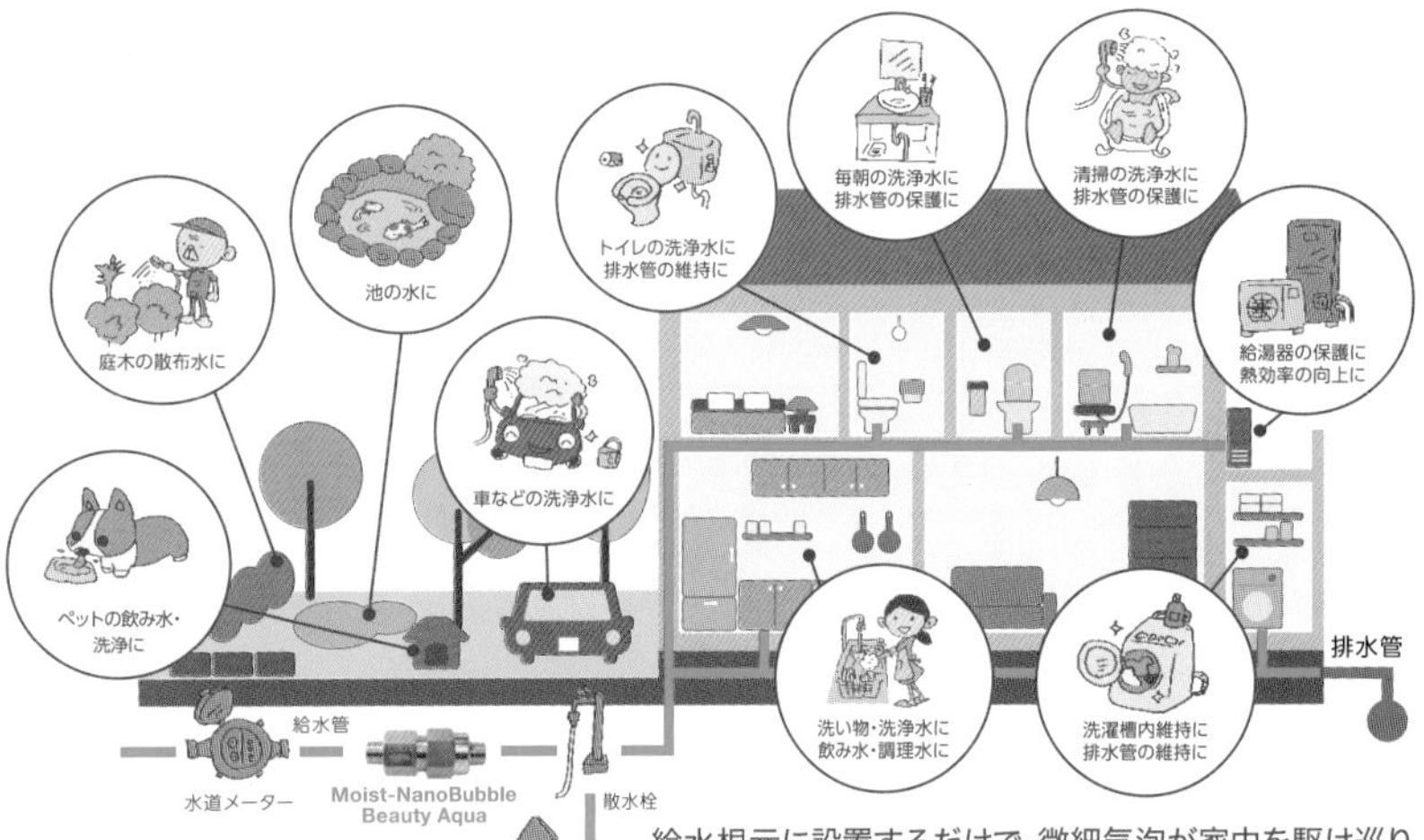

給水根元に設置するだけで、微細気泡が家中を駆け巡り、「人・住まい・環境」に優しい住宅へと変えていく。

性能

安全な微細気泡で暮らしがより快適で健康的に

洗浄

汚れの隅々まで入り込み吸着・剥離 毎日の家事にかかる時間を削減

超微細な気泡を含む水が汚れの隙間に入り込んで付着し、汚れを浮かして洗浄効果を発揮。洗濯をするたびにセルフ洗浄してくれる。また、食器を洗う際にも、水道水はすすぎに1230㎖使用したところを、ナノバブル水は930㎖しか使用せず、その洗浄力と泡切れの良さも実証されている。(自社実験)

開始前　3カ月後

清潔

汚れ落ちがよく、消臭効果も 1年後も白さが持続

水道水とナノバブル水でそれぞれYシャツを1年間繰り返し洗濯し、洗浄効果を比較・検証。ナノバブル水洗浄の方が汚れ落ちがよく、不快な臭いも除去できる消臭効果もあった。

水道水+洗剤　ナノバブル+洗剤

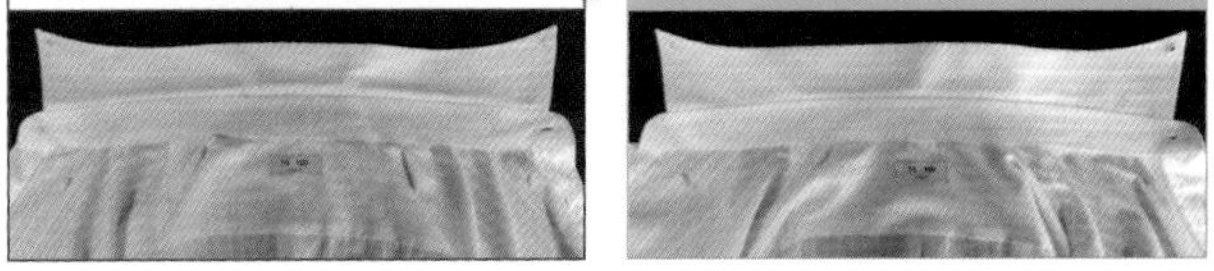

一年後の襟元の汚れ　一年後の襟元の汚れ

美容

毛穴や肌のキメまで入り込み 美しさ若々しさのキープに貢献

ファンデーションを塗った手の甲を、洗顔フォームを使わずにナノバブル水で洗浄すると、水道水で洗浄した時よりも肌の深い溝まで洗浄されているのが確認できた。また、使用10分後の保湿作用の維持も、水道水より高い結果が得られた。

洗浄作用

ファンデーションを塗った
手の甲の状態を比較

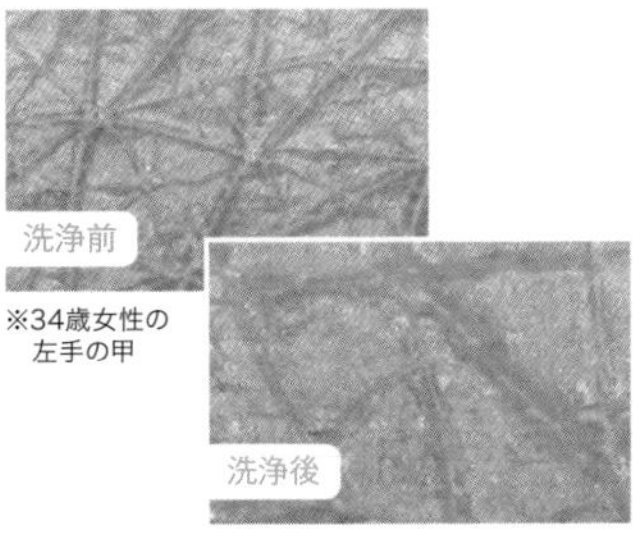

※34歳女性の
左手の甲

保湿作用

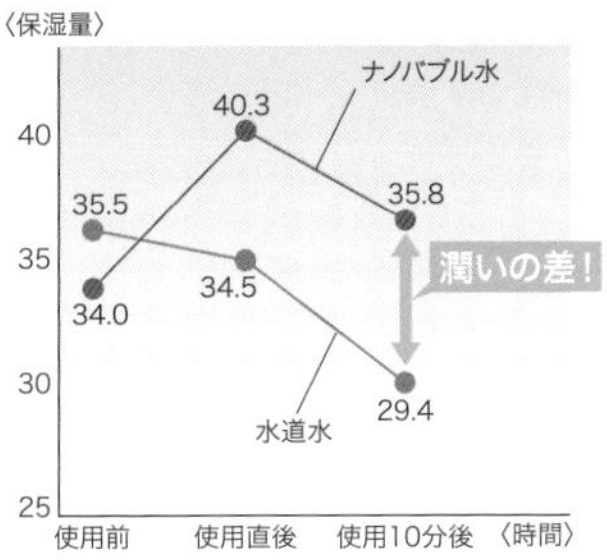

健康

高い保温効果を誇り、血流促進 毛穴の汚れも洗浄できて頭皮もスッキリ

水道水とナノバブル水とで温浴効果による温度変化をサーモグラフィを使って測定。ナノバブル水のほうが保温効果が高く、血行促進につながることが分かった。また、頭皮の皮脂汚れなどニオイの元となる微小な物質にもナノバブルが付着して除去してくれる。

10分後でも11.3℃プラスの保温作用あり!

サーモグラフィ比較試験

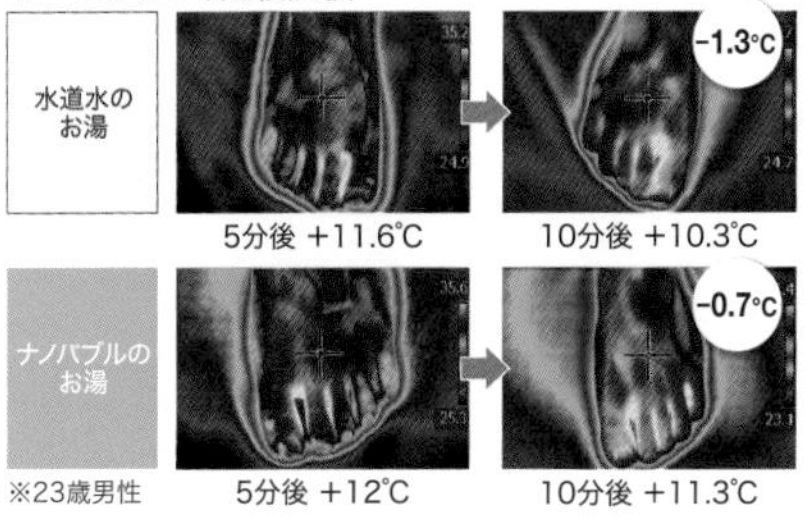

5分後 +11.6℃
10分後 +10.3℃

5分後 +12℃
10分後 +11.3℃

※23歳男性

頭皮洗浄作用

ナノバブルの
毛穴の汚れ落ちイメージ

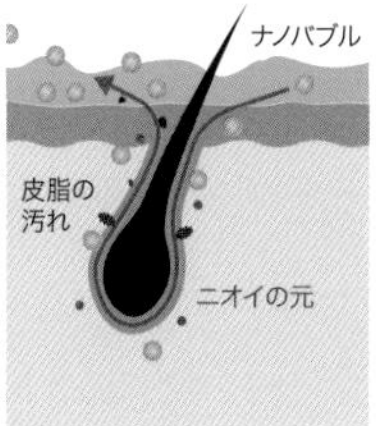

太陽光発電+蓄電池の ZEROソーラーで 災害時でも電気を自給自足

国の施策で「再生可能エネルギーの固定価格買取制度」がスタートして今年で10年、
すでに太陽光発電の売電による利益には期待ができない時代となっている。
しかし、一方では「太陽光発電＋蓄電池」システムにより災害時の電気を自給自足する方法が注目されている。
「0宣言の家」が薦める「ZEROソーラー」とはどんなものか、その特徴を紹介しよう。

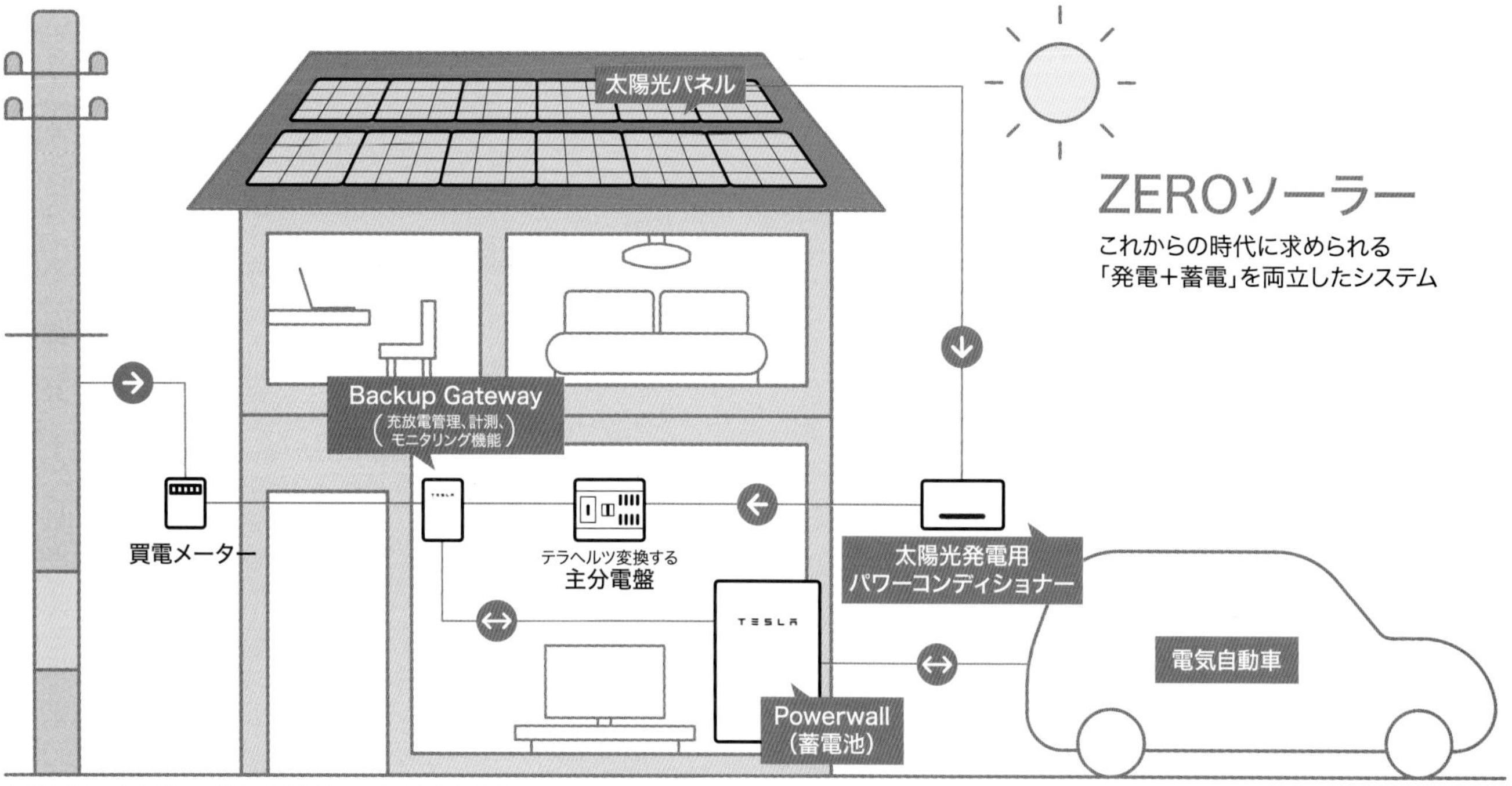

再生可能エネルギーの導入拡大を狙って始められた「固定価格買取制度」だが、現在は、国においても、「太陽光発電」と「蓄電」の組み合わせ、自家消費や災害時の活用に、その狙いをシフトしている。

売電価格7円／kWhの時代に求められる太陽光発電システム

⇨ 国は「エネルギーの自立」「災害時に活用できる太陽光＋蓄電池」を推進

2009年に始まった「再生可能エネルギーの固定価格買取制度」では、自宅で発電した電気を10年間は電力会社が固定価格で買い取ることが保証されていた。しかし、2019年を過ぎ、制度開始時から太陽光発電を導入している家庭で10年間の保証期間が順次終了している。もともと段階的に低下していた買取金額は今後さらに下がり、「売電価格7円時代」になると言われている。

しかし、売電による利益は期待できないものの、発電した電気を蓄電し、万が一の時に役立てるという側面での期待が高まっている。災害に見舞われた時、自宅で蓄えた電気が使えれば大いに心強いはずだ。

これまで「0宣言の家」では、電磁波の体への影響を懸念して屋根に太陽光発電パネルを設置することを推奨していなかった。しかし、68ページで紹介しているように、現在は「テラヘルツ変換する分電盤」を住宅に採用し、屋内で使用する電気を、悪い電気から良い電気に変えることができるようになっている。そのため、太陽光パネルの電気を蓄電する方法も薦められるようになってきたのだ。また、大切な住まいに設置するものであれば、安全に、そして安心して長く使えるものがいい。そこで開発されたのが、優れた性能の「ソーラーシステム」と「テラヘルツ加工」の技術を融合させた「ZEROソーラー」である。このシステムを自宅に取り入れることにより、従来の電磁波の課題を解決するだけでなく、安全面や災害時の活用でも高いメリットが期待できるエネルギー環境を整えることができる。

安全

蓄電池

常に最新のソフトウェアに自動でアップデート

「ZEROソーラー」が採用する蓄電池は、常に自動でソフトウェアをアップデート。最新のソフトウェアは、異常が見つかった際に通知が届くようになっているので安全性も非常に高い。自宅に設置するものなので、安全性の確保は必須条件と言える。また、購入した後も常に最新の機能を使い続けることができるものメリットだ。（ソフトウェアの更新は無料）

アプリを使って24時間リアルタイムでコントロール

発電量や電気消費量、蓄電状況などをアプリを使ってリアルタイムでモニタリングできる。また、希望の使い方に合わせて設定を調整すれば、全てお任せでエネルギー自給率を高めたり節約を最大にすることも可能。

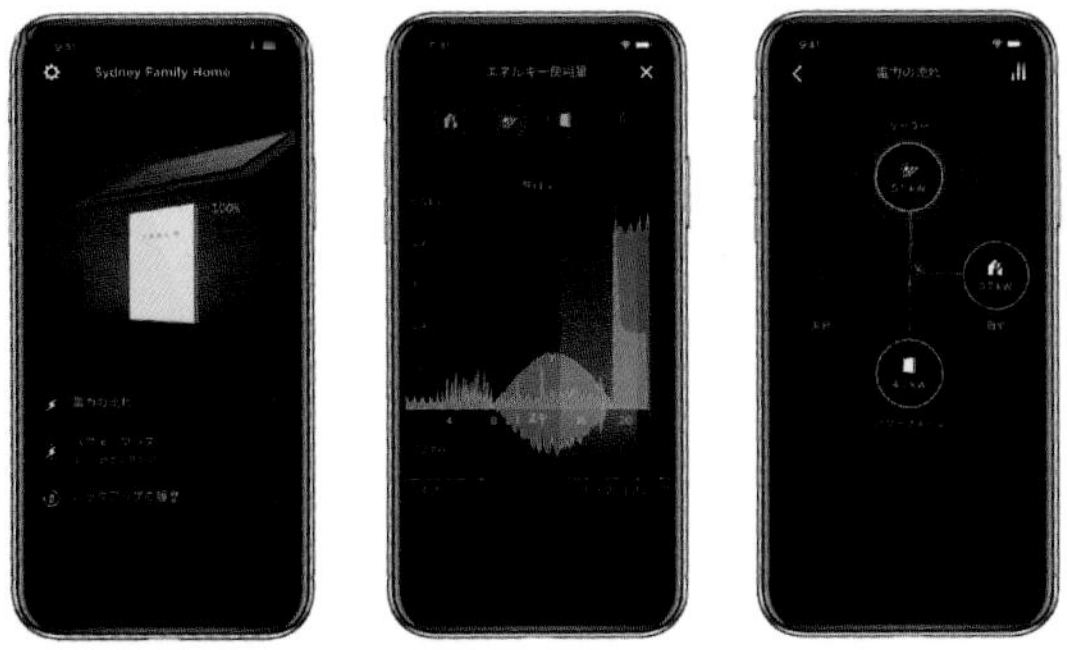

ホーム画面から蓄電状況や電位の流れ、各種通知を確認

消費された電力、発電量などを確認

発電状況や電気の使用状況を確認

健康

主分電盤

「テラヘルツ変換する分電盤」に通して“良い電気”を供給

「0宣言の家」では、電気をテラヘルツ変換する分電盤を採用しているが、「ZEROソーラー」の蓄電池を利用すると、テラヘルツ変換する分電盤を通して、良い電気を家中で利用できる構成となっている。停電が発生しても、主分電盤に接続された電化製品は、通常通り使用することが可能。災害時でも冷蔵庫に食品を保存したり、テレビで情報を得られたりするのは安心だ。

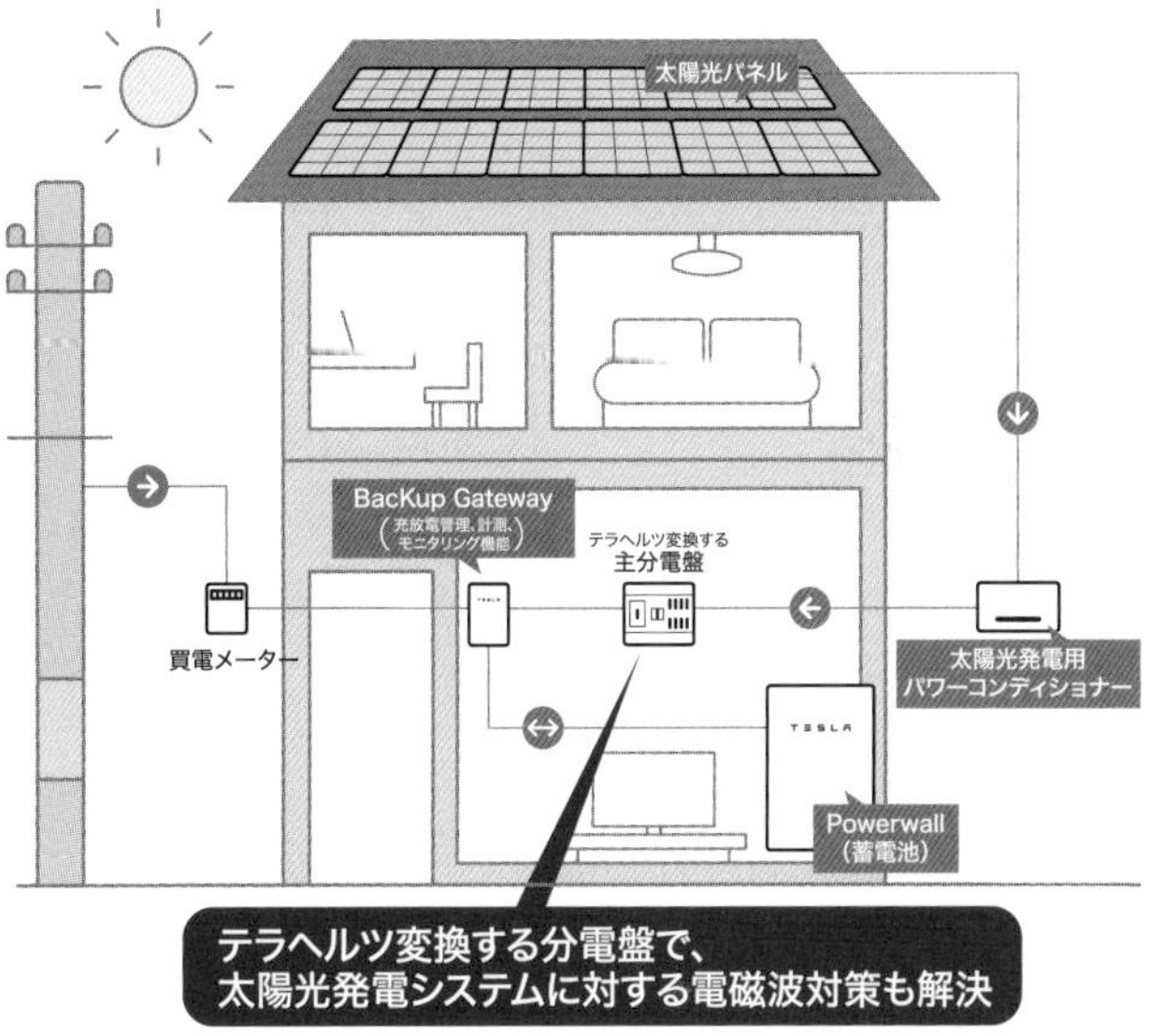

安心

太陽光パネル　蓄電池

蓄電池を活用することで災害時にも電力を自宅で供給

地震や大型の台風などの災害が起こると、電力の供給が止まって停電することもあり、生活に支障をきたすことも。近年、災害が増えていることは言うまでもなく、何らかの備えが必要となってくる。ZEROソーラーのように、自家発電が行え、蓄電もできるシステムを備えることで、停電時にも家中の電力の供給が自宅で賄えて、照明やスマートフォンのほか、IHクッキングヒーターや大型のエアコンなども動かせるので安心だ。また、国も各家庭でのエネルギーの自立を推奨しており、家庭用蓄電池システムの自立に向けて年度ごとの価格設定の目標を設けたり、目標価格を下回った場合の支援の実施などを随時行っていく方針だ。このように各家庭での「蓄電」が普及していき、蓄電池の性能（蓄電容量）が向上していくことで、ZEROソーラーとしても最終的にはオフグリット（電気の自給自足）を目指している。

蓄電池システム
停電時1日の電気使用量イメージ

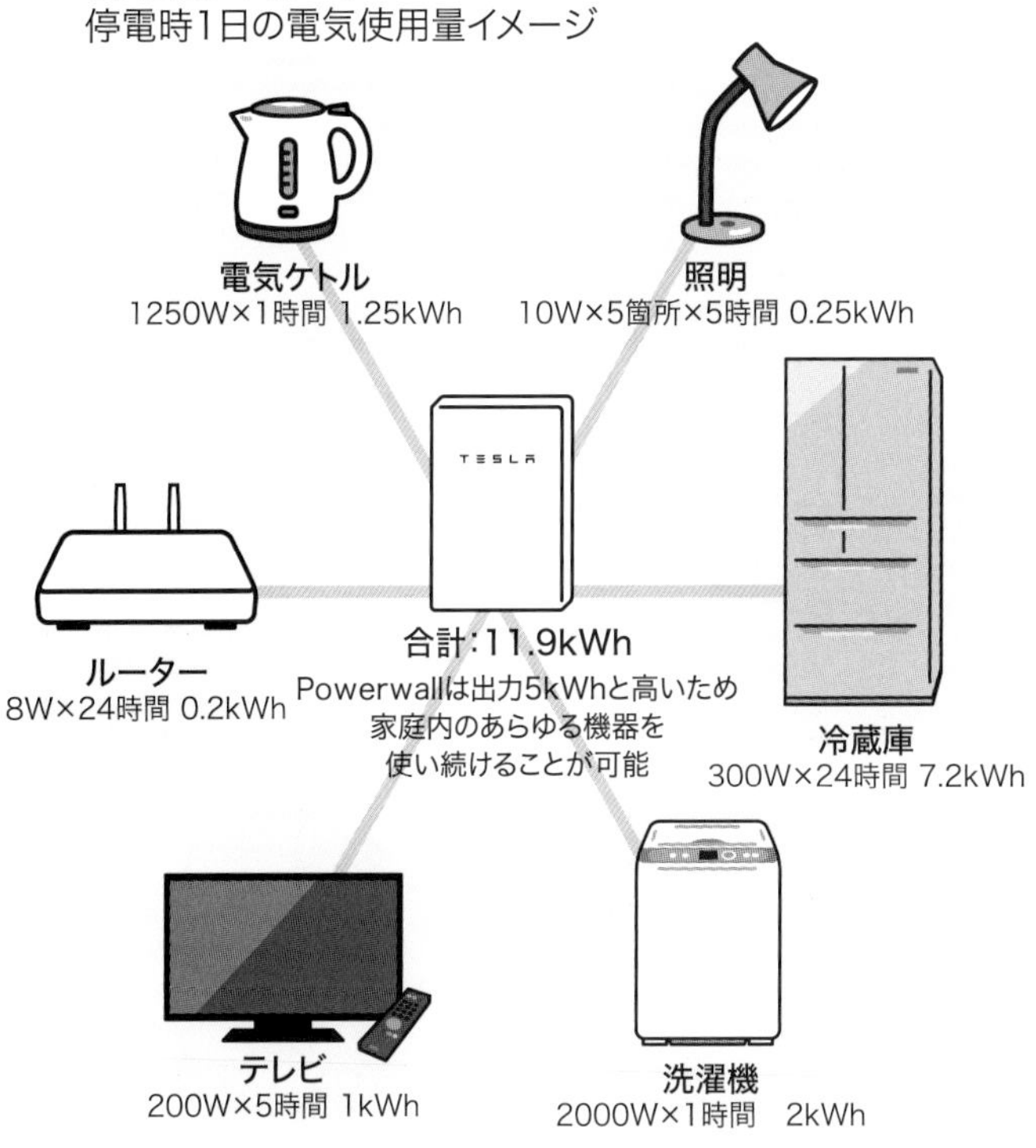

体に優しい輻射熱を利用した世界初の冷暖房システム エコウィンハイブリッド

空気は目に見えないけれど、私たちが生きていく上では欠かせないもの。
だからこそ住まいの素材にはこだわりたいが、さらに発想を進化させ、空調も体に優しいものを選べないだろうか。
そんな思いから「0宣言の家」が注目したのが、世界初のハイブリッド型輻射式冷暖房システム「エコウィンハイブリッド」だ。

輻射式冷暖房装置×対流式高性能エアコン
ecowinHYBRID
世界初!エアコンとエコウィンを融合した
新たなハイブリッド型輻射式冷暖房システム
超省エネ性
34%
最大ダウン
※1
夏場の
熱中症対策
に最適
消費エネルギー
約79%
削減
※2
※1…早稲田大学環境総合研究センターにより評価済。高性能エアコン単体運転比　※2…電気式輻射パネルシステム比

夏の暑さ、冬の寒さを解消するために、エアコンを利用する家庭は多い。しかし、一方で、直接エアコンの風が当たるのが嫌、運転音や空気の乾燥が気になる、風でホコリやペットの毛が舞い上がってしまうなど、課題を感じている人も少なくない。また、エアコンの風が行き渡る場所は快適でも、室内の温度を一定に保つことは難しく、部屋を一歩出ると廊下は暑い、寒いといった声も聞こえてくる。このような住居内での温度格差は、私たちの健康にも影響を与えると考えられている。

その解決策として注目されているのが、「エコウィンハイブリッド」という冷暖房システムだ。〝ハイブリッド〟という言葉の通り、同システムの特徴は、「エアコン」と「輻射式冷暖房装置」のいいところを掛け合わせ、トータルに室内の湿度・温度環境が整うことだ。そもそもエアコンは空気の対流によって室温を調整するために前述のような課題が発生するのだが、「エコウィンハイブリッド」は、「エアコン」を「輻射式冷暖房装置」の熱源として利用するが、空気の対流は使わない。冷暖房装置のパネルから放射される輻射熱によって、室内の温度を整えるしくみになっている。

輻射熱には、物体そのものを暖めたり、冷やしたりする性質があるため、床や壁、天井などにも直接作用が及び、短い時間で空間全体の温度が快適に保たれていく。たとえば、夏にトンネルで感じる涼しさ、冬の陽だまりにいるような温かさが自宅で体感できる。世界初の技術が、まるで自然の中にいるような空間をつくり出してくれるのだ。

輻射式冷暖房の原理

輻射熱とは、空気を介さずに物質に直接作用する熱のこと。一般的なエアコンは暖かい空気、冷たい空気によって室内の温度を調整するが、輻射熱は物質そのものに作用する。そのため、冬は部屋全体に熱を伝え、足元までポカポカに。夏は、部屋全体を冷やし、まるで蔵や洞窟の中にいるようなひんやり感を作り出すことができる。

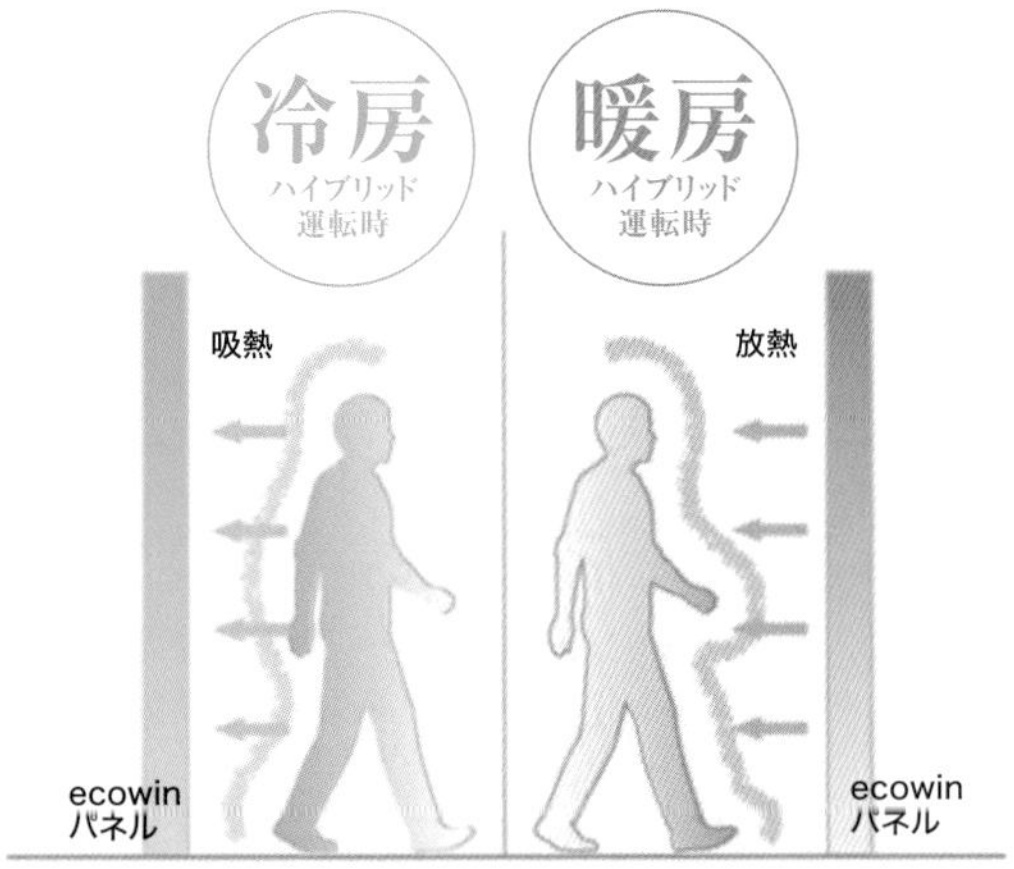

冷房時は体の熱を逃がして爽快感が増し、暖房時には熱移動の原理が働き足元までポカポカに

エアコンとエコウィンハイブリッドの体感温度の違い

一般的なエアコンと輻射熱の原理を利用したエコウィンハイブリッドでは、どのような違いが見られるのだろう。それぞれの環境での体感温度の違いを調査したデータを確認してみよう。冬場の場合、エアコン暖房の場合は、室内に置かれている荷物の温度が低い(青い)が、エコウィンハイブリッドでは、人だけでなく周囲の荷物の温度まで上がっていることがわかる(黄色・赤)。部屋全体に作用するからこそ、自然な心地良さを感じることができるのだ。

冬の場合

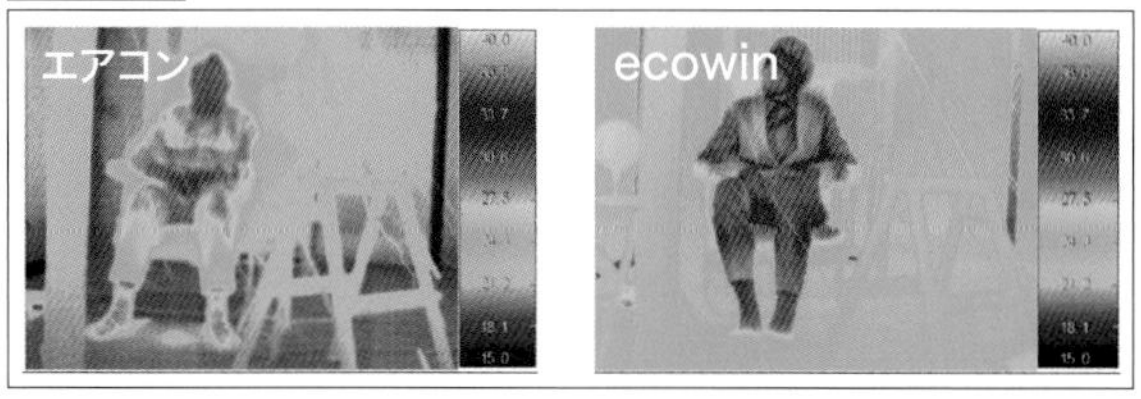

夏の場合

経済的メリット

エコウィンハイブリッドの優れた特徴として、経済的であることもあげられる。既設エアコンを動力源としているので、電気代はエアコンを使った分だけ。しかも、エアコン自体は微風・弱風運転で良いため、エアコン単体で空調するよりも、消費エネルギーを最大34%(※)ダウンが可能に。また、エアコン自体も疲弊せず、長持ちする。

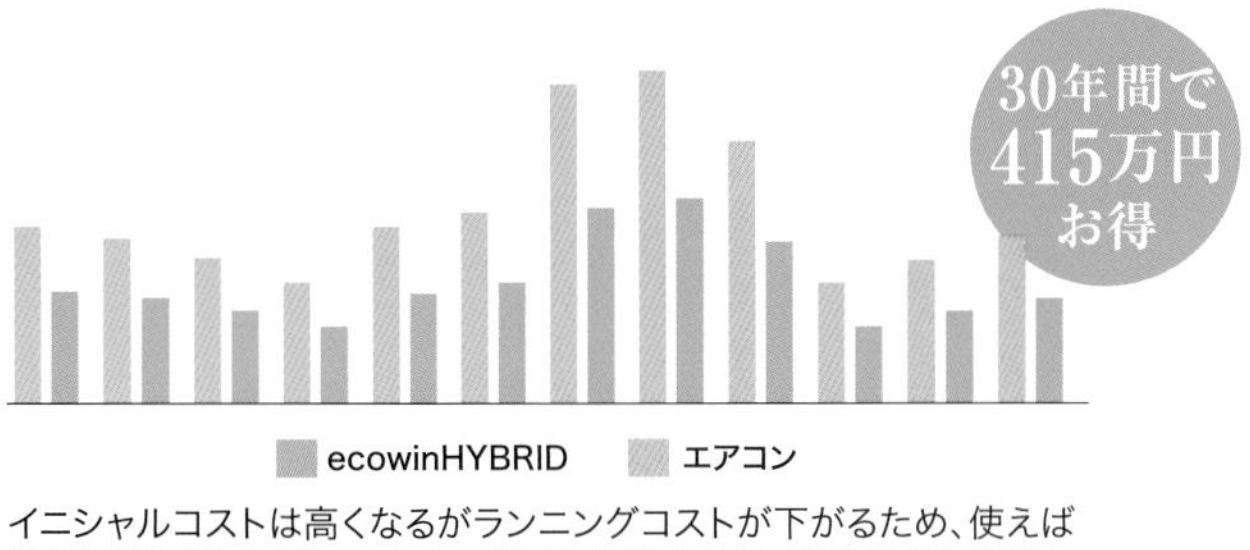

イニシャルコストは高くなるがランニングコストが下がるため、使えば使うほどお得に。そしてエアコンだけを稼働するより快適空間を実現

※早稲田大学環境総合研究センターにより評価済。高性能エアコン単体運動比

10のポイント

1 - ランニングコストが大幅に下がる
最大で34%の使用電気エネルギーを削減

2 - 従来の輻射式パネルに比べて消費エネルギーを約79%削減できる

3 - エアコンに接続するだけで利用できる

4 - 本体に動力源がないため、耐久性に優れている

5 - エアコンは微風・弱風運転で良いため、エアコン自体も長持ちする

6 - エアコンの風は感じないのに、
まるで蔵や洞窟の中にいるようなひんやり感

7 - 冷房時は除湿機能が働き、サラッと快適な空間へ

8 - 暖房時、室内全体が温まり、
まるでひなたぼっこをしているような心地良さに

9 - 室内に温度ムラができにくく、足元もポカポカに

10 - エアコンの風がほとんど吹かないので、
室内にホコリやハウスダストが舞い上がらない

お施主さまの声

長崎県 O様邸

冬の冷え込んだ夜でも、室温は20℃を超え、天井も床もとても暖か。部屋のどこに移動しても室温が変わらず、隣の部屋まで暖かく、快適です。

熊本県 H様邸

外気温が5℃の時、前の家は家の中でもダウンを着るほど寒かったのですが、今はカーディガンを羽織るくらいです。1階のみ稼働していますが、家中温度ムラがなく。寒い冬に外から帰っても暖かいです。

数種の検査実施と数値で住まいの「安心」・「安全」の見える化を徹底

たとえ、「長持ちしない建材、体に悪影響を与える資材を排除しています」「クアトロ断熱工法を行っています」と言われたところで、
それが正しいことをお施主様はどのようにして確認すればいいのだろうか。
その一つの答えが、全棟で実施する安心の検査。「0宣言の家」を建てる工務店では、各種検査を確実に実施する。
使用する建材の安全性、工法に絶対の自信がなければできない検査である。

放射能検査

東日本大震災に伴う福島原発事故が起きて10年以上経つが、放射能物質に対する不安は落ち着くどころか、日に日に高まっている。そのため、医師が認めた健康住宅「0宣言の家」では、任意で放射能測定を実施している。

信頼のおけるガイガーカウンターで、空間線量、物質の表面線量を最低2回（①基礎着工時②上棟時）測定する。多くの人が不安を抱く時代。放射能値をきちんと測定し、安心して新しいわが家に移り住んでもらえるよう、お施主様に正確な情報を提供している。

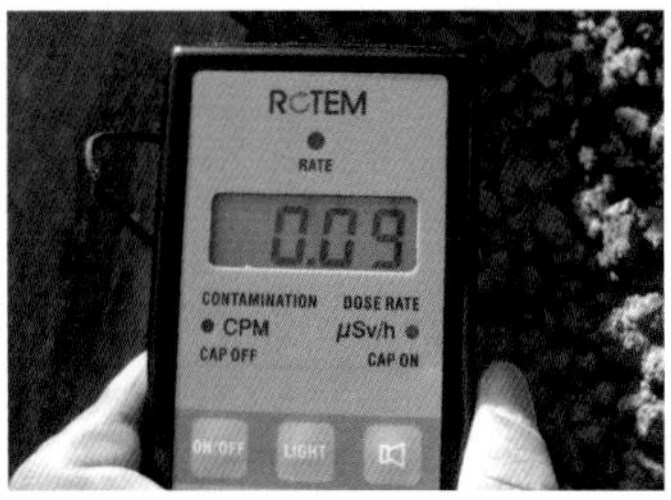

（※お施主様の要望により更地の状態、砕石後、基礎完成時なども測定が可能）

毒（VOC）の検査

VOC検査とは、シックハウス症候群の原因とされるホルムアルデヒド、トルエン、キシレン、アセトアルデヒドなど揮発性有機化合物の室内濃度を測定・分析することである。

厚生労働省によって室内濃度指針値は設定されているものの、建築会社に測定義務はなく、実際は野放しに近いのが現状。さらに、指針値を超えようと一切の罰則がないこともシックハウス症候群が増えている原因かもしれない。「0宣言」をしている以上、きれいな空気であることを確認している。

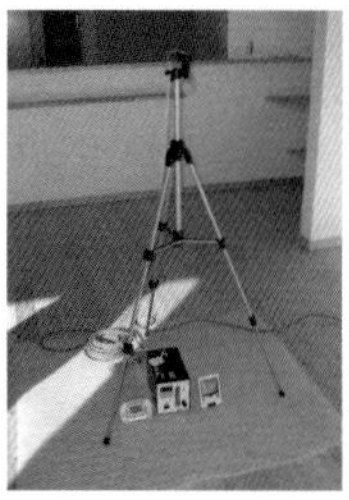

（※住宅設備などの影響により、指針値を超えることもある）

防音検査

クアトロ断熱工法による防音効果はどれほど優れているのか、実際の防音効果を知っていただくため、完成引き渡し前、または引き渡し時に、任意で防音性能測定を実施している。

同じ条件で発生する音を「屋外」と「室内」で計測。その差を提示し、どれだけ防音効果があるか説明している。ただし、断熱材に使われるセルローズファイバーなどの吸音効果の高い素材により、防音効果はあるが、玄関や開口部など屋外の音の影響を受けやすい場所、家具から伝わる振動の音をすべて防音することはできない。

断熱性能検査

どれだけ高性能な断熱材でも、施工の段階で隙間ができていては、せっかくの断熱効果が発揮できない。

クアトロ断熱工法の施工状況を確認するため、建物の各部（外壁面・サッシなどの開口部まわり・天井面・屋根面）をサーモカメラ（熱画像検査装置）で撮影し、熱分布の画像を液晶画面で見て、断熱欠損個所の有無などの確認を任意で実施している。

建ててしまえば隠れてしまう建物の断熱施工であるが、サーモカメラで撮影することで、一般住宅との断熱効果の違いもわかっていただけるはずだ。

サーモカメラ

さらにこんな安心も

構造計算

地震や風、積雪などに建築物が耐えられるかを、設計時に計算で確かめるのが構造計算。木造2階建て住宅（200㎡未満）では義務づけられていないが、「0宣言の家」ではお施主様の要望により実施。柱や梁などの構造材には、強度計算によって安全値を確認した無垢材を使用している。

各種建築関係保険

屋根や土台など構造耐力上主要な部分や、雨水の浸入を防止する部分などに欠陥があった場合、その補修費用などに対して保険が支払われる「瑕疵担保責任保険」、建設工事中に火災や水災、盗難などがあった場合や、建築工事中に近隣の方など第三者に損失があった場合にも対応できるよう「建設工事保険」「建設業者総合賠償責任保険」に加入。不測の事態への対応も万全だ。

アフターメンテナンス

「お施主様とは家を建ててからが本当のお付き合い」と考え、10年、20年、100年先までお施主様が快適に暮らせるよう大切な家を守っていくアフターメンテナンスを重視。定期点検以外にも、不具合箇所の問題解消やメンテナンス依頼、クレームなどにも迅速に対応している。

ベタ基礎工法（シングル配筋）

基礎には「ベタ基礎工法（シングル配筋）」を採用している。ベタ基礎に使うコンクリートは、圧縮にはとても強いものの、引っ張りに弱いという特徴を持つため、上からの荷重ストレスがかかるとコンクリートの下部にストレスがかかり、割れてしまう。逆も同様に、下からの突き上げの力が働くと上部にストレスがかかって割れる。そうしたコンクリートの割れに対して粘り強くするためにベタ基礎には鉄筋が入っているのだ。

地盤改良が必要な場合にはオプションとして「SG（スーパージオ®）工法」を採用（「70R」と「300」の2タイプを用意）。地盤補強ができるだけでなく免震性能も発揮し、地震の揺れを建物に伝えず、家財の倒壊までも防止してくれる。また、東日本大震災の時に液状化対策ができた唯一の工法として注目を集めた（「300」のスーパージオ材を用いた場合）。従来の工法よりもコストを抑えて、地震・液状化・軟弱地盤への対策が可能だ。

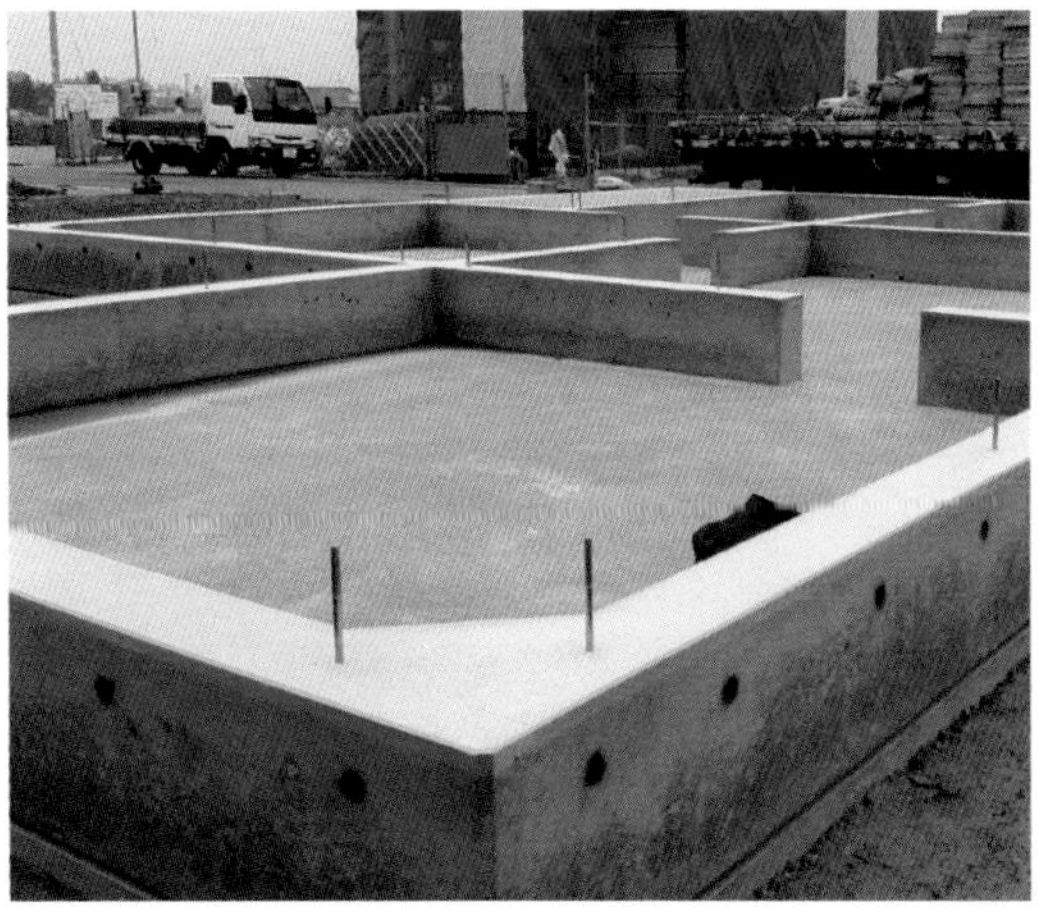

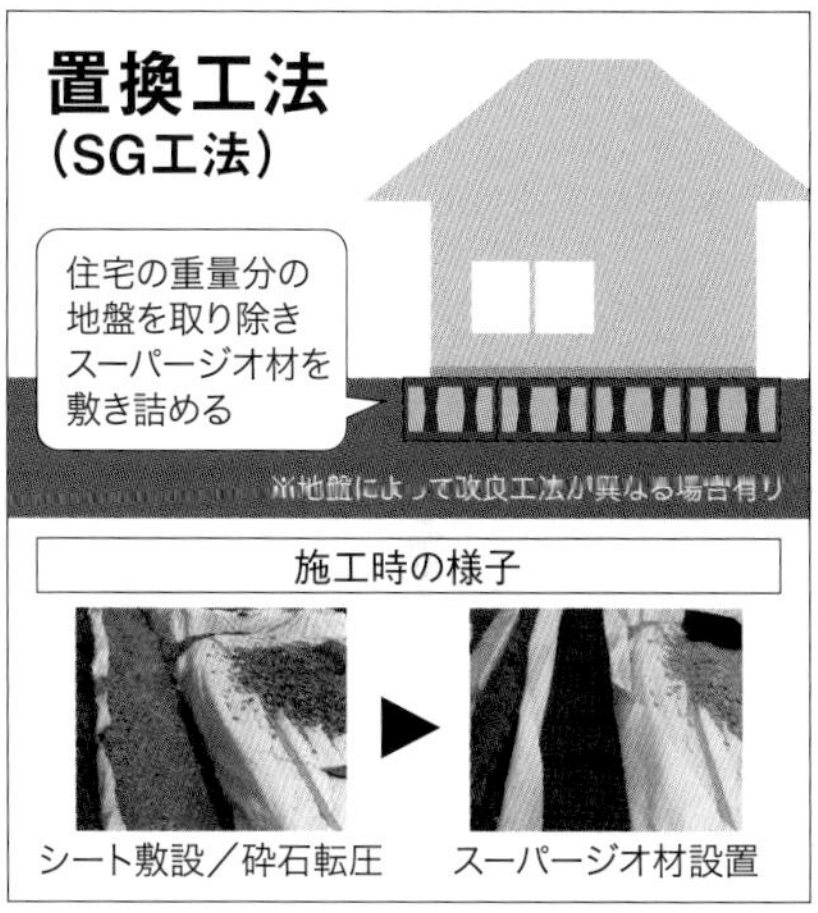
置換工法
（SG工法）
住宅の重量分の
地盤を取り除き
スーパージオ材を
敷き詰める
※地盤によって改良工法が異なる場合有り
施工時の様子
シート敷設／砕石転圧
スーパージオ材設置

木造在来軸組み工法と2×4壁工法のハイブリット工法

「0宣言の家」の構造は、設計制限を受けずリフォームの場合にも対応しやすい木造在来軸組み工法と、耐震面に強みをもつ2×4（ツーバイフォー）壁工法という2つの工法を組み合わせた「剛構造」。まず土台、柱、梁で組み上げる木造在来軸組み工法でしっかりとした木造構造にした後、通常は筋交いを施工するが2×4の強さを得るため、この構造材の外側に耐力壁としてパネルを張り詰め、なおかつ必要と考えられる部分には筋交いを施工。こうして2つの工法のそれぞれの良さを合わせることで地震に強い家の構造が完成する。さらに、安価で施工しやすいため日本の住宅の約8割の外壁に使われているサイディングやALC（軽量気泡コンクリートパネル）は、外気に影響されやすいため塗装の色落ちや表面の割れがあり、重く柔軟性がないため地震に弱いなどの理由から一切使わないと徹底している。

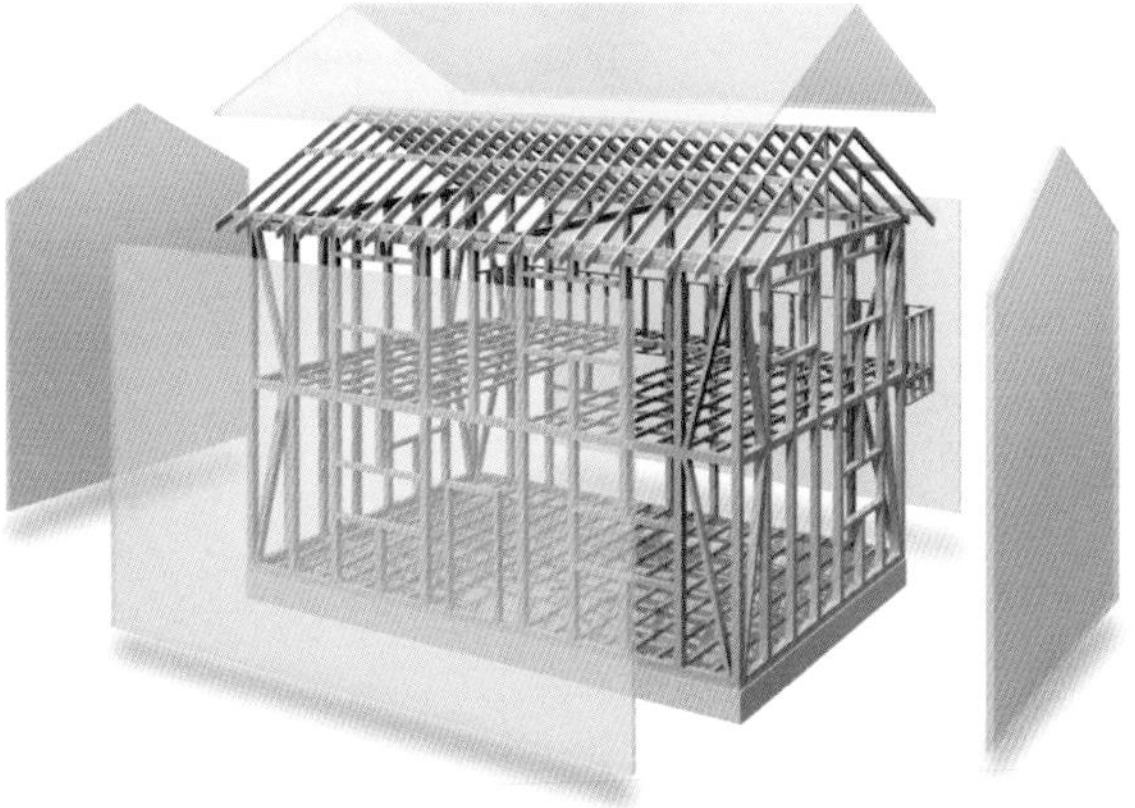

もし地震や風によって
外から力が加わっても大丈夫
〈一般的な住宅〉筋交い
0宣言の家
「点」ではなく
「面」で支えるから強い!
だから地震に強い!
風にも揺れない!

徹底した工法と建材の追及で耐震・免震・減震に対応する優れた住宅性能を実現

2011年の東日本大震災、2016年の熊本地震で被災した地域に建っていた「0宣言の家」は、1棟も倒壊しなかった。
それどころかほとんどが無被害で難を逃れたと言う。
では、「0宣言の家」のどのようなところが、優れた耐震性能を実現させているのだろうか。

「0宣言」の家が地震に強い理由

盤石な基盤

ベタ基礎が標準仕様だが、独自の工法技術により、通常のコンクリートの設計基準強度をはるかに上回る強度を実現※P79参照。また、地盤補強と減震を合わせた施工もオプションで対応している。

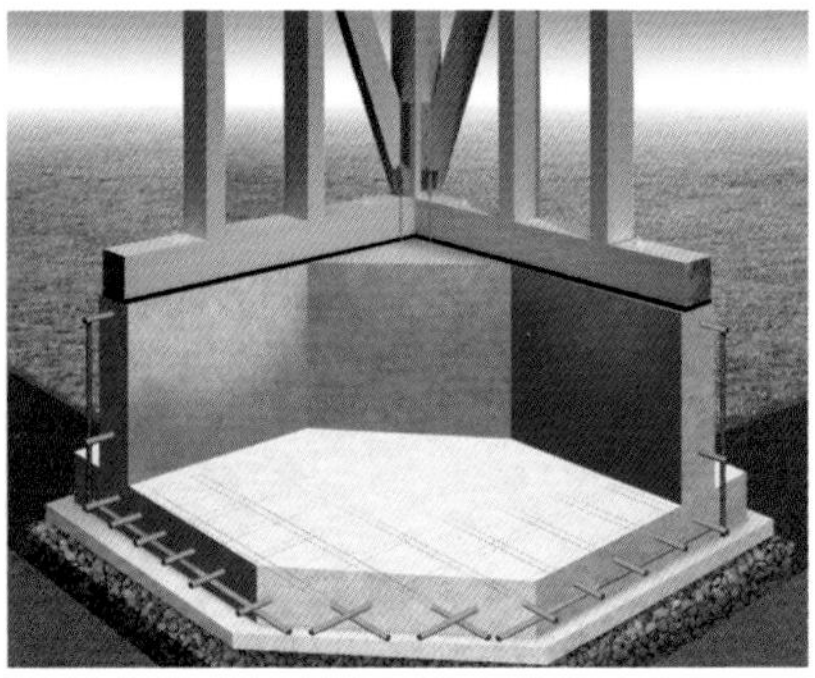

強固な構造

設計制限を受けずリフォームの場合にも対応しやすい木造在来軸組み工法と、耐震面に強みを持つ2×4壁工法の2つを組み合わせた「剛構造」を採用。

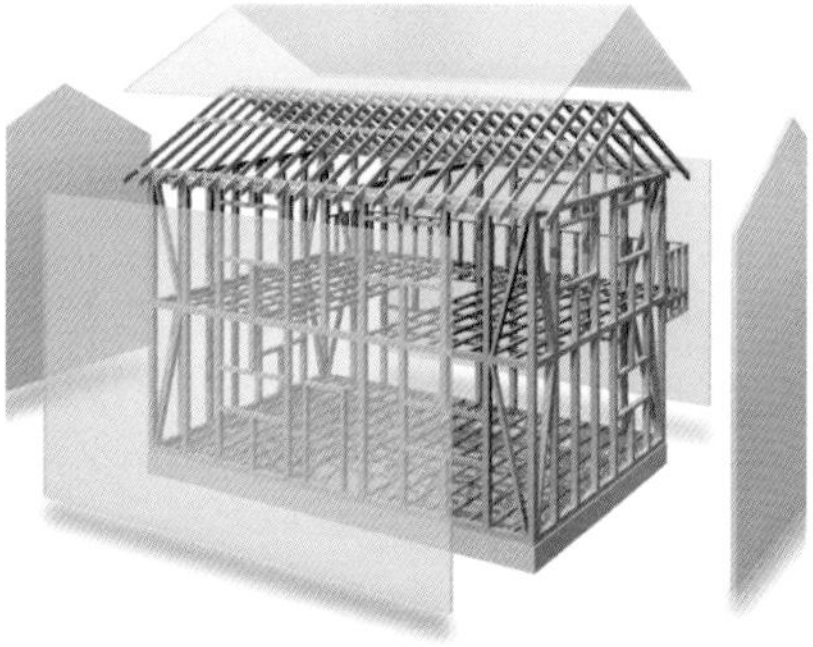

軽量で粘りのある外壁

家1軒分の外壁の重量の合計は一般的な外壁材・サイディングの約4分の1の軽さ。また、塗料や外断熱材には軽量で柔軟性がある素材を採用しているので地震の揺れに対して効果を発揮する。

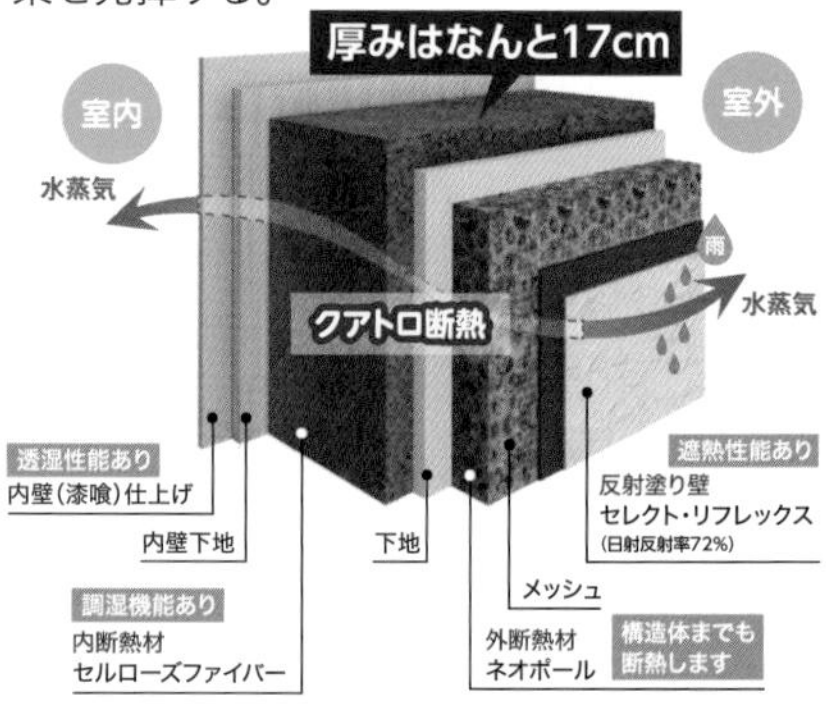

基礎は「ベタ基礎（シングル配筋）」を標準仕様とし、使用するコンクリートは通常の設計基準強度が210～270kgに対して、「0宣言の家」では独自の施工技術により400kg以上を実現している。

構造は、伝統的な木造在来軸組み工法と耐震面に強みを持つ2×4（ツーバイフォー）壁工法の2つを組み合わせた「剛構造」（ハイブリット工法）を採用。必要な部分にしっかりと筋交いを施工して、地震に強い造りに。構造材は無垢材を適材適所に使用。柱には圧縮強度の強いヒノキや杉、梁には曲げ強度及びせん断強度の高いマツ材を採用するなど、材一つを取ってもより地震に強い家づくりの一助となるように、妥協せずに取り組んでいる。

また、震災後に被害が多いとされている外壁材・サイディングは1枚約17～20kg／㎡の重量があり、家1軒（外壁面積を200㎡とする）に換算すると約3500～4000kgもの重さが外壁としてぶら下がっていることになる。それに対して「0宣言の家」1軒分の外壁の重量の合計は約900kg。サイディングの家の約4分の1の軽さということになり、家自体の重量が地震の揺れに対する倒壊に大きく影響することが分かる。

住宅の施工方法はさまざまあり、基礎や構造、使用する建材など何か一つをハイスペックにすれば良い訳ではなく、家全体のバランスが大切。安全性と予算をしっかりと見極めて選択していくことも、施工業者に求められるノウハウの一つだ。

熊本震災レポート

2016年4月に九州地方を襲った「熊本地震」。最大震度7を記録した熊本県では、
1万7000棟を超える家屋が全半壊するという甚大な被害に見舞われた。
地震に強い家づくりを行ってきた「0宣言の家」。その安心安全への実力が試された。

「0宣言の家」が守り、支える安心・安全とは

熊本地震の深刻な被害の中、南阿蘇村に暮らすK様ご夫妻の「0宣言の家」では、ほとんど被害が見られなかったと言う。

「南阿蘇村は本震が震度6強でした。近隣のお宅は、外壁がひび割れるなどの被害がある中、わが家の外壁はひび一つ入っておらず、内装の漆喰がポロポロ剥げる程度でした」とK様。家を選ぶ際には「耐震面」をそれほど重視していなかったが、セミナーで「0宣言の家」の耐震構造を聞き、これなら間違いないと納得した上で「0宣言の家」での家づくりを選択。家が建つ環境に合わせた耐震構造を提案できるのも「0宣言の家」ならでは。

「家づくりは『満足を買う。安心を買う』とよく言いますよね。これは本当にそう。『まさか』に備えることが、大切な家族や日常を守ることに繋がるのだと実感しています」と、K様ご夫妻は震災から守ってくれたわが家で、変わらない日々を送りながら教えてくれた。

左から施工を担当した津留建設の津留社長、K様の奥さま、K様。「震災前とほぼ変わらない生活を送れているのは津留社長と『0宣言の家』のおかげです。迅速な対応にも感謝です」とK様ご夫妻

家屋を支える基礎をチェックするK様と津留社長。「この頑丈な基礎が家を守ってくれました」とK様

壁と天井の境目の漆喰がポロポロと剥がれ落ちている

本震によりK様邸前の道路には大きな亀裂が走った

OPTION

地震に備えた免震・減震性能で安心・安全な住まいに

地盤改良が必要な場合にはオプションとして「SG(スーパージオ®)工法」を採用(「70R」と「300」の2タイプ)している。地盤補強ができるだけでなく免震性能も発揮し、地震の揺れを建物に伝えず、家財の倒壊までも防止してくれる。また、東日本大震災の時に液状化対策ができた唯一の工法として注目を集めた(「300」のスーパージオ材を用いた場合)。従来の工法よりもコストを抑えて、地震・液状化・軟弱地盤への対策が可能だ。

スーパージオ材設置の様子

※地盤によって改良工法が異なる場合があります。

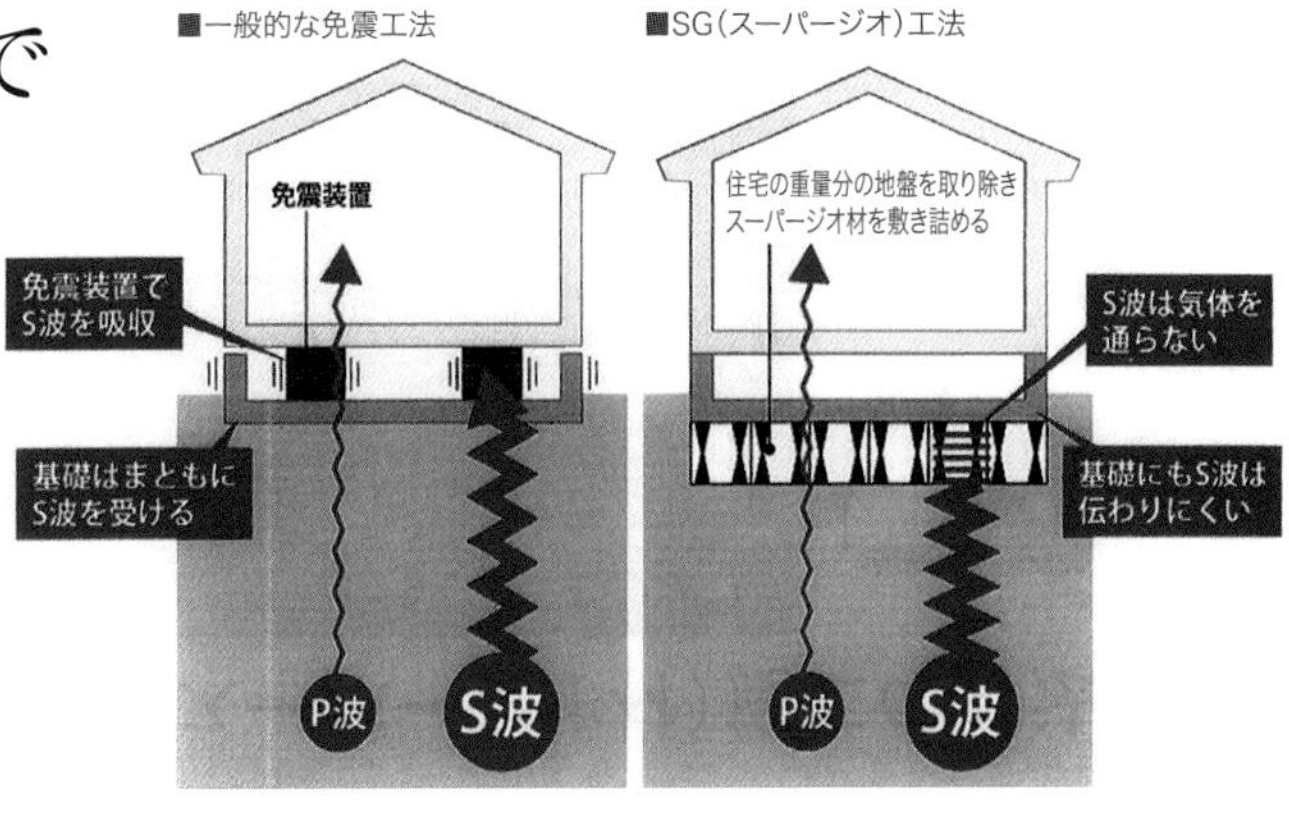

P波は初期微動と呼ばれS波より早く到達するのに対し、S波は主要動と呼ばれ建物などに被害を及ぼす。

P波:縦波　速度は速いがエネルギーは小《気体・液体・固体全てに伝わる》
S波:横波　速度は遅いがエネルギーは大《固体のみに伝わる》

抗ウイルス・抗菌効果を発揮する吹付施工薬剤 NDコート

塗るだけで長期間抗ウイルス・抗菌効果を発揮してくれる吹付施工薬剤(室内塗料)「NDコート」。
ナノダイヤの力で安心・安全な「抗ウイルス空間」を実現してくれる。
家族の健やかな暮らしに、取り入れたい技術の一つだ。

安心して過ごせる「抗ウイルス空間」を実現

優れた性能

※イメージ図

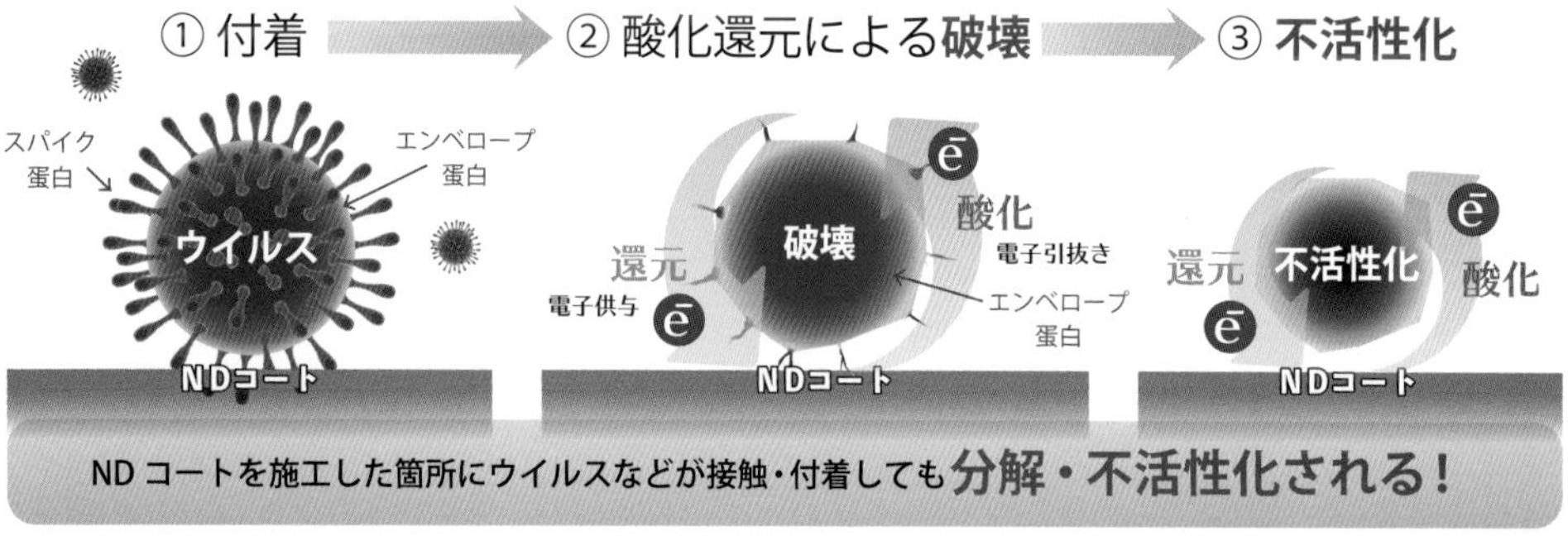

新型コロナウイルス、インフルエンザウイルスに対しての抑制効果あり!

- **抗菌** 黄色ブドウ球菌、肺炎桿菌、かび抵抗性、MRSA、大腸菌、緑膿菌
- **消臭** ホルムアルデヒト、硫化水素、酢酸、ノネナール、イソ吉草酸、アンモニア
- **有害物質除去** ホルムアルデヒド、VOCを分解・除去
- **防汚** 強い撥水性
- **防カビ** 159種類のカビ菌を抑制

確かなエビデンス

新型コロナウイルスを破壊する効果が!

ウイルス減少率 10分で 91.363%

奈良県立医科大学医学部　微生物感染症学講座 矢野寿一教授に、新型コロナウイルスに対するNDコートの効果を明らかにするために研究を依頼。その結果、NDコートを新型コロナウイルスに接触させると、ウイルスの感染値は徐々に減少し、**10分後には91.363%、8時間後には99.781%の減少率**を確認。新型コロナウイルスを破壊する効果を実証し、証明書を取得した。

施工実績

医療現場、JALやJRでも採用

医師をはじめさまざまな現場でその性能が認められたNDコートは、国立病院やクリニック、JAL(日本航空株式会社)の客室内やJR駅構内のトイレなどの公共の場での施工実績がある。

・JALグループ・JR、都内地下鉄・国立病院・兵庫県芦屋市内科クリニック・広島県大規模レストラン など

NDコート施工の様子

「NDコート」に使われているナノダイヤモンドは、表面活性力が高いことが特徴。異なった電位の表面構造を持ち合わせているため、電荷移動が起こり、接触した物質に対し酸化還元反応を起こす。すると、ウイルス類や細菌類、カビ類、悪臭成分類に対して分解作用をもたらす。

また、光や温度の影響を受けることなく、安定した効果を長期間発揮。基本的には一度塗装すると、半永久的に効果を発揮するが、ドアノブやテーブルなど日常的に触れる頻度が多い部分、頻繁に物が接触するような場所は、穏やかに劣化していく。ドアノブや取っ手などの金属部分は2~3年。その他は10年程度が目安となる。

施工は建物丸ごとでも一部(玄関だけ、トイレだけなど)でも可能だ。施工後には高い精度で汚れを確認できる機器を使って、抗ウイルス効果を数値でチェックできるので安心。

COLUMN

JALの取り組みがメディアでも注目!

FNN
プライムオンライン

飛行機の客室内にNDコートを採用した取り組みがニュースで取り上げられた。

小さな子どもでも安心

皮膚一次刺激性、眼刺激性、急性経口毒性、変異原性※の4つの試験を全てクリア。小さな子どもから肌の弱い人でも安心。

※化学物質などが生物の遺伝子に作用し、その分子構造の一部を変えたりして遺伝子的性質を変える働きのこと。

人体に害を与えないホウ酸処理で どのシロアリからも防御

大切な家を守るために必要な対策の一つとされる「防蟻対策」。
いわゆるシロアリ対策だが、輸入した材料などに紛れ込んだシロアリへの対策も必要で、
建築基準法で定められた従来の防蟻処理だけでは不十分な時代に。

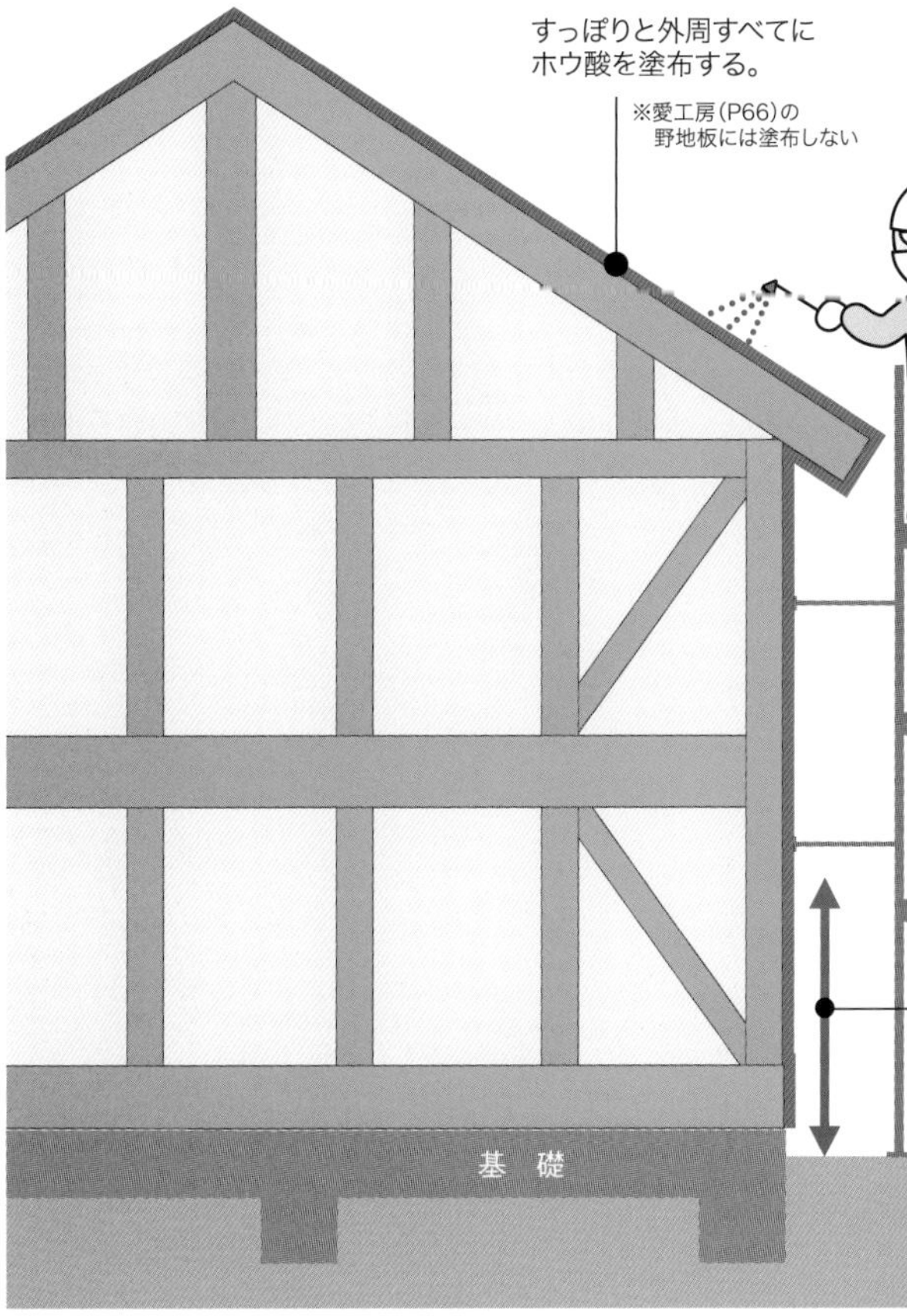

すっぽりと外周すべてに
ホウ酸を塗布する。
※愛工房(P66)の
野地板には塗布しない

ホウ酸処理〈防蟻〉

世界で実証！有害物質を一切含まない「ホウ酸」。躯体全体をすっぽりと包み、ホウ酸処理します。

今、日本の住宅の土台や基礎に塗布されている防蟻剤。そのほとんどが農薬系。言い換えれば猛毒。その効き目は3～5年でなくなり、また、人体への悪い影響もある。私たちは、人に害がなく、なおかつ半永久的に持続する素材をおすすめしている。

一般的には…

が義務付けられている。

アメリカカンザイシロアリ

シロアリ対策というと、地中にいるシロアリからいかに土台や基礎を守るかが大切だった。しかし今は輸入した建材や家具などに紛れ込んだ「アメリカカンザイシロアリ」が瞬く間に日本全国に広がったため、その対策も必要となっている。従来のシロアリは湿気を好むものだったが、アメリカカンザイシロアリは乾材を好むうえ、羽アリのため空中からやってくるというやっかいな害虫だ。

地面から1mまでの範囲は建築基準法で防腐・防蟻処理が義務づけられ、この範囲を「地下シロアリ対策」部分といい、それより上部が「カンザイシロアリ対策」部分。「0宣言の家」では構造材すべてにホウ酸処理を施し、どのシロアリからも家を防御。農薬系の一般的な薬剤はわずか3～5年で効果がなくなるが、新築時にホウ酸処理をしておけば半永久的に効果が持続するため、費用も安価になる。

日本では、松枯れの原因とされる害虫を駆除するため、松林への農薬散布が30年以上も行われている。これにより、セミや野鳥が姿を消し、生態系に影響が及ぶという報告も。この有機リン系農薬が、タバコの有害成分であるニコチンに似たネオニコチノイド系農薬で昆虫や人の神経伝達物質を狂わせ、胎児・小児では低用量でもさまざまな影響があるという。しかし、量産ハウスメーカーによる家の床下には、ネオニコチノイド系の防蟻処理剤が大量に散布されているのが現状だ。住む人の健康や未来を担う子どもたちのため、「0宣言の家」ではこうした防蟻処理剤を使わず、人に害を与えないホウ酸処理を行っている。

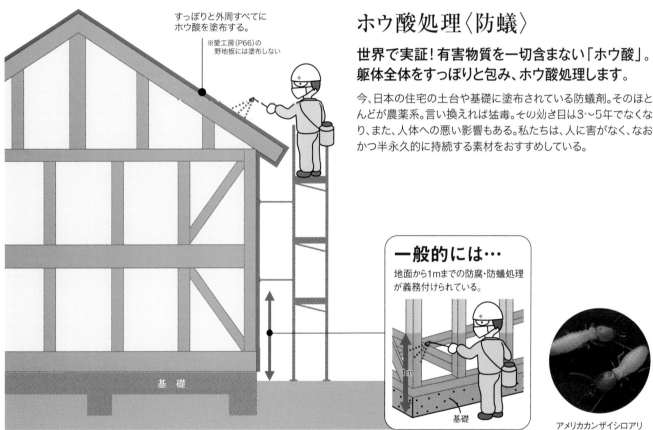

家づくり全体のステップと大切なチェック項目の把握

「マイホームを建てよう」と決意したら、まずは家づくりの流れを把握しよう。

ここでは、理想の住まいを家族で話し合うところから入居までのスケジュール、押さえておきたいポイントを紹介。

家づくりのプロセスを知って、準備を始める時期などの参考にしてみて。

	Step1 準備・計画	Step2 調査・設計			Step3 契約・手続き					
家づくりのスケジュール ◎赤文字はお施主様の作業です	家族で話し合い（Check 1） 情報収集（Check 2） 資金計画・ライフプランシミュレーション（Check 3）	住宅ローン事前審査 土地探し（Check 4） 依頼先探し（Check 5）	敷地調査・役所調査 デザインプロデュース 概算見積もり、ローン申し込み（★1） ローン決定（★1）、土地売買契約（★1）	土地購入	依頼先の決定 地盤調査	設計契約（プラン作成申し込み）	基本設計（Check 6）	見積もり調整	ローン申し込み（Check 7） 住宅金融支援機構の設計調査（★3）	工事請負契約（Check 8）
必要な書類、確認する書類			土地重要事項説明書（★2） 土地売買契約書				概算見積もり書、 設計図書、 設計・工事予定表			工事請負契約書 設計図書一式
支払い			土地代金の手付け金（★1）	土地代金の残金（★2） 契約書印紙代 土地の所有権移転登記費用	地盤調査費用	プラン作成費用（10万円）				建築工事費の1～2割 契約印紙代など

スケジュールに沿った大切なチェック項目

Check 1
家族で希望をまとめる

「将来家を建てよう」と思ったときから、住宅雑誌やインターネットなどを利用して、気になる情報を収集しておきましょう。家族みんなの希望や理想、不満点などをよく話し合い、建てたい家のイメージを共有しましょう。

Check 2
相談会やセミナーを活用

依頼先を決定する前に、相談会やセミナーに足を運びましょう。参加することで、各社の家づくりに対する考えや姿勢を理解できます。普段聞けないような、住宅業界の裏側を本音で話してくれる評判の家づくりセミナーもあります。

Check 3
資金計画を立てる前に

年収や用意できる頭金を把握しましょう。親や祖父母から援助してもらう場合はその金額も明らかにし、年収と家計に見合った借入額を検討しましょう。大切なのは、「いくら返せるか」。将来を予測して無理のない計画を立てましょう。

Check 4
土地選びは慎重に行う

土地を選ぶときには、広さ、形、地形、道路との関係など周辺情報を知っておきましょう。それぞれの土地には建ぺい率や容積率、斜線制限も定められているので、家を建てる際に制限があります。アドバイスをもらって、じっくり選びましょう。

Check 5

概算見積もりやプランを

各社に相談して、プランや見積もりを比較しましょう。デザイン、プラン、工法、アフターサポートなど、何を重視するかで依頼先は変わります。自分たちの希望や考えを理解してくれるパートナーを選びましょう。

Check 6

納得いくまで話し合い

基本プランは要望どおりか、予算どおりかをしっかり確認しましょう。図面や見積もりは素人にはわかりにくいですが、疑問点は話し合って解消することが大切です。要望も、基本設計段階なら無償で対応してくれるケースが多いようです。

Check 7

ローン条件や諸費用

住宅ローンは、「フラット35」と、民間金融機関の独自のローンに分かれます。それぞれの特徴を理解して選びましょう。返済額は年収の4分の1程度に抑えるのが安全。また、ローンの際は、印紙税や手数料などの諸費用も把握しましょう。

Check 8

契約は急がずじっくりと

施工業者と工事請負契約を結びます。契約書とともに見積もり書や設計図が用意され、お施主様が署名・捺印すると工事がスタート。契約内容、見積もり書など確認する内容が多く専門的なので、最低1週間はかけてチェックしましょう。

Check 9

念入りにチェックしよう

実施設計では詳細な書類が提出されます。複雑ですが、説明を聞きながら念入りにチェックを。実際に暮らすことをイメージして確認しましょう。承認後の変更は、設計費用が追加になったり、スケジュールの遅れにもつながります。

- 建築確認申請
- ローン融資決定（Check 8）
  - ローン手数料（★4）
  - 抵当権設定費用など
- 実施設計（Check 9）
- 建築確認申請
  - 建築確認申請書類一式
  - 詳細見積もり書
  - 確認申請料

Step4 工事

- 地鎮祭（Check 10）
  - 初穂料（謝礼）
- 工事スタート
- 上棟式
  - 上棟祝い
  - 建築工事費の2～3割
- 建築現場へ通う（Check 11）
- 中間検査
- 建築現場で室内に入る（Check 12）
- 木工事完了検査
- 工事完了申請
- 完了検査
- VOC測定
- 断熱測定（任意）
- 防音測定（任意）
  - 完了検査申請書
  - 完了検査済証
  - VOC試験成績書

断熱効果の違い（クアトロ断熱効果）、断熱欠損箇所の有無を確認します。

任意でクアトロ断熱工法の防音性能測定を行います。

室内の人体に対して有毒化学物質の有無を確認する試験を実施します。

放射能測定（任意）

Step5 竣工検査

- 建主確認（竣工検査）（Check 13）
- 住宅金融支援機構の竣工検査（★3）
- 適合証明書の交付（★）

Step6 完成・登記

- ローン実行（★）
- 代金精算
  - 設備の使用説明書類
  - 建築工事費の残金、火災保険、地震保険
- 物件の引き渡し、定期点検保証
- 風水鑑定（任意）
  - 登記簿
  - 風水鑑定書
  - 表示登記の費用
  - 保存登記関係の費用
- 表示登記
- 保存登記
  - 各種支払いの領収書
  - 別途工事費の精算
- 引っ越し
  - 0宣言の家「施工認定書」
  - 引っ越し費用
- 新居での生活、定期点検
  - 不動産取得費用
  - 固定資産税

Check 10

工事の安全を祈願する

地鎮祭は、着工前に土地をはらい清め、工事の安全を祈る儀式です。整地が終わった後の吉日を選び、お施主様と家族、設計者や棟梁などの工事関係者が参加し、午前中に30分ほどで行います。神式が一般的です。

Check 11

現場へはまめに通おう

建築現場へはできるだけまめに通い、工事の状況を確認しましょう。基礎・土台工事、上棟式前後の骨組みなど、重要なタイミングを見逃さないようにしましょう。最近では、HPのブログで情報が確認できる場合もあります。

Check 12

使い勝手を確かめる

内装工事や設備工事が進むと、図面ではわからなかった部分もはっきりします。中に入って、必ずチェックしましょう。建具や設備は、実際の暮らしをイメージして使い勝手を確かめます。コンセントの位置や作り付け収納なども同様です。

Check 13

最終チェックは念入りに

竣工検査は引き渡し前の最終チェックです。内装の仕上がりや汚れ、傷、部材の取り付け忘れなどを念入りにチェックしましょう。設備類は電源が入るようにしておき、作業状況も必ず確かめましょう。

（★）家づくりのスケジュールはお施主様の状況（自己資金の場合や各社の住宅ローン）によって異なる場合がございます。詳しくは第三者機関へご相談ください。
（★1）土地がない場合と土地をお持ちの場合は異なります。
（★2）住宅ローンと一緒に借りる場合は、請負契約と同じ日程となります。
（★3）フラット35を利用した場合
（★4）ローン手数料は金融機関により異なります。

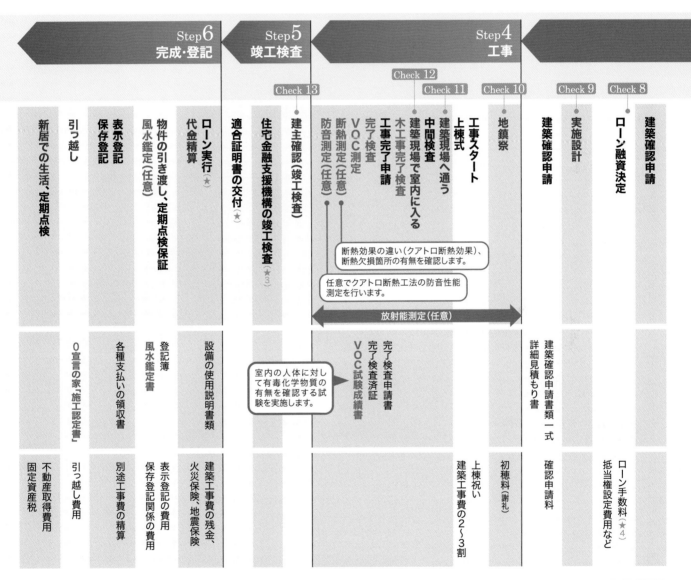

各地のモデルハウスで「0宣言の家」を体感

体に優しく、家自体が長持ちする素材で建てられた「0宣言の家」の心地よさを体感したり、
設計の自由度やデザイン性もチェックできるモデルハウスを紹介。
お近くのモデルハウスへ足を運んでみて。

仙台

宮城県仙台市

無添加計画

エアコン1台で家中の温度をキープ

自然素材を最大限活用する「0宣言」の家づくりはもちろんですが、このモデルハウスを建設するにあたり最も重視したのは温熱環境です。地球環境に負荷をかけず、太陽の光や風をコントロールしながら夏涼しく、冬暖かい暮らしを実現するパッシブ（自然）設計で、ゼロエネルギーを超える“プラスエネルギー”のプロトタイプを目指しました。そのため、真夏でも2階に設けたエアコン1台で快適な空間を実現でき、家中どこにいても温度が変わりません。

株式会社無添加計画
取締役 仙台支店長
阿部 優氏

20帖ほどのリビングダイニングスペース。カーテンを開けると室内と段差のないウッドデッキが張り出し、屋内外が一体化したつながりは空間の広がりを感じさせてくれる

「0宣言の家」の外断熱パネルの標準仕様は25㎜だが、１００㎜と4倍の厚みにして断熱性能を強化した仙台のモデルハウス。窓もトリプル（3層）ガラスの木製&樹脂窓を採用。建物全体を高断熱化することでエネルギー消費の削減はもちろん、一年を通して常に快適な温湿度を保つように設計された、住宅性能の高さを体感できる物件となっている。

「0宣言の家」では、この他にも全国各地にモデルハウスを展開。百聞は一見に如かず。ぜひお近くのモデルハウスへ足を運んでみて。

名古屋にモデルハウスオープン予定

高断熱高気密住宅専門の建築家集団「松尾設計室」監修のモデルハウスを建築中（2022年10月オープン予定）。詳細のお問い合わせは無添加計画 岐阜支店（0800-333-1116）まで

POINT

1. 実際の暮らしを想定して、家族の生活動線を確認しよう
2. ソファや椅子に腰かけて空間を味わってみるのもポイント
3. 家中どこにいても快適温度が保たれていることをチェック
4. 夢の設計を叶える技術・性能について聞いてみよう
5. 自然素材ならではの空気の清涼感を他社と比べてみよう

お問い合わせ・お申し込みは
住医学研究会 0120-201-239
https://jyuigaku.com

神奈川
神奈川県相模原市

相陽建設

心にゆとりをもたらす「中庭のある暮らし」が特徴。11帖のリビングに対して中庭の広さも20帖。内と外を緩やかにつなぐ31帖の“大リビング”が実現する

群馬
群馬県太田市

BRAIN

基礎には免震の「SG工法」と北関東で初めての「スマート型枠」を採用。構造材には『愛工房』にて低温乾燥した「土佐材」の120角の杉を使用した ※期間限定

静岡
静岡県沼津市

藤田工務店

キューブ型のモダンな外観が特徴の『体験宿泊型』モデルハウス。日常を過ごすように飲料水やお風呂に使う水、寝つきの良さなどを感じることができる

大阪
大阪府箕面市

大和

風格あるたたずまいを感じさせるチューダー調のティンバーフレーム。樹齢200年のレッドシーダーを使った落ち着きのある空間は、一見の価値あり

京都
京都府京都市

リード・アーキテクト

京都初の『体験宿泊型』モデルハウス。健康に良い安心安全な建材・素材だけを使った住宅の快適さを見て、触って、実感できる

大分
大分県国東市

利行建設

天然無垢材に囲まれた癒やしの空間。「0宣言」の特徴である断熱性能の高さ、体感温度が1年中一定に保たれている空間を体感できる『体験宿泊型』モデルハウス

各モデルハウスの見学は事前の確認・予約が必要となります。担当の会員工務店、または住医学研究会までお問い合せください。（P164-165問い合わせ先掲載）

「0宣言の家」の仕様で叶える 断熱・健康リフォーム

住宅をリフォームする際には、経年劣化した部分の修理だけではなく、これからも快適に過ごせる状態にすることを考えてほしい。リフォームに「0宣言の家」の仕様を取り入れることで、一年中快適に暮らせ、ラインニングコスト削減も可能な住まいへ生まれ変わる。

Before　After

日本では、喫煙に次いで高血圧が成人死亡に対する危険因子の第2位に位置付けられている。このことから、室内の温熱環境の改善が血圧低下を通して健康維持増進にもたらす影響は大きいと考えられている。脳卒中死亡率の高い地域では、暖房室と非暖房空間の温度差が大きい。脳卒中患者群と対照群の住宅室温比較により、室温が高く維持されれば脳卒中の発生が減少するといった実証報告もある。

昨今よく聞く言葉に「ヒートショック」がある。ヒートショックとは、急激な温度差がもたらす体への悪影響のことで、前述のような症状や脳梗塞・心筋梗塞などを起こす。ヒートショックに対する認知度は高まってきているが、ヒートショックによる死亡者数が交通事故死亡者数よりも多いことに対する認知度は低いままだ。このことがヒートショック対策の遅れを表している。とくにヒートショックが起きやすい一般住宅の風呂場・脱衣場の気温は依然として低いのが現状だ。

また、高血圧は循環器系疾患の主要因ともされており、寒い住宅は特に居室間の温度格差が大きく、居住者の血圧を上昇させ、高血圧は循環器系疾患や脳血管疾患のような疾病の原因となることが分かっている。住宅の断熱性を向上させることは、「快適性」だけではなく、「疾病予防」にも役立つのだ。リフォームをする際にはぜひこのことも頭において、性能面も重視してほしい。

室温が10℃下がると70歳以上では8mmHg血圧上昇

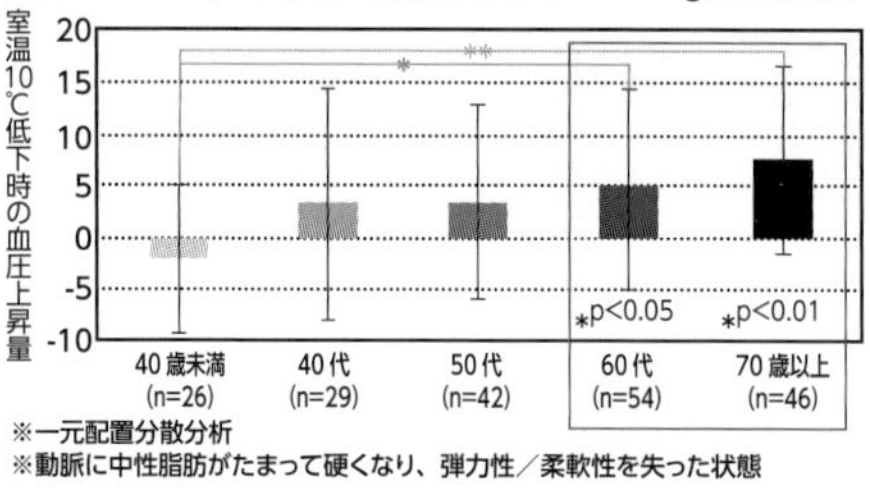

※一元配置分散分析

※動脈に中性脂肪がたまって硬くなり、弾力性／柔軟性を失った状態

室温 10℃低下時の年代別の血圧上昇（慶應義塾大学伊香賀俊治研究室〈海塩渉・安藤慎太郎〉）

1年間の住宅内での死亡者数の推移（疾患別）

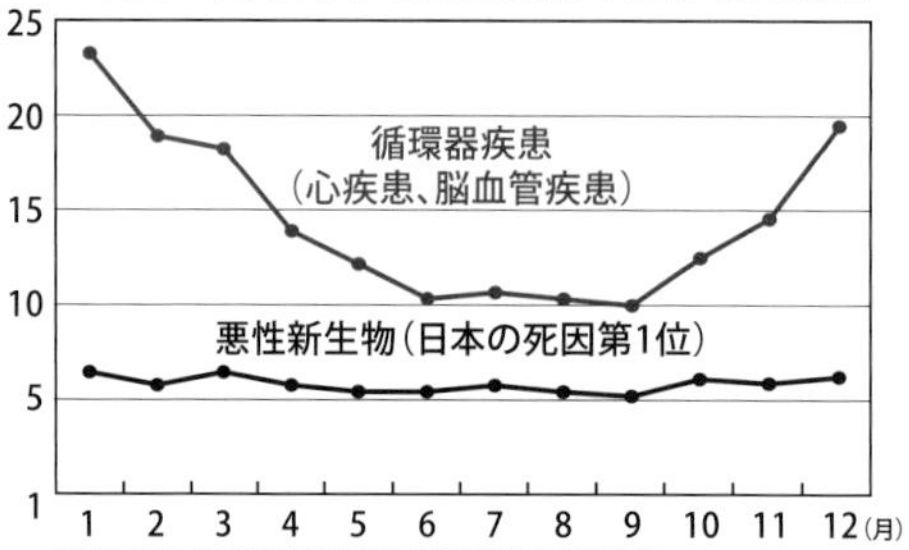

文1）羽山広文 他、「住環境が死亡原因に与える影響 その1気象条件・死亡場所と死亡率の関係」第68回日本公衆衛生学会総会2009

血圧と循環器疾患の発生率の関係　588人、32年間の追跡調査

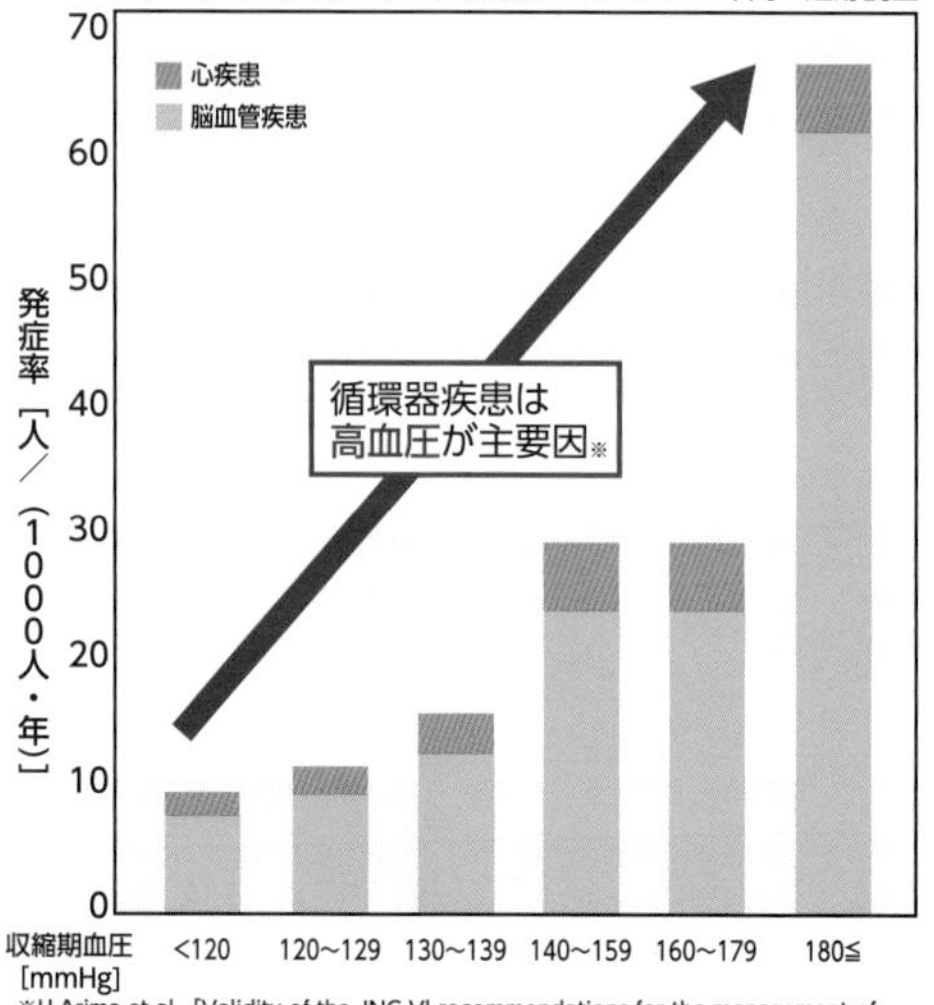

※H.Arima et al.「Validity of the JNC Vl recommendations for the management of hypertension in a general population of Japanese elderty The Hisayama Study」2003

出典：柴田祥江、北村恵理奈、松原斎樹（京都府立大学大学院生命環境科学研究科）住宅内温熱環境の実態と居住者の意識に関する研究（その8）高齢者のヒートショック対策意識と行動、居住者の寒さに対する意識と室間の温度差に関する研究より／安村直樹（東京大学田無演習林）健康居住の実現に向けた木造住宅供給のあり方より／羽山広文、斉藤雅也、三上遥　健康と安全を支える住環境より

慶應義塾大学 理工学部
システムデザイン工学科
伊香賀 俊治 教授

1959年、東京都出身。早稲田大学理工学部建築学科卒業、同大学院修了。日建設計、東京大学助教授を経て、2006年より現職。建築環境工学を専門分野に、内閣官房、国土交通省、文部科学省、経済産業省、環境省、厚生労働省などの建築関連政策に関する委員を務める。著書に『CASBEE入門』『健康維持住宅のすすめ』『最高の環境建築をつくる方法』など多数。

断熱・健康リフォームの施工箇所

工法と建材に徹底的にこだわる「0宣言の家」の断熱改修 住みながらの施工も可能

断熱改修を行うとなると、いったいどの部分を工事するのか。「0宣言の家」の断熱改修は、既存の外壁の上から断熱材を張り付け、更にその上から断熱効果も併せ持つ塗料を施工。壁の内側にも断熱材を入れ、屋根裏に遮熱シートと断熱材を施工することで完成する。これらは住みながらでも工事が可能だ。また、断熱改修はその施工方法や断熱材、外壁塗料の選択が住宅会社によってさまざま。建材も妥協なく正しいものを選びたい。

4 屋根の断熱施工・遮熱施工

遮熱シートと断熱材を屋根裏に施工。瓦を剥がすことなく工事ができるので、低コストも実現。

1 外壁の断熱施工

劣化してひび割れやカビの生えたサイディング、モルタル、ALCパネルなどの上から張り付け。

2 外壁塗り壁材による遮熱

外壁の断熱施工を行ったあと、その上から遮熱塗料や光触媒漆喰などを施工する。

3 内壁の断熱施工

既存の壁の中へ断熱材を壁内充填により施工。断熱効果はより盤石なものとなり、調湿効果も発揮する。

断熱住宅が実現する光熱費削減

通常住宅と断熱住宅の光熱費比較

愛知県名古屋市 二人住まい 37.25坪（延床面積）

通常住宅	合計	電気	ガス	断熱住宅	合計	電気	ガス
2013年 1月	17,764	7,789	9,975	2015年 1月	15,956	7,887	8,069
2013年 2月	15,652	6,788	8,864	2015年 2月	11,270	5,887	5,383
2013年 3月	13,755	5,613	8,142	2015年 3月	6,560	3,903	2,657
2013年 4月	9,032	3,429	5,603	2015年 4月	11,344	5,450	5,894
2013年 5月	11,806	4,416	7,390	2015年 5月	8,869	5,181	3,688
2013年 6月	7,639	4,480	3,159	2015年 6月	7,321	4,333	2,988
2013年 7月	7,146	4,985	2,161	2015年 7月	7,878	5,371	2,507
2013年 8月	8,918	6,541	2,377	2015年 8月	9,477	7,605	1,872
2013年 9月	7,478	5,509	1,969	2015年 9月	5,416	3,959	1,457
2013年 10月	7,854	4,221	3,633	2015年 10月	6,495	3,625	2,870
2013年 11月	10,348	4,881	5,467	2015年 11月	8,427	4,299	4,128
2013年 12月	11,931	5,619	6,312	2015年 12月	10,018	5,128	4,890
	129,323	64,271	65,052		109,031	62,628	46,403

年間約20,000円お得！

断熱住宅に住むと年間で光熱費が約2万円も削減できる

断熱材で家全体をすっぽりと覆う断熱改修。各居室の温度差が少なく、暖かい住環境は極力暖房機器に頼らない生活を実現させる。そのため、通常の住宅と断熱施工がきちんと施された住宅とでは、同じ条件下で年間の光熱費に約2万円も差が出た。また「0宣言の家」の建材は劣化に対しても強い材料であるため、メンテナンスコスト削減にもなる。

断熱・健康リフォームの施工内容と効果

1　外壁の断熱施工　高い安全性を誇るドイツ生まれの高断熱材 ネオポール

断熱パネルにネットを張って一体化。だから地震にも強い!

外壁材としての仕上げは複数行程におよぶ。「ネオポール」の上に、ナノ単位の粒子状の液体を加えた特殊なモルタル(コンクリート)を下塗りし、その上に割れ防止のネットを張り、全体を一体化させる。耐アルカリ性のネットを使うので、モルタルを用いても溶けることはない。さらに特殊モルタルをネットが薄く隠れる状態まで塗り、最終仕上げの上塗りを行う。

ネオポールの大きな特徴は、自由自在に曲げることが可能だということ。表面にナノ単位の粒子を含むモルタルを薄く塗ることにより、両手で強く曲げても折れる心配がない。この性質がさらに地震の揺れに強い住宅を生むのだ。

ネオポール5つの特徴

①遮熱効果が高い　②省エネ効果が高い　③低コストを実現
④優れた結露防止効果　⑤高い安全性(環境への配慮)

2　外壁塗り壁材による遮熱　日射反射率72%の遮熱材 セレクト・リフレックス

強アルカリ性の中空セラミックがもたらす快適な住環境

温熱環境にかなり大きな影響を与えるのは太陽光による赤外線や紫外線。一般的な外壁は真夏には60℃くらいまで温度が上昇する。遮熱塗り壁は外壁の温度が30℃程度までしか上がらない。熱だまりのない、快適な温度には欠かせない素材だ。

セレクト・リフレックスの4つの特徴

①遮熱効果が高い
②柔軟性、透湿性がある
③汚れにくい
④防カビ剤が入っていない

遮熱一般塗り壁の表面温度の比較

写真右側。青色に近づくほど表面温度の上昇が少なくなることを示します。

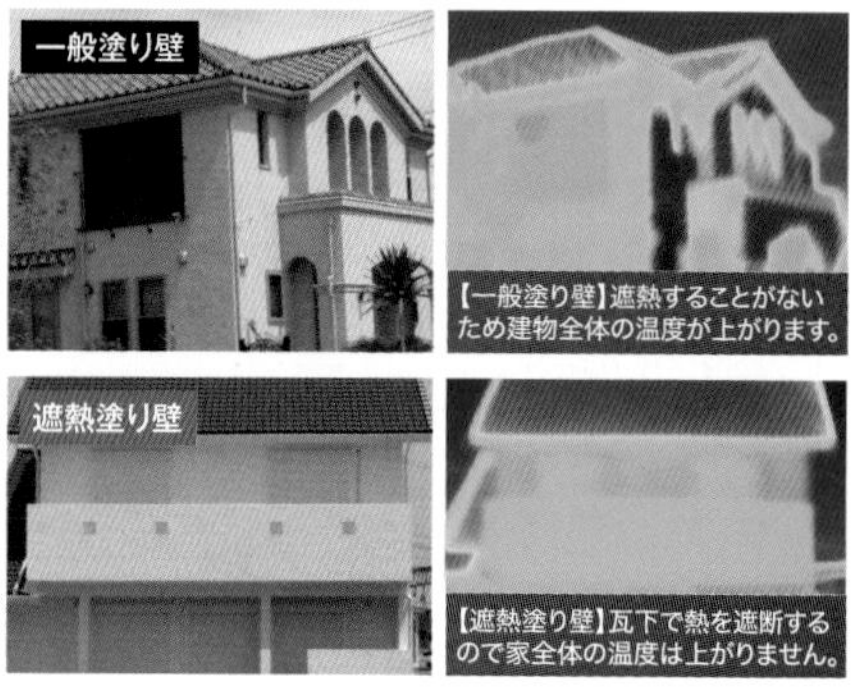

1+2 遮熱塗り壁+外張り断熱材の効果

外張り断熱に遮熱材をプラスすることにより、断熱効果はさらにアップ。
右記のグラフからもわかるように電力消費量は約半分に抑えられる。

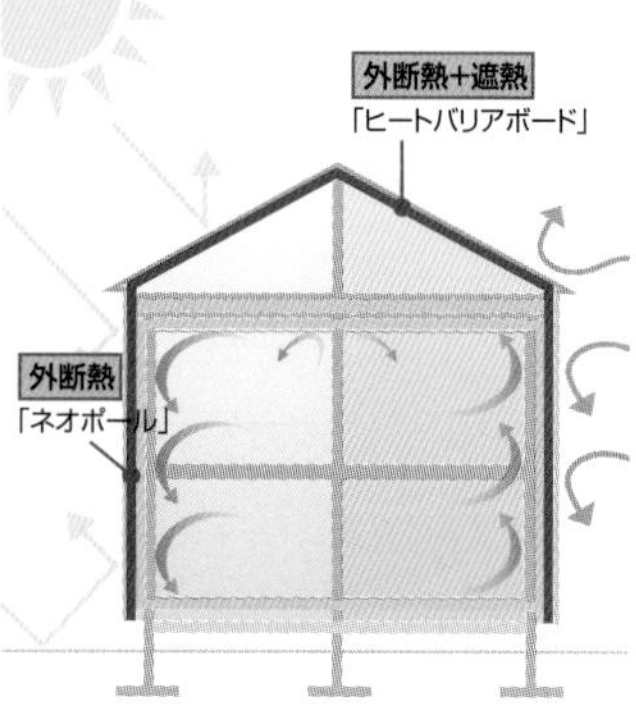

月別エネルギー消費量比較グラフ(仙台におけるシミュレーション)

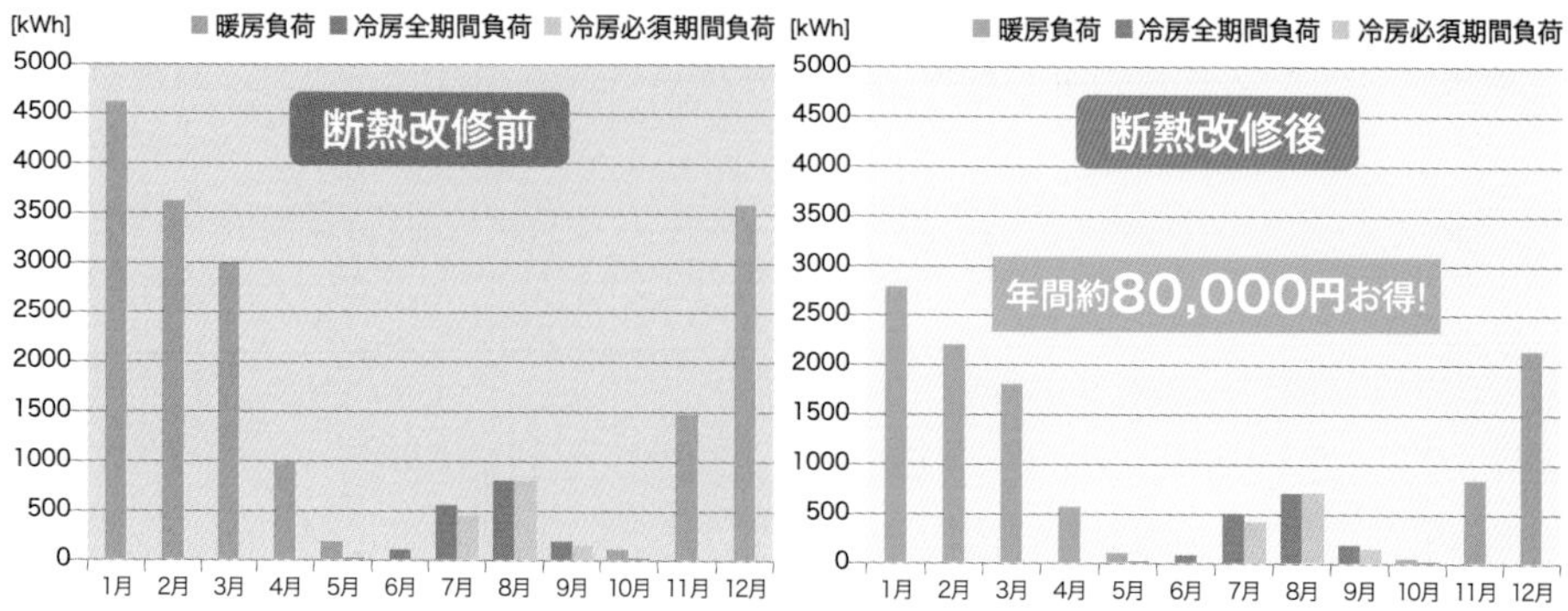

3	内壁の断熱施工	天然素材の壁内結露0の充填断熱材 **セルローズファイバー**

安全性も認められた多機能性を併せ持つ素材

100%大豆インクを使用した米新聞紙の古紙から造られている断熱材。施工方法は壁を壊さずに断熱材を壁内に充填。「0宣言の家」で使用しているセルローズファイバーは断熱材で唯一、EPA（米国環境保護庁）によって安全性が認可されている。

セルローズファイバー 4つの特徴

①断熱効果が高い ②調湿効果が高い
③防火効果が高い ④防虫・防カビ効果が高い

4	屋根の断熱施工・遮熱施工	断熱性・遮熱性に優れた屋根の断熱材 **遮熱シート+ネオポール→ヒートバリアボード**

優れた施工性を誇り、施工後の効果も抜群！

瓦を剥がさずに屋根裏にヒートバリアボードを施工。騒音も出ず、リフォーム費用も低コストに。夏は屋根に当たる日射熱を跳ね返し、冬は天井裏から熱が逃げていくのを防ぐことで、家全体の断熱効果を高めてくれる。

ヒートバリアボード 3つの特徴

①遮熱効果が高い
②柔軟性・耐久性に優れている
③低コストを実現

Other Reform

一部屋漆喰リフォーム

**漆喰のもたらす調湿効果・空気清浄で
室内環境の改善を一部屋からでも**

吸放湿性能が非常に高いスペイン漆喰は「呼吸する壁」と呼ばれるほどで、一般の漆喰に比べて+50%という検査結果が出ている。リフォームによって全部屋を漆喰壁にすることが難しい場合、例えばリビングや寝室など、長時間過ごす場所を優先的に施工してみては。

Before

After

マンションリフォーム

**マンションでもその効果を実感
これからの暮らしを見据えた自然素材リフォーム**

医学的なエビデンスに魅力を感じ「0宣言の家」仕様のリフォームを行ったA様邸。「マンションのリフォームで効果が得られるのか不安でしたが、室内の空気がきれいでホコリも激減しました。暑さや雨などに影響されず、安定した室内環境があるのは、これからの人生を考えると大切なことですね」とA様ご夫妻。

Before

After

スキップフロアは吹き抜け空間。北欧風の照明はインテリアコーディネーターと共にショップを回って選んだ。「どんな家にしたいかを細部まで伝えることが大事だと思います。私は数々の画像を見せて、設計士さんに説明しました」とご主人

01

兵庫県西宮市
Y様邸

敷地面積：273.78㎡(82.81坪)

延床面積：181.57㎡(54.92坪)

工期：6カ月

家族構成：ご夫妻＋子ども2人

施工
株式会社大和
グリーンライフ兵庫

CORPORATE GUIDE P166

掘りごたつ式のスキップフロア
夢を叶えた、吹き抜け空間

家族が気ままに
自由に過ごす
理想のリビング

エコスマートファイヤー（バイオエタノール暖炉）を設置した広いリビングと2階をつなぐのがスキップフロア。琉球畳を敷いた4.5畳に掘りごたつを設置。フロアの下は、ペット専用の空間として活用

カウンター付きのキッチン。朝は出かける時間が異なるので一人ひとりカウンターで食事

パーテーションのように部屋になじむエコウィンハイブリッドが室内環境を整えてくれる

4、5年前から家を建てたいと思い、ハウスメーカーのモデルハウスなどにも足を運んでいたY様ご夫妻。ご主人の勤務地は神戸でありながら、住んでいたのは京都だった。「毎日通勤も大変で、将来は神戸に近い場所に家を建てて住みたい」という思いから家づくりに本腰を入れた。これまで住んでいたのは社宅やマンション。「日当たりも悪いし、夏は暑く湿気に悩まされ、冬は寒くて。快適に過ごせる家に住みたいと熱望していたんです」と奥様。そんな時、ご主人が澤田先生の本と出会い、セミナーに参加。その際、直々に工務店を紹介されたそう。「実はいち早く『0宣言の家』には注目していたのです。私自身にアレルギーはないのですが、長く住む家だからこそ健康的な素材でできた家がいいし、なにより、ショールームで見た愛工房の木の温もりが本当に心地よかったのです」と話す。

「0宣言の家」のお施主様宅を訪問する見学会はとても参考になったそうだ。「数年住んでいらっしゃる方だったので、よいことも悪いこともきちんと伝えてくださった。ほかにもセミナーで聴いたり本を読んだりして「熱遮断が効果的で、家自体のメンテナンスが少ないのも魅力的でした」とご主人は言う。その後、阪神間で土地も見つかり、いよいよ「0宣言の家」を建てることに。

北向きの2階和室。寒々とした印象にならないようガラス窓を設置し、吹き抜けの様子を借景に。照明の位置にもこだわり、来客者にも好評

ご主人が作りたかった、リビングの吹き抜けに面した2階の本棚。壁一面に設置され図書館のようにアカデミックな空間を演出している。「見せて収納する本棚が欲しかったのが叶いました」

天井と床に愛工房の杉を使った2階の寝室。「生きている杉を使っているからか、眠りが深く、朝も目覚めがスッキリしています」と奥様。ご主人も「よく眠れるようになった気がしています」と愛工房の杉の目に見えないが確実にある心地よさを語る

和室の壁の漆喰。まるで蔵の様な居心地の良さ。大きなガラス窓のほか、小さな窓も多用し、光を最大限取り入れる工夫をした

日当たりがよい広いリビングで家族が思いのままに過ごしながら自然な一体感を見出せる。それがY様ご夫妻の理想の空間。さらに奥様は、こたつが置ける場所が欲しかったそうだ。しかし、リビングに置くと場所を取る。そこで提案されたのがスキップフロアの掘りごたつだった。「座ったままでもキッチンにいる人と目線が合うように緻密に高さを計算してくださって。リビング全体も見渡せ、家族の気配も感じられる。天井も吹き抜けで開放的。本当に満足しています」。

また、「漆喰の壁は、静電気が起こりにくくほこりが少ないと聞いたんです。実は少し疑っていたのですが、住んでみて驚きました。明らかにほこりが減っています」と奥様。

3LDKだった以前のマンションに比べ広さは倍になったが、1カ月の電気代は当時とほぼ変わらない。「それはエコウィンハイブリッドのおかげ。本当につけて良かった。1台のエアコンを朝少しつけるだけで、日中は暖房器具いらず」とお財布にも優しい家を実感。「床材は愛工房の杉なのでお風呂から出ても素足でいることが心地よくなりました」と語る。バイオエタノール燃料の暖炉も取り入れ、夜はそこに集うことも増えた。家で団らんの形が変わったことを感じているそうだ。

BBQができる
テラスもある
憩いの場所

外から見ても自然光を取り入れた設計がよくわかる外観。この地域には建物を建てる際に必ず勾配屋根を作らねばならない制限があったが「地域をよく知る工務店だったので安心でした」とご夫妻

ちょっとしたBBQも楽しんでいるというテラス。アウトドアが趣味というご主人は、この家に住んでから、季節の花を植えて愛でたりと、念願のガーデニングにも力を入れ始めたそうだ

玄関の扉を開けたら広がるのがこのオープンな印象の玄関。ご主人と息子さんが二人で出かけるサイクリング用の自転車も見せて収納。奥にはクローゼットも

ウッドの扉がナチュラルな印象の玄関。「シンプルなテイストが好き」というご夫妻。落ち着いた色使いで家の印象をまとめ上げた

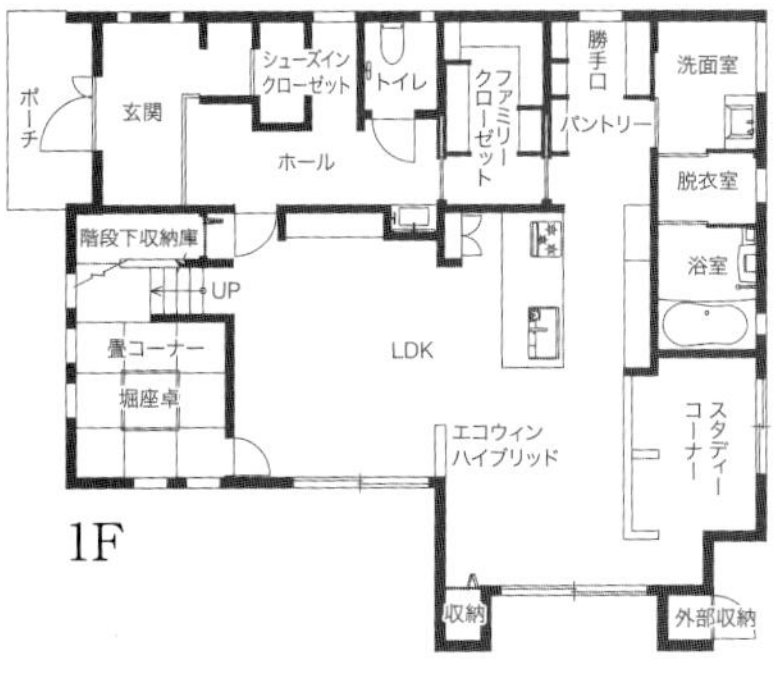

DATA

[構造]木造在来軸組パネル工法
[断熱]クアトロ断熱(内断熱〈充填〉:セルローズファイバー/外断熱:ネオポール/遮熱塗り壁材:セレクト・リフレックス/調湿効果内壁:スペイン漆喰)
[屋根材]平瓦葺き [外装材]遮熱塗り壁材(セレクト・リフレックス) [床材]1階2階共:愛工房の杉(節有)厚15㎜(和室とトイレを除く)
[内装材]壁:石膏ボード・下地はスペイン漆喰塗り、天井:石膏ボード・下地はスペイン漆喰塗り

[施工]大和
グリーンライフ兵庫

02

兵庫県尼崎市
H様邸

敷地面積：250.84㎡(76.00坪)

延床面積：218.74㎡(66.16坪)

工期：6カ月

家族構成：ご夫妻

施工
株式会社大和
グリーンライフ兵庫

CORPORATE GUIDE P166

自分に帰るホビールームも
オンをオフに切り替える癒やしの家

1階キッチンにあるL字型のカウンター。横にはダイニングテーブル、前にはくつろぎのリビングが広がる

階段は、隙間を配して軽々としたステップを感じさせる設計。2階は愛工房の杉を使った快適空間

キッチンの横には食品ストックなどを置くパントリーが。この並びに洗面室、洗濯機、浴室が続く

付けて良かったというエコウィンハイブリッド。冷暖房を少しだけ付けたら後は快適さが持続

こちらはキッチン側から見た風景。横にあるダイニングルームで、午後ゆっくりとお茶の時間を楽しむのが至福の時と奥様

H様ご夫妻が「0宣言の家」を知ったのは家を建てようと思い、本などで情報を集めていたころ。ご主人のお仕事が医療関連なので、体力も神経も使うことから「心身ともにリラックスできる場所を作りたかった」そうだ。そこで心惹かれたのが「0宣言の家」。大きな買い物なので数年じっくり考え抜き、愛工房の杉が空気を浄化することや漆喰が調湿性に優れていることなど健康的な印象が決め手となった。実際に「0宣言の家」のお宅も訪問。「図面から想像することと実際の使い心地が違うこともあるのだと実感しました。例えば浴室。水回りに木を使うと手入れの心配があったのですが、実際に見て生の声を聞くと良さがわかりますよね」と奥様。

奥様のお気に入りは、リビングとダイニング。半年前から習い始めたフラワーアレンジメントを飾ったり、家族が生まれた年のロイヤルコペンハーゲンのイヤープレートが置けるようになったと嬉しそうだ。そんなリビングにあるのがエコウィンハイブリッド。「主人はエアコンの音が苦手なのですが、エアコンは数時間だけ使用、止めた後は家全体で快適な温度が保てるので、音を気にせず眠れると主人も喜んでいます」。

木の温もりと
自然光が魅せる
時と太陽の共演

2階から見渡せる吹き抜けのリビング。漆喰の白に、棚に飾ったロイヤルコペンハーゲンの青がよく映える

2階の主寝室は7.5畳。床、天井に愛工房の杉を使っている。大きな窓が2面あり、広々とした印象

ウォークインクローゼットは、2階の廊下に面したスペースに。棚やハンガーを備え付け、衣類はここに集合

好きな物に
じっくり浸る
心を満たす場所

1階にあるご主人のホビールーム。フラメンコギターやレコード、旅の想い出など好きな物だけが並んでいる

レッドシダーを使った木のお風呂。手入れの心配をしていたが、お宅訪問で生の声を聞いて納得

パントリーの横にある洗面室。並びに洗濯機もあり、キッチンからの動線が快適。家事が楽に

外からの光を程よく取り入れたトイレ。木の温もりはそのままに、明るい設えになるよう設計

周辺に溶け込む白い外観
訪問客のためのゆったり玄関

[1]住宅密集地なので、周辺に溶け込むように配慮したという外観。外光を取り入れつつ目隠しもしたいと、外壁に隙間を工夫
[2]ご主人の書斎につながる広々としたバルコニー。洗濯物を干したりゆっくり風に当たったり。すべては「快適さ」がテーマ
[3]お客様が多いH様邸。玄関にはできるだけ何も置かないように、靴などは横に造ったシューズインクローゼットに収納している
[4]こちらが玄関に設置されたシューズインクローゼット。靴やゴルフ用品などを収納。小上がりがあるので、紐靴などを履く時も便利
[5]玄関口。シンプルでおしゃれなムードの階段が、ドアの向こうの広々した玄関へつながる。手すりを付けて上りやすさもプラス

家ができた当時は下の息子さんも一緒に住んでいたが、1年後からはご夫妻だけの暮らしとなった。「いつか二人で住むことになるのは予想していましたから、趣味を楽しめるリラックス空間を作っておこうと設計に組み入れたのが1階にあるホビールームです」。窓は二重、扉も防音で、音は外に漏れにくい。「主人はフラメンコギターを習っているのですが、以前は音が気になって練習も時間を選んでいました。でも、今は夜でも練習できるし、コレクションしたレコードも聞けるので楽しそうですよ。私も一緒に映画を観たり、時にはここで友達と電話をしたり。夫婦だからといって365日一緒にいなくても、自分に戻る場所がある。これは作ってよかったです」。

また、2階には主寝室や書斎などがあるが、木材はすべて愛工房の杉を使用。面白いのは、本来なら部屋として使う6.1畳を納戸にしているところ。琉球畳を敷いた茶室のような和室だ。「子育て真っただ中なら子ども部屋にすると思うのですが、夫婦だけなので収納にも使える和室にしました。そこに迷いはなかったですね。でも、将来息子に家を手渡す日が来ます。その時は、子ども部屋として使えるはず。私たちも年齢を重ねていけば寝室を1階にするかもしれませんし、家は、住む人が人生の変化によって、手を掛けながら、工夫を重ねていく楽しみがあるのだなと思うようになりました」。

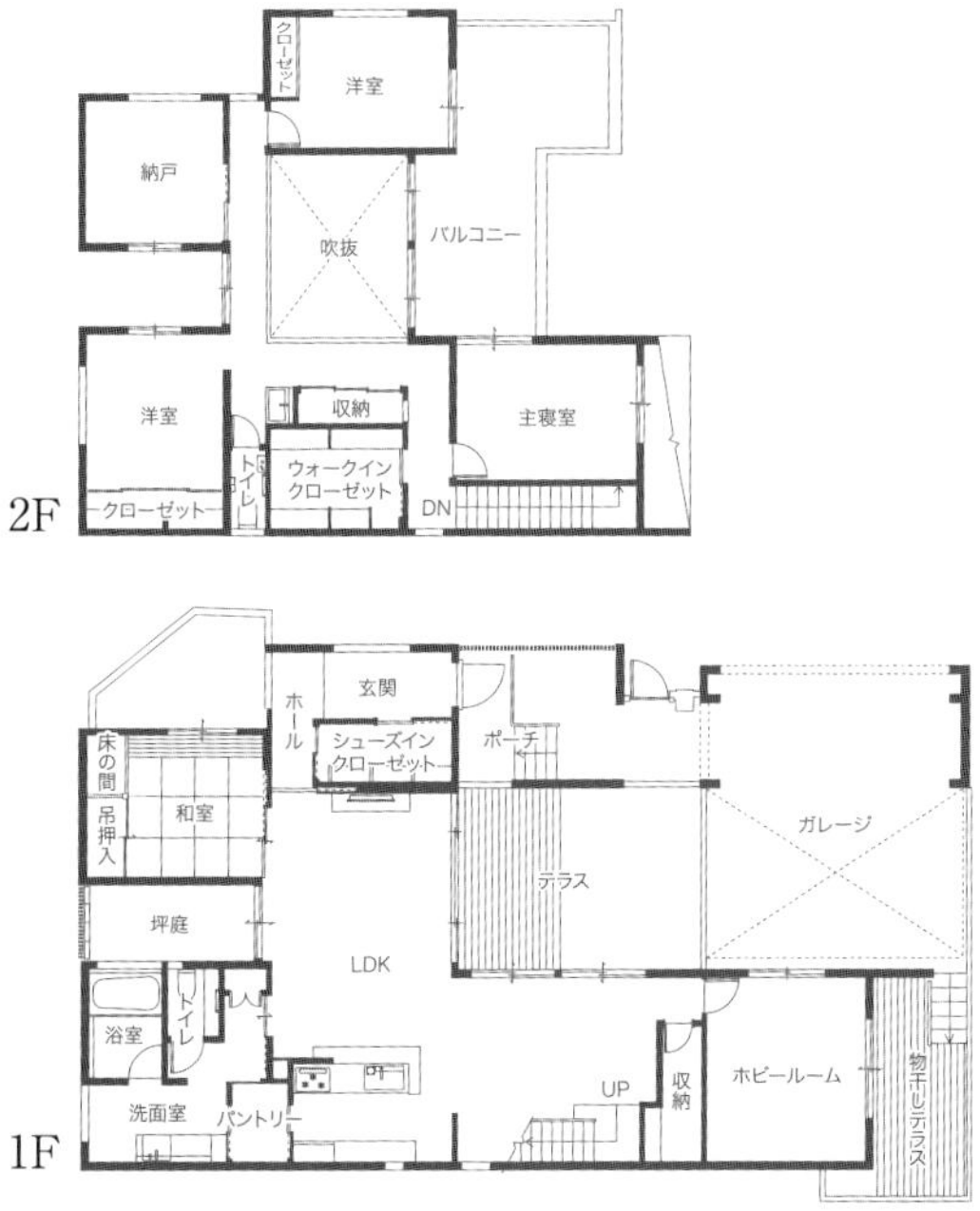

DATA

[構造]木造在来軸組パネル工法
[断熱]クアトロ断熱(内断熱〈充填〉:セルローズファイバー/外断熱:ネオポール/遮熱塗り壁材:セレクト・リフレックス/調湿効果内壁:スペイン漆喰)
[屋根材]平板瓦　[外装材]遮熱塗り壁材(セレクト・リフレックス)　[床材]1階・オーク、2階・愛工房の杉　[内装材]純漆喰、ほか、愛工房の杉、オーク材

[施工]大和
グリーンライフ兵庫

03

静岡県掛川市
M様邸

敷地面積:276.85㎡(83.75坪)

延床面積:124.21㎡(37.57坪)

工期:6カ月

家族構成:ご夫妻+子ども2人

施工
大井建設株式会社

CORPORATE GUIDE P171

健康に毎日を暮らせるように
心と体に優しいこだわり素材の家

リビングは大きな吹き抜けのある明るく開放的な雰囲気。オープンに設えた階段部分も、空間デザインの一部として見せ方にこだわった

M様ご家族は、ご夫妻・長男・長女の4人家族。マイホーム検討のきっかけは、ご家族の健康を気遣ってのことだった。「以前は戸建ての賃貸住宅に住んでいました。リフォームしてあり、とてもきれいな状態だったのですが、結露やカビがどうしても発生してしまうのです。その頃、息子がアトピーと診断されたこともあり、マイホームを考えるようになりました」とご主人。

いくつかのハウスメーカーで検討を始めた時、知人から「0宣言の家」のことを聞き、興味を持ったそうだ。「体に害のある素材を使わない、自然素材の健康住宅と聞き、子どもを育てるにはいい環境だと思いました。私もかなり重い花粉アレルギーで毎年春は苦しかったですし、妻も秋になるとイネ科アレルギーで鼻がムズムズする症状がありました。それも良くなるなら、という期待もありました」。

そしてもう一つ、ご主人がマイホームの要件として譲れなかったのが、冬に暖かい家であることだった。「エアコンなどに頼らず、夏は涼しく冬は暖かいというのも『0宣言の家』のいいところだと思います。快適なのはもちろんですが、ランニングコストも抑えることができますから。実際に他のお施主さんの住まいを見学し、それが実感できたことも決め手になりました」。

明るい日差しが 窓から降り注ぐ 吹き抜けの大空間

吹き抜けに渡る大きな梁が印象的。建物の角部分に施した火打梁も漆喰壁の程よいアクセントになっている。建物の構造とデザインを両立させた空間だ

リビングにつながる、落ち着きのある和室。収納を床から浮かせて、外の景色が楽しめるようにした。「ここらから紅葉が楽しめるんです」と奥様

お子さんを見守りながら炊事ができるように対面キッチンを希望。「現場で職人の皆さんにはいろいろ要望を聞いていただいた」と、ご夫妻は振り返る

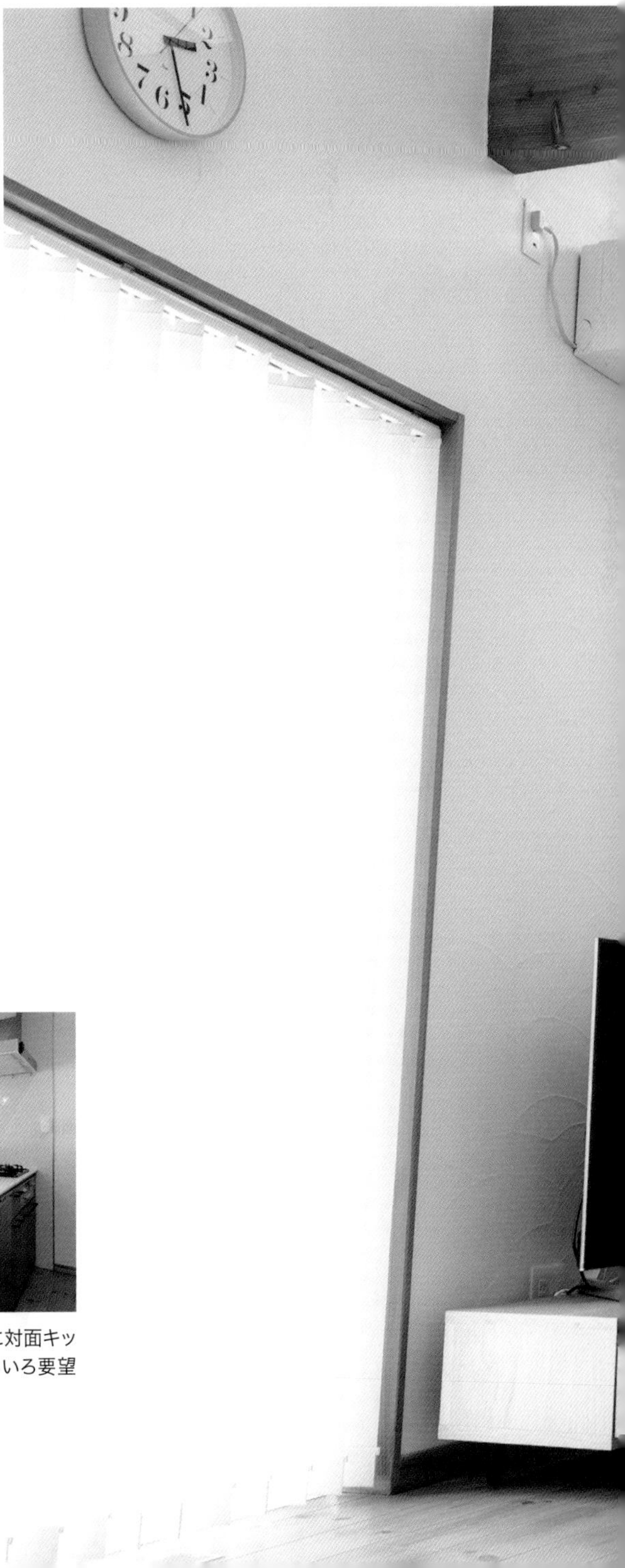

無垢材と漆喰の空間に、黒いアイアンの手すりを取り付けた。お子さんの転落防止ネットの色も統一し、美しいコントラストを見せる

落ち着いた雰囲気の主寝室。「この家で暮らし始めて鼻炎の症状が軽くなり、寝つきが良くなりました」とご主人。体調の変化を日々実感されている

ご夫妻の衣類を収納するウォークインクローゼットは、部屋が広く見えるよう、あえてオープンに

主寝室横のPCコーナーは、収納を十分に備えた使いやすいつくりに。無垢材と漆喰の生み出す穏やかな空気の中で作業にも集中できる

プランニングに際して、吹き抜けを要望したのは「家づくりの参考にインスタグラムなどを見てすてきだなと思って」と、奥様。2階の天井までつながる大空間のメリットは、開放的な雰囲気を演出するだけにとどまらない。空気を循環させ、家じゅうの温度・湿度を一定に保つことにも一役買っている。これも優れた断熱性能を持つ「0宣言の家」だからこそ実現できる。この他、さまざまな要望を取り入れたマイホームに、お2人とも満足されている様子。「以前の家よりもとても暖かいですね。寒い冬の朝でも、エアコンをつけずに16℃くらいはあります。賃貸の時より家が広くなったのに光熱費は変わりません」と、ご主人は言う。奥様も、「夏は家の中がカラッとして暑さの質が違うと感じます。冬は結露もカビもありません。無垢材は伸縮して隙間があいたりしますが、それも自然なことと楽しめるようになりました」と、自然素材を楽しんでおられるよう。そして、何よりうれしいのは、お子さんのアトピーに改善が見られたことだという。「今、息子の症状はほとんどありません。私たちのアレルギーも少しずつ良くなっていると思います。この家に住んで本当に良かったです」と、ご夫妻は笑顔で話してくれた。

職場の野球部に所属するご主人。汚れたユニフォームのまま外から脱衣室に直行できるようにした

脱衣室とは別に洗面台のスペースを設けた。コンパクトな空間ながら収納はたっぷりと確保

キッチンからアーチをくぐると洗面室、脱衣室、浴室へと動線がつながる。家事をスムーズに進め、家族が快適に暮らすためのアイデアだ

和洋テイストが美しく溶け合う堂々の佇まい

和風建築の趣と洋風のスタイリッシュな機能美が組み合わされたデザインの外観。白い塗り壁と濃い灰色の屋根瓦のコントラストが美しい

どこか蔵を思わせる構えが印象的なエントランス。真っすぐに伸びる敷石の先で、温かな色味の玄関ドアが訪れる人を出迎えてくれる

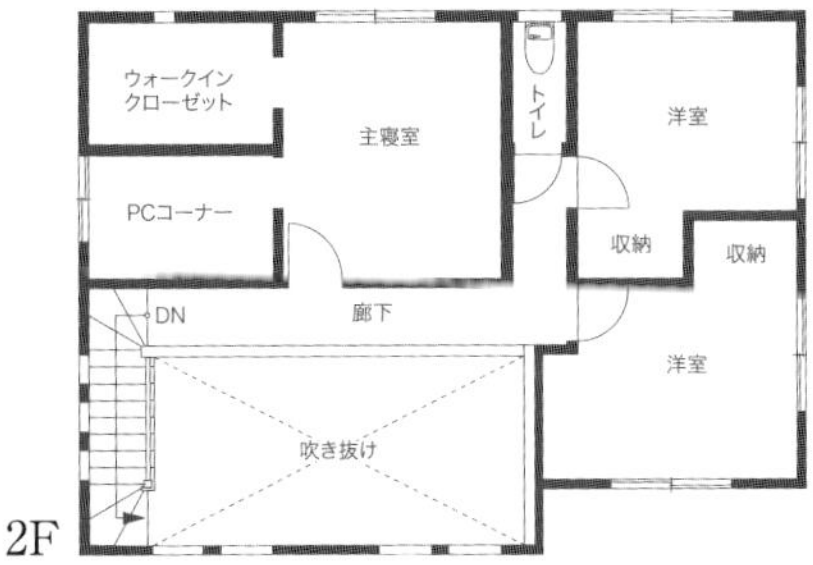

リビングの間口いっぱいに設置したウッドデッキ。庭への移動もスムーズで、お子さんたちも自由自在に行き来して遊ぶことができる

DATA

[構造]木造在来軸組パネル工法
[断熱]クアトロ断熱(内断熱〈充填〉:セルローズファイバー/外断熱:ネオポール/遮熱塗り壁材:セレクト・リフレックス/調湿効果内壁:スペイン漆喰)
[屋根材]S瓦　[外装材]遮熱塗り壁材(セレクト・リフレックス)　[床材]パイン材　[内装材]スペイン漆喰

[施工]大井建設

シューズインクローゼットを設け、来客用と家族用の玄関を分離。床板をヘリンボーン張りにして表情豊かに仕上げている

2階のトイレは、すっきりと清潔感のある空間。自然素材の柔らかな空気に包まれている

1階トイレの床は職人技の光るヘリンボーン張り。空間のおしゃれなアクセントになっている

ライトグレーと白で統一された浴室は、すっきり清々しい印象。1日の疲れをゆっくりと癒やす

04

岐阜県各務原市
N様邸

敷地面積：632.99㎡（191.48坪）

延床面積：146.16㎡（44.21坪）

工期：10カ月

家族構成：ご夫妻＋子ども1人

施工
各務建設株式会社

CORPORATE GUIDE P174

こだわりのキッチンと
お孫さんと一緒に
遊べるリビング

[右]アカシアの床材を使ったリビングで、娘さん、お孫さんと一緒にくつろぐ。床材の塗料には米から作った安全素材「キヌカ」を使用
[左]オイルミストを防御するパネルを設置したキッチン。窓辺にはカフェのようなカウンター席もあり、本を読んだり仕事をしたりできる

奥様の理想×ご主人の目線で「私のおうちができた」と感激

N様邸は、重点風景地区にも認定された歴史ある場所に建つ。「0宣言の家」を知ったのは新聞の折り込みでセミナーに参加したのがきっかけだったという。築50年だった家を30年前に改装したが、そろそろ新しく建て直そうと、さまざまなハウスメーカーを回っていたころ、「0宣言の家」に出合った。

奥様が自分の理想の家のアイデアを出し、図面を見る知識があるご主人が素材や動線、耐震対策などハード面を徹底的にチェック。そんなご夫妻のあうんの呼吸が自分たちの理想の家を作り上げた。「初めて家に入った時、想像以上に私の夢が叶えられていて、感動どころではなく感激でした!」と奥様。電気系の会社で設計を担当し、さまざまな素材や技術の知識があったご主人は「断熱や床下の排気、素材に化学物質を使わないことに納得しましたね。また、今後のメンテナンスも少ないという観点から、この家にしてよかったと思う」と話す。

また、キッチンにもご主人のこだわりが光る。「前の家は料理をするとオイルミストで壁がべとべとしていましたが、こちらでは汚れが飛び散らないように、オイル防除パネルを天井まで伸ばしてみました」。奥様は「孫が来たときも、キッチンにいてもリビングに声がかけられるよう、シンクなどの配置を考えてくれたんです」とうれしそうだ。

「誰にも邪魔されない自分の部屋があってうれしい」と言う奥様の自室。好きなだけキーボードが弾ける喜びを実感

奥に自慢のサンルームを設けた、ご主人の書斎。趣味が多く、家庭菜園もその一つ。サンルームは、春に撒く種を発芽させるなど多彩に活用

現在1人暮らしをしている息子さんの自室を、普段はゲストルームに。クローゼットにも木の温もりが感じられる

こちらがサンルーム。両サイドに小さな窓があるので、通気が良く、風の調整も可能。窓からは自然光も入るので洗濯物もよく乾く

家族全員に自室を作ったN様ご夫妻。奥様は自身の部屋で過ごす時間がお気に入りなのだそう。「自由にキーボードを弾いたり、好きな曲を聞いたりと自分の時間が充実しています」。また、折り紙細工を作る時間も大切にしているそう。きっかけは、漆喰の壁だった。「壁が白いので何か飾ったらいいかもしれないと思いたち、折り紙を折り始めたんです。最初は孫のためでしたが、今では創作意欲がわいていろんなものを作っています」と楽しそうに話す。漆喰の壁には驚かされたことがあるそうで「コーヒーをこぼしたら、数日後にシミが消えていて。セミナーで聞いた漆喰の効果を実感しました」。

また、ご主人の趣味も幅広く、畑仕事もそのひとつ。野菜や果物を作るライフスタイルから生まれたのが、避難経路を兼ねたお風呂の残り湯を畑へと汲み出す動線。もし火災が起きたら、逃げ場となるドアは玄関口に集中しているので、お風呂場の奥に勝手口をつくったという。防災とエコの両面でうれしい家になった。2階にはサンルームがあるのもポイント。「洗濯物が室内に干せるので、急な雨も気になりません。何もかもが心地よく、本当に『私のおうち』だな!と毎日思っています」とほがらかに笑った。

優しい無垢材が家を温かく包み込む

それぞれ2階の自室で眠るため、2階にもトイレを設置。「年齢を重ねても使いやすいようにトイレには手すりをつけています」

洗面室。水回りもパイン材のパネルでカバー。木のやわらかな雰囲気と窓からの光が広がって、毎日使う場所だからこそ快適に

脱衣室。お風呂に近いので、畑仕事で汚れた衣類もすぐ洗える。横に長い窓を取り入れ自然光も入る明るい空間

トイレにも木を多用。特に手洗い場の周りにも漆喰への水撥ね防止で木のパネルを貼り込んだ。漆喰の保全のためにと考えた、ご主人のアイデア

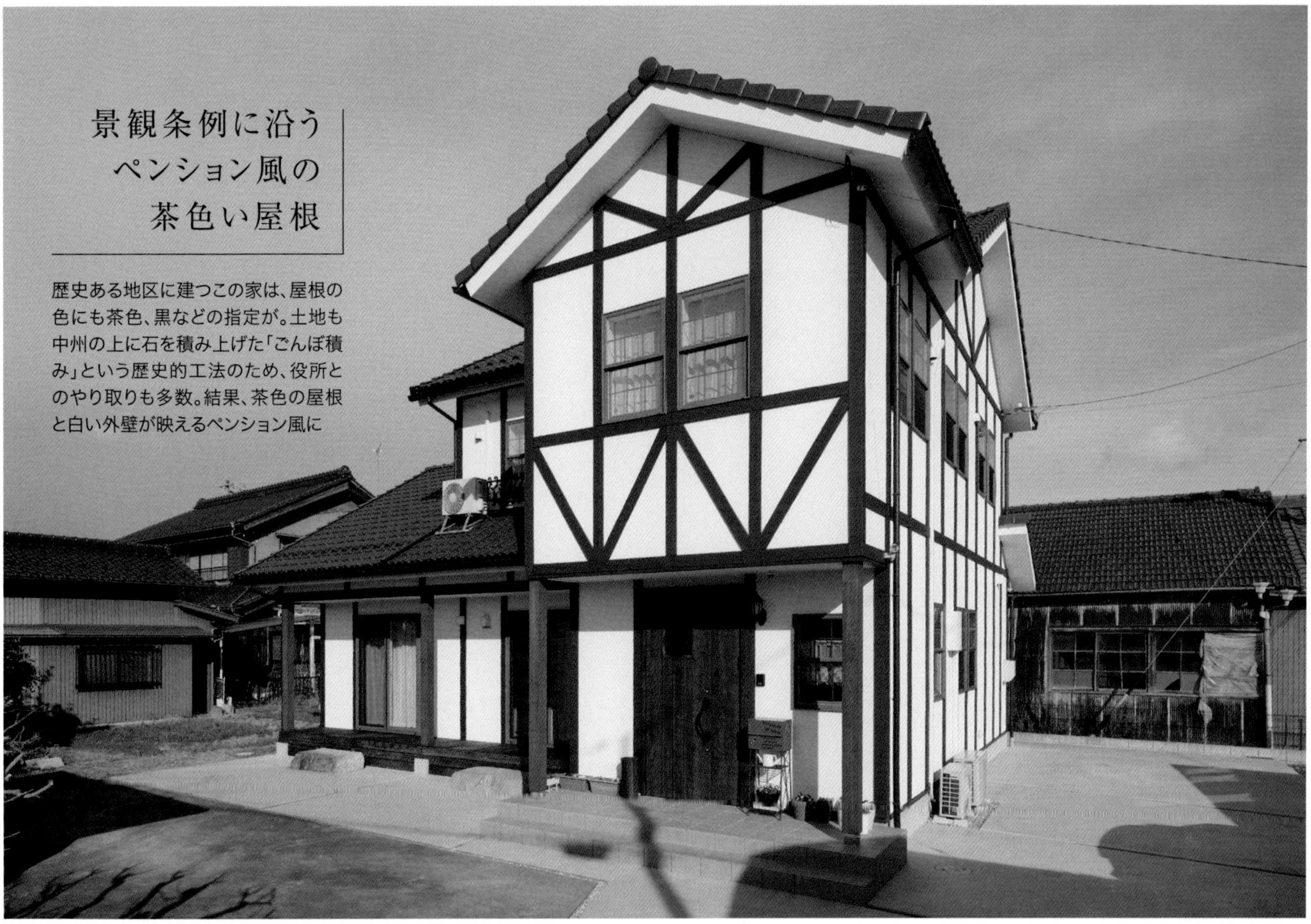

景観条例に沿う ペンション風の 茶色い屋根

歴史ある地区に建つこの家は、屋根の色にも茶色、黒などの指定が。土地も中州の上に石を積み上げた「ごんぼ積み」という歴史的工法のため、役所とのやり取りも多数。結果、茶色の屋根と白い外壁が映えるペンション風に

玄関も茶色をベースにカラーを合わせた。まるで海外のプチホテルのような、カントリー調のドアもかわいらしい。こちらも奥様の好みで統一

窓側にある縁側。すぐ横に柑橘類を育てるご主人の畑があるので、畑仕事の合間に一休みできる場所としても重宝している。庭から畑へも行けるよう設計。元々は土間がある農家の家だったそう

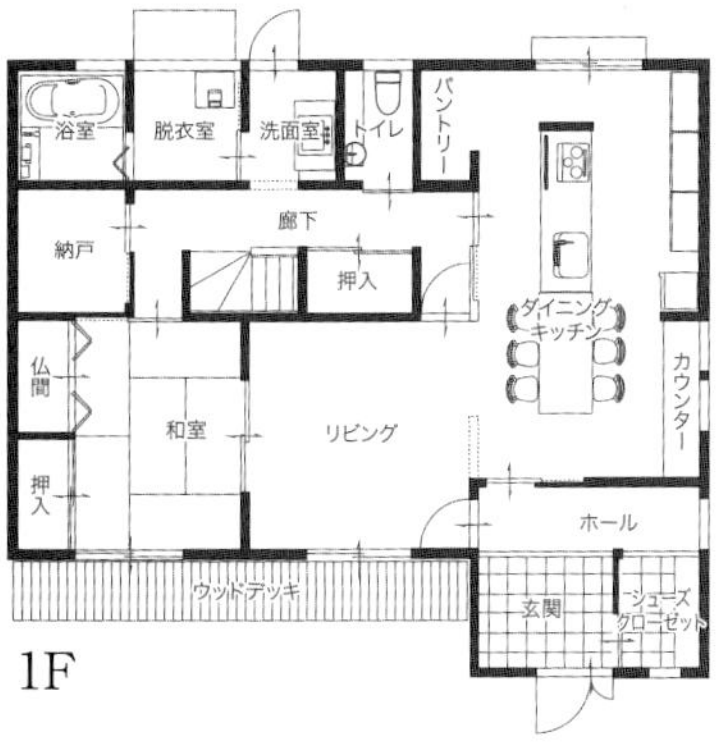

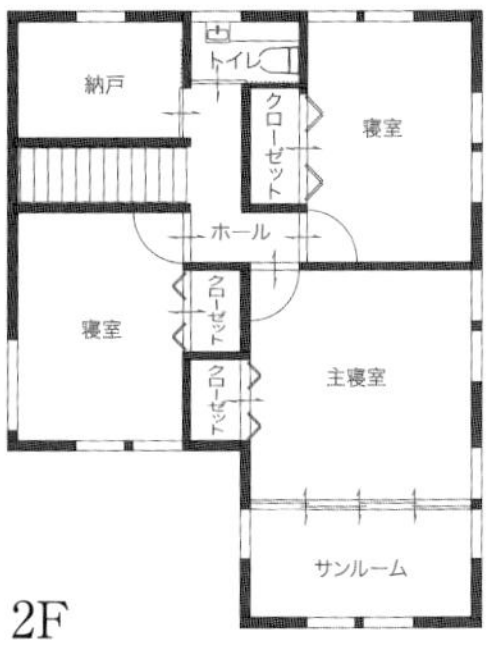

カントリー調の扉を開けると広々とした玄関が。靴箱は見えないように、壁を挟んだ奥に設置しているのもポイント

DATA

[構造]木造在来軸組パネル工法
[断熱]クアトロ断熱(内断熱〈充填〉:セルローズファイバー/外断熱:ネオポール/遮熱塗り壁材:セレクト・リフレックス/調湿効果内壁:スペイン漆喰)
[屋根材]S字瓦、三州瓦　[外装材]遮熱塗り壁材(セレクト・リフレックス)　[床材]アカシアの無垢材　[内装材]漆喰、一部パイン羽目板

[施工]各務建設

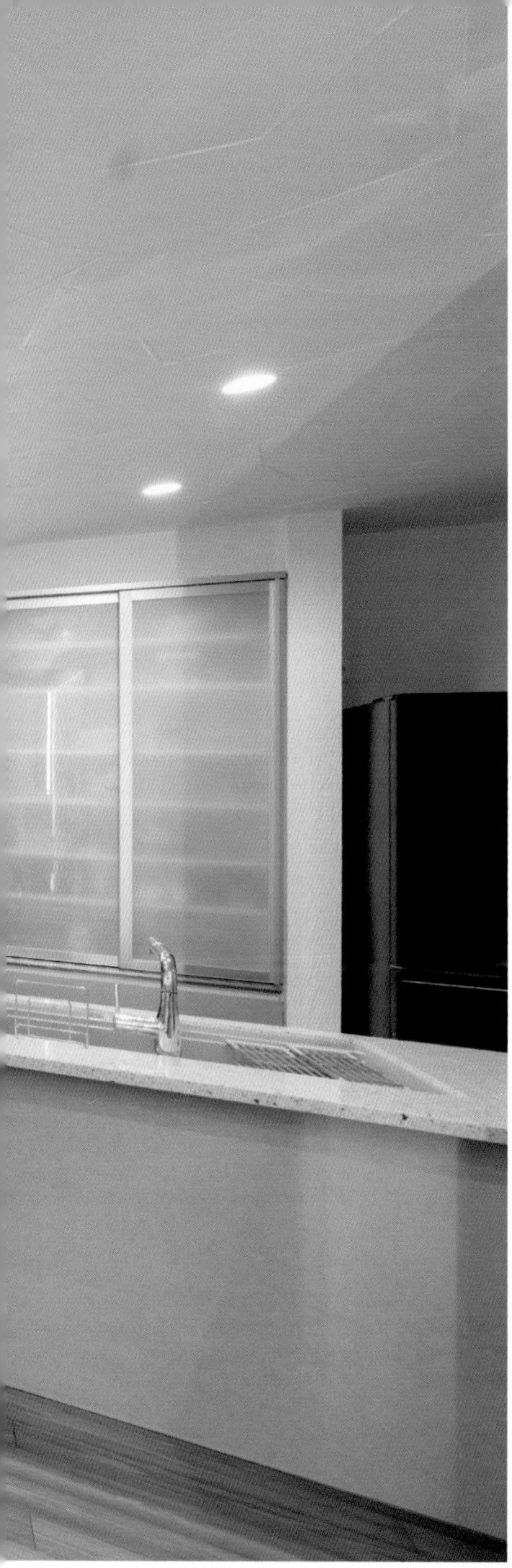

05

広島県広島市
N様邸

敷地面積：119.92㎡（36.28坪）

延床面積：166.86㎡（50.47坪）

工期：5カ月

家族構成：ご夫妻＋子ども1人

施工
株式会社 小田原ハウジング

CORPORATE GUIDE P168

30年後も安心して暮らせる快適でサステナブルな健康住宅

以前は、ご主人の両親が生前に建てた高台の家に住んでいたN様。しかし、年齢を重ねて車の運転ができなくなると家に引きこもってしまった両親の姿を見て、自分たちはそうならないようにと、アクセスが良い街中に家を建てることを決意した。当初は大手ハウスメーカーを検討していたが、「漠然とした違和感がありました」と奥様。そんな時、澤田升男氏が「0宣言の家」について語った新聞広告を見て、セミナーに参加したところ「家づくりに対する疑問や違和感がすべて晴れました」と振り返る。

「私たちが求めていたのは、健康で元気に老後が過ごせる家だと分かったのです。テレビでカビがアルツハイマーに良くないという話も知ったので、結露をしっかりと防げる家にしたいと思いました。それから、寒さが苦手なので、昔暮らしたことのあるアメリカのセントラルヒーティングの家のように、家の中の温度を快適に保てる家にしたかったのです」と奥様。そこで、1階と2階に輻射式の空調システム「エコウィンハイブリッド」を設置。エアコン1台と連動させることで、空気を乾燥させずに心地良い温度を保ってくれる。「日中だけエアコンをつけておけば、翌朝まで冷えないのがうれしいですね」と話してくれた。

家族がゆったり
くつろげる
自然素材の空間

無垢の床と漆喰の壁にグリーンのソファやカーテンを合わせてコーディネート。「大工さん、左官さんも皆さんとてもていねいでありがたかったです」と奥様。強アルカリ性の漆喰の壁は防カビ、防虫効果もあり「夏、本当に蚊に刺されませんでした。見つけてもすぐに弱るんです」と驚いていた

[1]天窓を設置した明るい空間。キッチンには高級人造石のクオーツストーンの天板をセレクト。汚れや水分がほとんど染み込まないのでお手入れが簡単
[2]キッチンには手持ちの食器棚と合わせて、ゴミ箱をぴったり収納できる棚と奥様のパソコンコーナーを造作
[3]TVコーナーにはウッドパネルと間接照明を用い、スタイリッシュなくつろぎの空間を演出

愛犬のための
トリマールーム

脱衣室の一部を愛犬のためのトリミングスペースに。洗面台も隣接させた、愛犬のシャンプーやトリミングがしやすい機能的なスペース

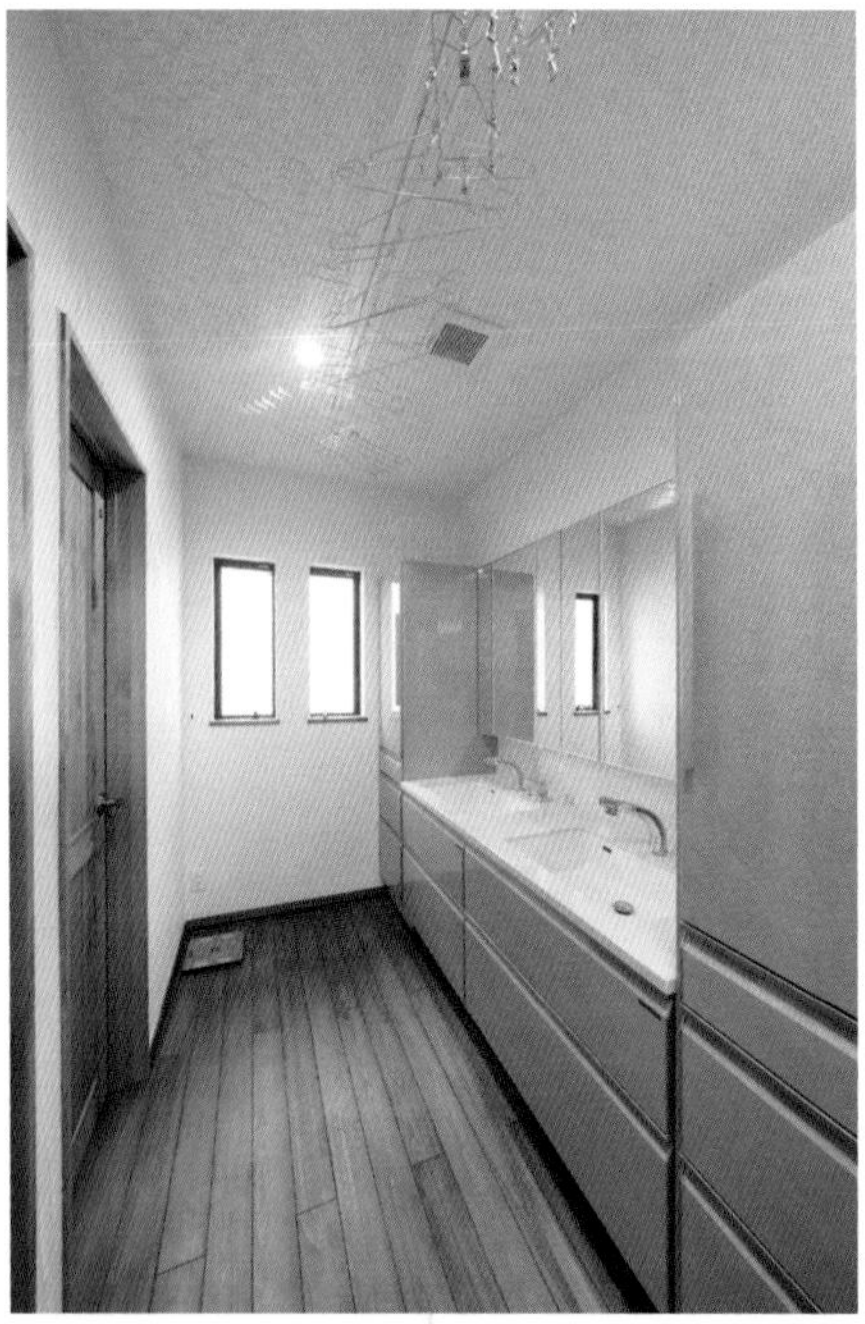

広々とした洗面コーナーで
毎日の洗濯が完結

洗面コーナーは脱衣室と分け、家族がそろってもゆったり使える洗面台と部屋干しスペースに。「部屋干ししても嫌な臭いがまったくつきません」と奥様

掃除のしやすさをポイントにセレクトした浴室。鋳物ホーロー製の浴槽は汚れがつきにくく、毎日のお手入れがラクに

娘さんや孫たちが来た時のために、1階にもバストイレと洗面台を設置。将来的には留学生を受け入れることも検討

トイレの壁も漆喰にすることで調湿効果や防臭効果が期待できる。ゆったりくつろげる快適な空間に

終の住まいだからこそ、ランニングコストやメンテナンス性も重視した。漆喰の壁は年月を経るほどに硬く頑丈になる。外壁は経年変化を感じにくいレンガ調を選択した。「浴槽や浴室は汚れがつきにくいものを選び、家中の水をきれいにするセントラル浄水器を導入しました。水道水の中に小さな泡を生成するナノバブルも採用したことで、お風呂に入ると体がポカポカして、毎日温泉気分です」と笑顔。ナノバブルは、泡の力で汚れを落とす効果もある。洗濯槽が汚れにくい、水筒に茶渋がつきにくいといった効果を日々実感しているという。この他、地盤改良を行い、災害時に備えてソーラーパネルと蓄電池も用意するなど「年金暮らしでも快適に安心して住み続けられる家」にするための工夫を凝らしている。

間取りはシンプルでありながら、ご夫妻と娘さんそれぞれの個室とウォークインクローゼット、愛犬のトリミングスペースを用意。キッチンには手持ちの家具が収まるよう、ミリ単位で計算した造作棚を造るなど、細やかな対応が良かったと話す。「今は上の娘一家の家を小田原ハウジングさんにお願いしているんですよ」と奥様。家族皆が健康に暮らせる、理想の家づくりに心から満足しているという。

「将来のために」と設置したホームエレベーターは、今でも大量の買い物をした時などに重宝しているそう

輻射式冷暖房のエコウィンハイブリッド。エアコンを微風運転にして連動させることで湿度を保ちながら快適に

玄関には奥様の好きなティファニーブルーをイメージしたニッチを設置。フローリングは足触りが良く耐久性の高いヒノキの無垢材を使用

年月を経ても風合いを保つレンガ調の外観。ご夫妻と同居する娘さん、そして愛犬が快適に暮らしつつ、すでに巣立った2人の娘さんや孫が来てもくつろげる間取りだ

年月を経ても 味わいを増す レンガ調の外観

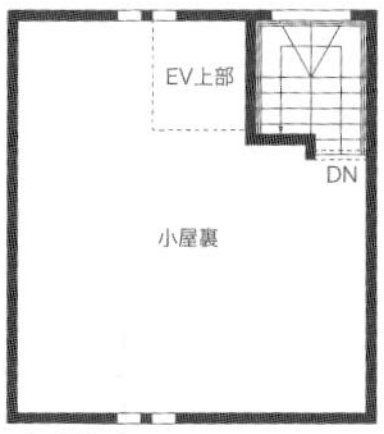

小屋裏

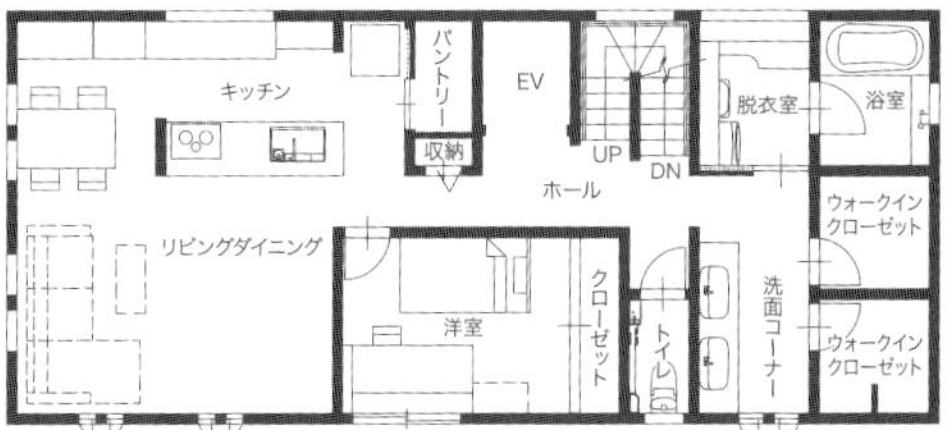

2F

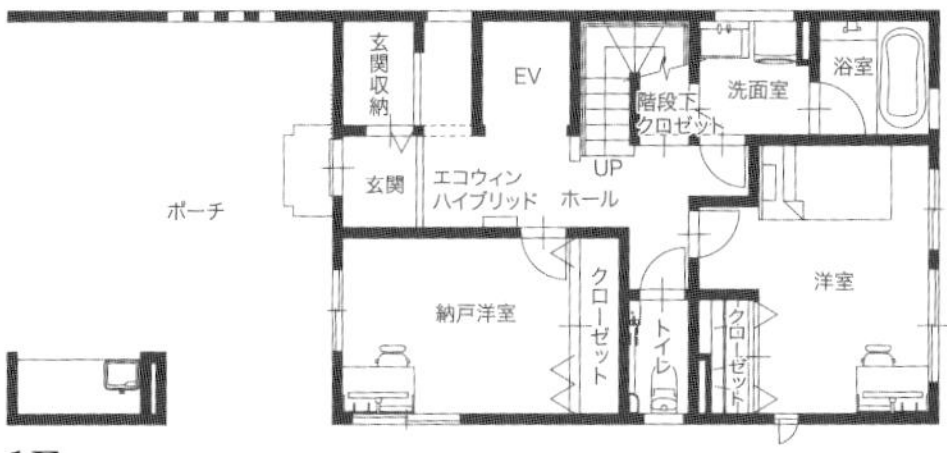

1F

DATA

[構造]木造在来軸組パネル工法
[断熱]クアトロ断熱(内断熱〈充填〉:セルローズファイバー/外断熱:ネオポール/遮熱塗り壁材:セレクト・リフレックス/調湿効果内壁:スペイン漆喰)
[屋根材]ガルバリウム鋼板　[外装材]遮熱塗り壁材(セレクト・リフレックス)　[床材]ヒノキ　[内装材]スペイン漆喰

[施工]
小田原ハウジング

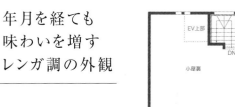

06

床には落ち着きのある色合いに塗装したヒノキの無垢材を全面採用し、調湿効果をもつ漆喰壁とともに室内空間を快適に維持。LDKと和室を合わせて25帖弱の広さだが、エアコンは14帖用1台で十分という冷暖房効率の高さを誇る

伝統工芸による装飾が彩る
和モダンで暮らし心地の良い家

広島県東広島市
S様邸

敷地面積：291.00㎡（88.76坪）

延床面積：120.90㎡（36.87坪）

工期：5カ月

家族構成：ご夫妻＋子ども1人

施工
株式会社小田原ハウジング

CORPORATE GUIDE P168

結婚直後から「いつかはマイホームを建てたい」と考えていたS様が「0宣言の家」の存在を知ったのは約8年前。奥様の利用していた化粧品店が小田原ハウジングで新しく店舗を建築し、そこで手にした澤田氏の著書『神様が宿る家』がきっかけだった。「大手ハウスメーカーが建てる家についての考えや、アレルギーなどの症状が改善するなど、にわかには信じられないお話ばかりで衝撃的でした」とS様。奥様はアレルギーによる鼻炎症状を抱え、住んでいた家は暑さ寒さが厳しかったこともあり、セミナーや完成見学会への参加を重ねていくうちに魅了され、建てるなら「0宣言の家」をと考えるようになっていった。体に良くない建材を使わないというのも決め手の一つだったという。

家を建てる土地は、奥様の実家があった場所。築年数も経ち、古くなったので取り壊して新しく建て替えることに。内装は落ち着いた和風のインテリアでコーディネートし、壁の漆喰塗りを立体感あるものにしたり、組子細工による装飾を取り入れるなど、こだわりのあふれる家づくりを実践。回遊性のある家事動線、風通しの良さを考えた窓の開口にも注力した。

階段下も書斎として有効活用

階段下の空間を有効活用し、造作カウンターを設置してご主人が主に使える書斎コーナーに。両側の壁には複数のニッチを設け、家族の写真やお気に入りのCDなどをディスプレイしている

通路の幅を広く確保したゆとりあるキッチン。タカラのシステムキッチンは床の色調との統一感を考えて選択し、造作したカップボードも床と同じ色合いに塗装

ランダムに配置されたニッチは、奥の壁をそれぞれ異なる色に塗り分けるなど遊び心あふれる仕上げに

リビングと和室に卓越した職人技

古民家風の塗装と現し梁が印象的なリビングの壁には、漆喰を立体的に塗った“漆喰アート”が美しい陰影を描き出す。奥様もこの仕上がりには大満足

神棚の垂れ壁を大工がアーチ状に形作り、壁を左官が青く塗装し、襖職人が一部色を入れて仕上げた“職人の合わせ技”により、連続性あるデザインを実現した和室

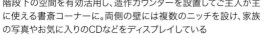

草花や竹
和のデザインで
襖と壁に彩りを

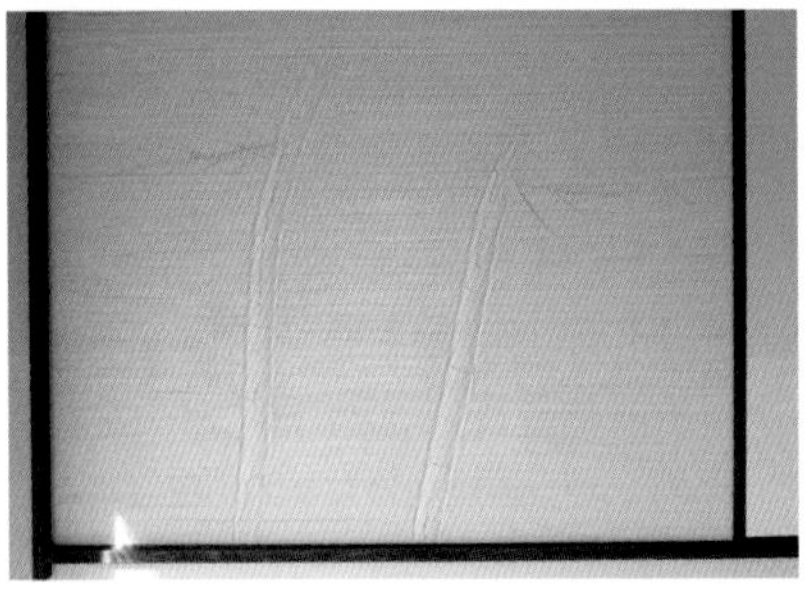

玄関横に配置した6帖の和室は、将来のご両親との同居に備えて確保。漆喰壁は淡いうぐいす色に仕上げ、吊り押し入れの襖は秋の草花をあしらったデザインを奥様が選んだ。玄関側の漆喰壁にはうっすらと竹が描かれている

水まわりにも
デザイン性と
機能性を

車椅子でも出入りしやすいよう幅を広く確保したトイレ。漆喰壁には波のような模様を描いた

水に強いモルテックス塗装の洗面化粧台。手洗い洗濯に便利な深いシンクと女優ライトを設置

室内干しするサンルームは壁の表面積を最大限にして吸放湿できるよう凹凸のある漆喰塗りに

完成した家で暮らし始めてからまず実感したことは、娘さんの寝付きが良くなったこと。奥様も、「花粉が飛ぶ春先も、従来よりしんどさを感じなくなりました」と、「0宣言の家」が持つ力を体感している様子。また、夜に魚を焼くなど強い匂いが出る料理をしても翌日にはその匂いが消えていることに、漆喰効果を実感。真冬でも室温は15℃までしか下がらず、湿度は高くても50%台と実に快適な住空間。窓は両面が樹脂サッシのため遮熱性と防音性に優れ、家全体の断熱性能が高いせいか、エアコンもリビングの1台だけで十分だという。

意匠性の高い漆喰の塗り方や、和室の壁と襖に連続性を持たせたデザインなど、S様のイメージを具現化するためにプランナーと職人がそれぞれの力を発揮。「軽い気持ちで言ったことが職人さんをかなり悩ませることになってしまいました。でも、本当にすてきに仕上げていただいて感謝しています」と奥様。組子細工も実際に家に取り入れた方を訪問して話を聞いたり、時間をかけて本などで積極的に知識を取り入れながら家づくりを進めていったことで、家族が本当の意味で健やかに暮らせる家が完成した。

伝統工芸の職人技が光る玄関周り

洗い出しの土間に飛び石が配置された玄関。アール仕上げの壁と和室の引き戸に埋め込まれた組子細工は、玄関ドアを開けた瞬間に来客から驚かれるほど圧巻の美しさを見せる

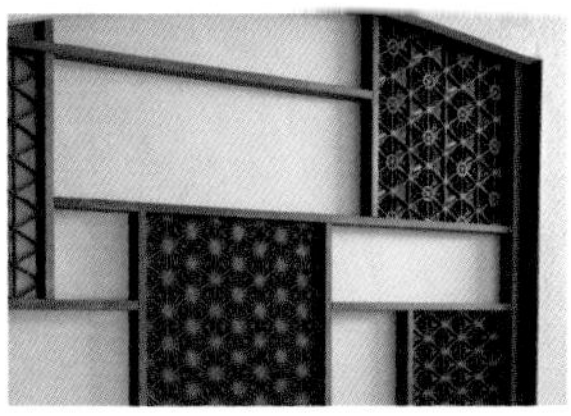

来客を迎え入れる玄関にオブジェのように取り入れたという組子細工は、繊細な職人技によって生み出された美しい紋様が目を引く。展示会で作品を見て、実際に取り入れた家を訪ねて吟味した上で採用した

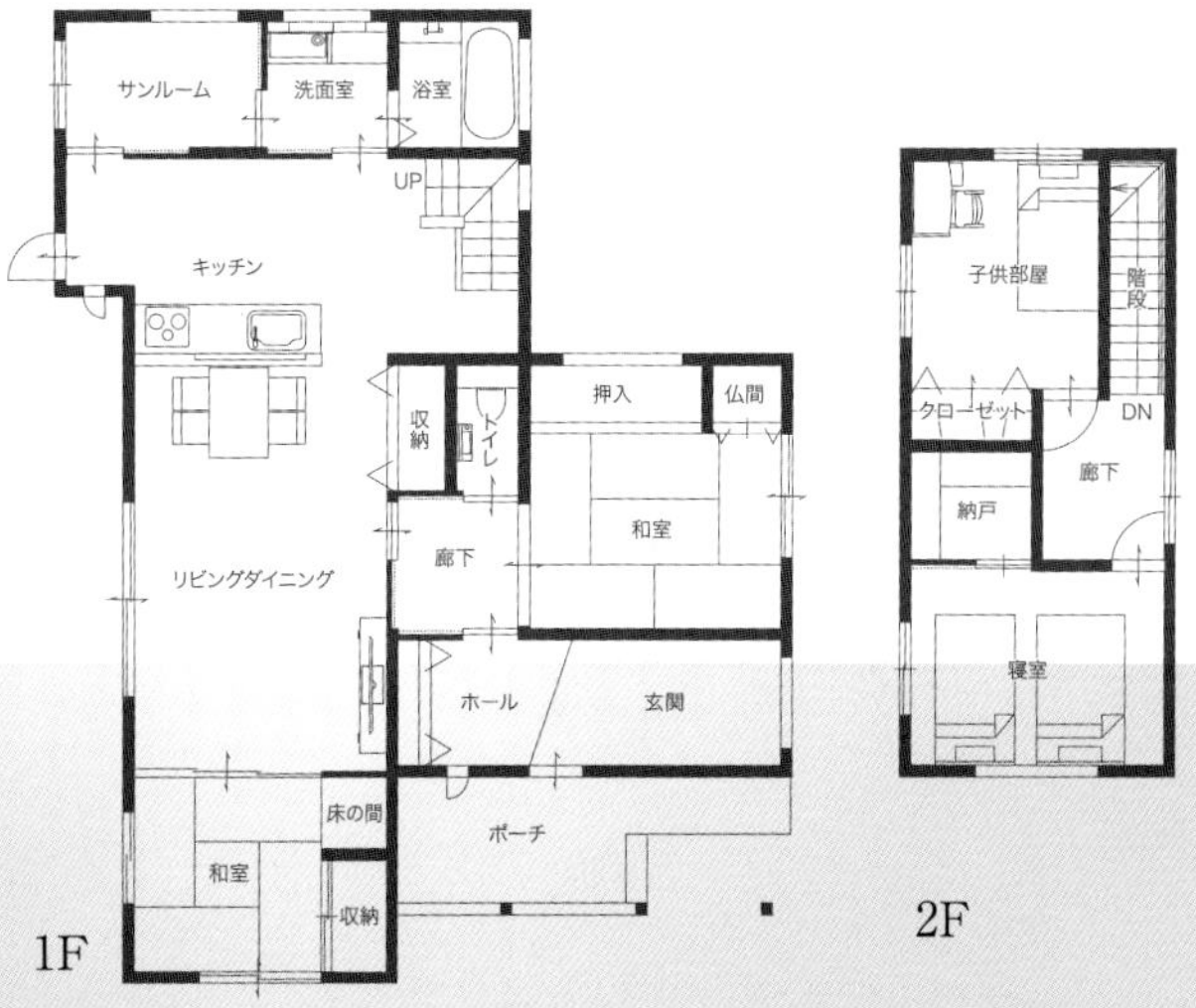

飾り格子が印象的な町家風の外観

町家をイメージした飾り格子は、デザイン性だけでなく外部からの視線を緩やかに遮断する効果もある

DATA

[構造]木造在来軸組パネル工法
[断熱]クアトロ断熱（内断熱〈充填〉：セルローズファイバー/外断熱：ネオポール/遮熱塗り壁材：セレクト・リフレックス/調湿効果内壁：スペイン漆喰）
[屋根材]ガルバリウム鋼板　[外装材]遮熱塗り壁材（セレクト・リフレックス）
[床材]ヒノキ　[内装材]スペイン漆喰

[施工]
小田原ハウジング

07

佐賀県鳥栖市
M様邸

敷地面積：371.57㎡（112.39坪）

延床面積：92.04㎡（27.84坪）

工期：5カ月

家族構成：ご夫妻

施工
株式会社津留建設

CORPORATE GUIDE P172

何気ない毎日を豊かにする
心と体を整える癒やしの住まい

吹き抜けの高さを生かしたロフト付きの平屋建て。壁と天井を白で統一したことで、面積以上の広さを感じられる開放感のある空間を実現

夫妻の暮らしを
天然木の温もりが

「家のどこにいても景色を楽しみたい」という要望に応え、窓の位置を工夫。ロフトからは南向きの高窓を通して山の緑を眺めることができる。また、南向きに窓があることで、冬でも家全体に明るい光を届けることができる

空間をより有効的に使うため、ダイニングテーブルのかわりにカウンターテーブルを設置。キッチンから移動することなく配膳や片付けができ、家事の負担を軽減。また、カウンターに脚を付けないことで、スッキリとした空間を演出した

M様ご夫妻が「0宣言の家」を建てることを決めたのは、約4年前。心理カウンセラーをしている奥様が米・セドナでヒーリング体験をした際、空間がもたらす癒やしの効果に感銘を受けたことがきっかけだった。「こんな癒やしの空間で暮らしたい、カウンセリングをしたいと思いました」と奥様。ちょうどご夫妻が暮らす奥様のご実家の敷地が空いていたことから、帰国後間もなく、マイホーム兼カウンセリングルーム計画をスタート。そこで、ご夫妻が家づくりのパートナーとして選んだのが、「0宣言の家」を手掛ける津留建設だった。

「元々、住医学研究会の矢山利彦先生のクリニックに仕事で通っていたので『0宣言の家』の良さは十分知っていました。だから、癒やしの空間を再現できるのは『0宣言の家』しかないと、迷うことなく決めました」と奥様。体感覚が繊細なお客様もカウンセリングに訪れることから、化学物質や電磁波など人間の心身に不必要なものを使わない家づくりはマストであり、最大の魅力だった。

また、実際の家づくりにおいても、津留建設の提案力の高さや相談に寄り添う親身な姿勢、職人の腕の良さに触れ、「この決断は間違ってなかった」と振り返る。

木の温もりと暮らしやすさが住まいの随所に

木の温もりいっぱいのロフトは、読書や事務仕事をするスペース。窓から光が差し込み、明るく開放的。奥の納戸は収納たっぷり。普段使わない物などを収納している

来客動線と生活動線を分けるため、玄関ホールにカウンセリングのお客様用ドアと家族用ドアを設置

南プロバンス風をイメージした外観は瀟洒な佇まい。ポーチにテーブルセットを置いて、読書やカフェタイムを楽しむテラスとして活用

M様邸の特徴は、住居となる平屋に併設した六角形のカウンセリングルーム。入った瞬間から清々しい空気に包まれ、「スーッとした空気に体も心もほぐれ、私もお客様もリラックスした状態でカウンセリングに向き合えます」と奥様。福岡や長崎など遠方から通う方もいるという。もちろん、その心地良さは住まいにも息づいている。「旅行に行くと、すぐに家に帰りたくなります」とご主人。奥様も「外で疲れた時も家に帰れば復活します。心も体も整う『酸素カプセルの家』です」とにっこり。「0宣言の家」の魅力をご夫妻そろって体感している。

また、職住一体のM様邸では、プライベート空間とカウンセリングルームを切り分けつつ、来客動線と生活動線を両立させた間取りを実現。「キッチンでお茶を用意して、ドア1枚開ければカウンセリングルームに運べます。回遊性のある動線なのでお掃除もラク。プライベート空間も保てるので、私が仕事中の時でも、主人はリビングでくつろいでいます」と、うれしそうに話す奥様の笑顔から満足度の高さが伝わる。入居して約2年。「この家で過ごす毎日が楽しい」と語るご夫妻。快適な職住一体の住まいで、お二人の和やかな日々が積み重ねられていく。

洗面室にも無垢材を使用し、明るく清潔感あふれる空間に。鏡の裏室の造作棚には歯ブラシなどの小物を収納

トイレの中もナチュラルで開放的な雰囲気。トイレ側と手洗い側のそれぞれから出入りできる

洗面ボウルと白タイル、壁のモザイクタイルがシンプルな雰囲気の中、さりげなくセンスを主張

トイレに設置した手洗いボウルは、奥様こだわりの陶器を使用。淡い青がさりげないアクセントに

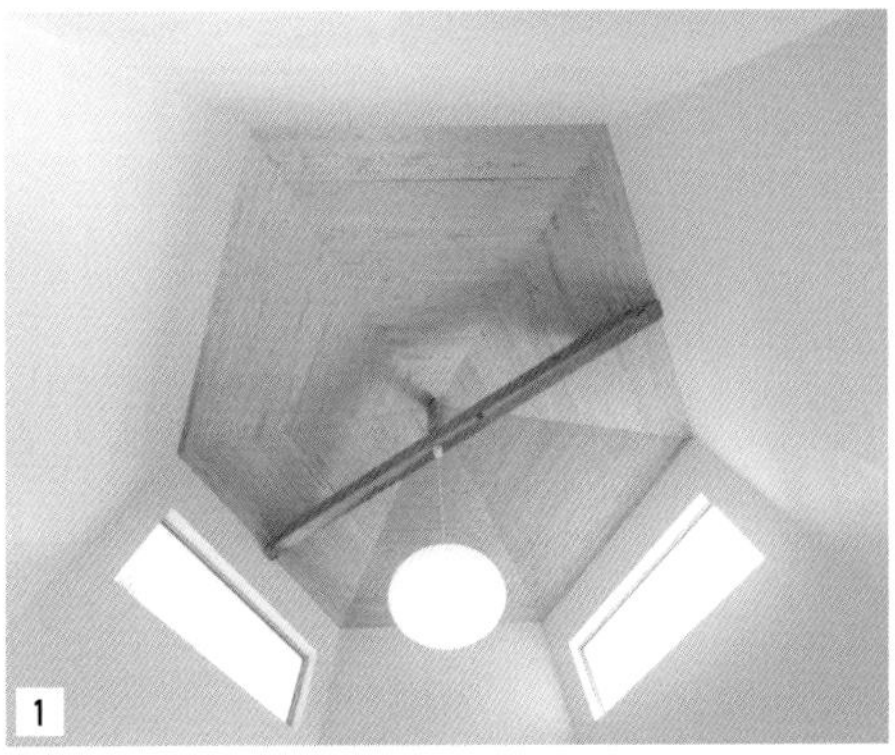

清らかな空気が 生み出す安らぎと 優しさに包まれる

[1]奥様の仕事場となるカウンセリングルーム。六角形は設計士のアイデア。コンパクトな空間ながら開放感があり、そこに居るだけで自然と心が落ち着く
[2]高さ約3mの天井にも天然の無垢材を使用。高窓から降り注ぐ自然光も相まって、ルーム全体に開放感と温もりが広がる。窓の外からは鳥の鳴き声も聞こえる
[3]玄関とカウンセリングルームの間には、五角形の前室を設置。「順番を待つ時はもちろん、ワークショップや一人になりたい時などにご利用いただく方が多いです」

「『日が差してきましたね』、『小鳥の声が聞こえますね』など、自然を感じながらカウンセリングができるのが、このルームの魅力です」と奥様。壁には津留建設のアイデアで大きなホワイトボードを設置

1F

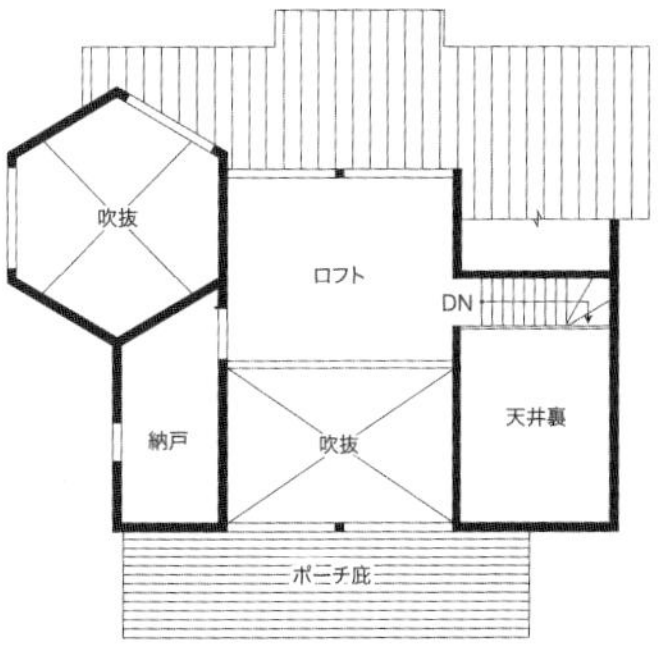

2F

DATA

[構造]木造在来軸組パネル工法
[断熱]クアトロ断熱(内断熱〈充填〉:セルローズファイバー/外断熱:ネオポール/遮熱塗り壁材:セレクト・リフレックス/調湿効果内壁:スペイン漆喰)
[屋根材]ガルバリウム鋼板　[外装材]遮熱塗り壁材(セレクト・リフレックス)　[床材]パイン材(オイル塗装)　[内装材]スペイン漆喰

[施工]津留建設

08

宮城県仙台市
S様邸

敷地面積：173.55㎡（52.49坪）

延床面積：133.10㎡（40.26坪）

工期：5.5カ月

家族構成：ご夫妻＋子ども2人

施工
株式会社無添加計画

CORPORATE GUIDE P167

2階の天井まで空間がつながり、開放的な雰囲気のリビング。「吹き抜けの大きな窓に空が映り、雲が流れていく様子を眺めるのは、たとえ1分でもとてもリラックスできるぜいたくな時間です」と、奥様

家族みんなが健やかに、幸せに。楽しさ溢れる遊び心満載の家

インターネットで、澤田升男氏の著書を知り、「0宣言の家」に興味を抱くようになったというS様ご夫妻。マイホームの検討を始めた当初は大手ハウスメーカーを選択肢としていたそうだが、実際に「0宣言の家」のモデルハウスを体験し、それが一変した。「夫婦そろってスギ花粉症とハウスダストアレルギーがあり、特に私はハウスダストの症状が重く、一年を通して就寝中のマスクが欠かせませんでした。『0宣言の家』のモデルハウスを見学したのは3月の花粉症が辛い時期でした。それなのに、玄関を開けた瞬間、木の香りが広がって、とてもリラックスできました。そして、建物の中では不思議と目の痒みや喉の辛さを感じることがほとんどなくて、呼吸がしやすいことに二人とも驚いたんです」と、ご主人。この実感から、その後は「0宣言の家」一択になったそうだ。

マイホームのプランニングでご夫妻が目指したのは、「家族全員が楽しく幸せに暮らせる家」にすること。そのために間取りの回遊性、家事効率、収納力などたくさんの要望を出されたという。ボルダリングウォールや雲梯、吊り輪など、家の中にお子さんたちが体を動かせる遊びスペースを設けているのも、ご夫妻の考えた楽しいアイデアの一つだ。

自然素材に包まれた心地よいリビング。「この家は、生活臭をほぼ感じることがありません。料理の臭いが充満しても、いつの間にか消えています。ホコリが溜まりやすいところでも、塊のホコリはできないです」と、ご主人が日々の実感を話してくれた

お子さんたちが走り回れる回遊性を意識して1階フロアすべてをつなげた設計に。収納はほぼ造り付けとし、本棚を設えて本が手に取りやすい環境を目指した

暮らしやすさのアイデアを生かした快適な住空間

[1]キッチン背面には、食器等をたっぷり収納できる造り付けの棚を設置。ナチュラルな色味のタイルと無垢材の組み合わせが美しい
[2]キッチンからパントリー、さらに洗面室、脱衣室、浴室までが一直線に移動できる間取り。家事を効率的に進めることができて便利

自然素材が生み出す快適な住環境

ロフトは現在、息子さんの基地になっているとか。壁の格子柱は、下の子ども部屋とつながっているため、明るく、開放感がある

2階ホールは息子さんたちの絵や工作をディスプレイして楽しげな雰囲気。吹き抜けに面したオープンな空間はとても居心地がいい

主寝室の収納も、地震対策、収納力、統一感などを考慮して造り付けに。寝室につながる書斎は、ご主人お気に入りの場所。「期せずして、コロナ禍でのリモートワークにも大変役立っています」

新しい住まいに暮らし始めて1年半ほどが経つ。現在のご感想を伺ってみると、「無垢の床がとにかく気持ちがいいです。素足で立っても寝転んでも、サラサラとして快適です」とご主人。奥様も「床を水拭きすると、木の香りがぐっと強く感じられます」と言葉をつないだ。また、冬の暖かさは特に強く実感されているそうで、「お客様にも『なぜ、こんなに暖かいの⁉』と、驚かれます。温水ルームヒーター1台で玄関まで暖かくなるのは、この家の断熱性能と空気の流れを考慮した設計の賜物だと思います」とご主人は言う。そして、お二人の花粉症やアレルギー症状についてもお聞きすると、ご主人は就寝時のマスクが不要になり、快適に眠れているとのこと。奥様も花粉症の喉の痒みがほぼなくなり、呼吸も楽になったと喜んでおられた。しかも、7歳になる息子さんの喘息症状も快方に向かっており、最近のアレルギー検査では喘息ではないと診断されたという。「健康に配慮された環境に住めることに、安心感や多幸感を持っています」と、ご主人がうれしそうに語った。「この家に住んでからガーデニングに興味が湧き、お花を飾る楽しみが増えました」というご夫妻。穏やかな空気に満ちたマイホームで、新たな楽しみも見つけられたようだ。

訪問客も使う洗面台は、モザイクタイルをあしらうなど、機能とデザインの両方にこだわった

清潔感のあるトイレにもこだわりが。おしゃれな照明やタイルなどは奥様自らが選ばれた

ボルダリングの壁、雲梯、吊り輪を取り付けた「遊びスペース」。「わんぱく盛りの息子たちが友だちと一緒に遊んでいます。親御さんにも絶賛されるわが家の人気スポットです」とご主人

横に並んだ窓と広い庇が印象的な温もりある外観

傾斜のある三角屋根は奥様のご要望を採用。四角い窓の配置と、広い庇に葺かれた瓦の豊かな表情が、S様ご夫妻の遊び心を感じさせる

やわらかなアーチデザインを取り入れたエントランス。温もりのある色調でまとめられ、穏やかな印象。玄関ドアと窓枠の色を合わせて統一感のある外観に

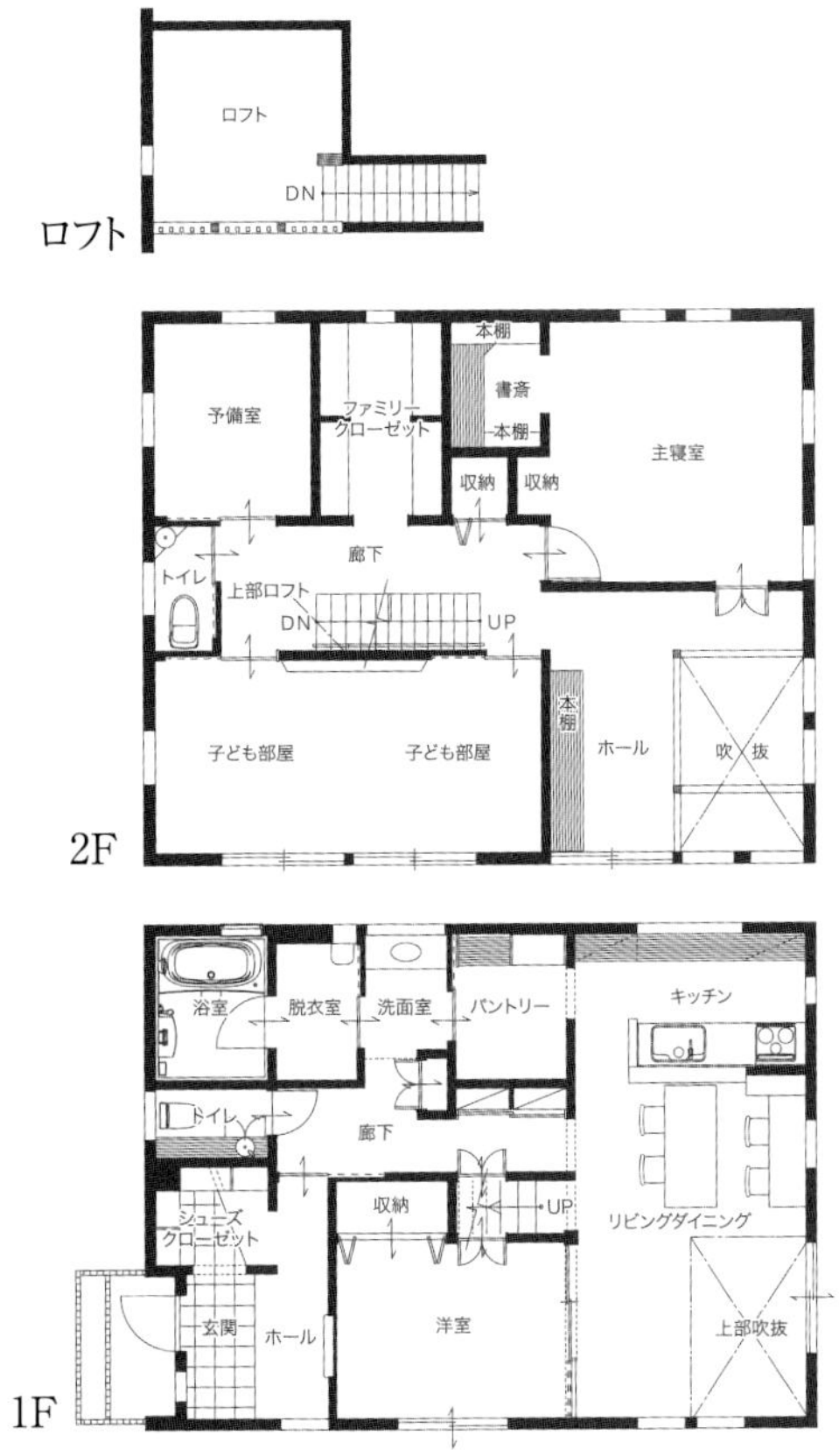

玄関ホールは広さにゆとりを持たせてシューズクローゼットを設置。家族の靴や傘などの収納場所を別に確保することで、いつでもすっきりした玄関でお客様をお迎えできる

漆喰壁に手形を押して思い出づくり。「手形を見るとその時の光景が目に浮かびます。子どもたちにも大きくなった時に思い出してほしい」と、奥様

DATA

[構造]木造在来軸組パネル工法
[断熱]クアトロ断熱〈内断熱〈充填〉:セルローズファイバー/外断熱:ネオポール/遮熱塗り壁材:セレクト・リフレックス/調湿効果内壁:スペイン漆喰〉
[屋根材]陶器瓦　[外装材]遮熱塗り壁材(セレクト・リフレックス)　[床材]パイン材　[内装材]スペイン漆喰

[施工]無添加計画

09

栃木県栃木市
O様邸

敷地面積：295.49㎡(89.39坪)

延床面積：110.96㎡(33.55坪)

工期：5カ月

家族構成：ご夫妻+子ども2人

施工
株式会社無添加計画

CORPORATE GUIDE P167

吹き抜けのあるリビングはご主人の要望でもあった。上部のシーリングファンで空気循環を促すことで、家全体の温度を快適に維持している

健やかな空気に包まれながら
家族が快適に暮らす自然素材の家

開放感あふれる
心地よさを生む
吹き抜け空間

[1]玄関からそのまま洗面室、浴室へ。また、LDKから和室を通って玄関へ。家の中をぐるりと回遊できるように動線を意識した
[2]ご主人が「この家で一番のお気に入り」と話すリビング。吹き抜けに縦方向に張られたレッドシダーが美しい表情を見せる

O様ご夫妻は、マイホームを計画された当初から健康住宅に興味を持っておられたという。10年ほど前に奥様が大きな病気を経験され、ご家族の健康をより気遣うようになったという。「食事や生活習慣を見直し、他に何ができるかと考えた時に、住環境だろうと思いました」と、ご主人は話す。

その後、複数の工務店やハウスメーカーを吟味し、展示場や見学会にも参加されたそうだが、納得のいく出合いには至らなかった。「高断熱をアピールしているハウスメーカーの見学会にも参加しました。でも、収納を開けたら化学物質のツンとくる匂いがして、それ以上室内にいられませんでした。そのこともあって、自然素材を使う健康住宅が良いという想いが強くなりました」と奥様。そして、そんなご夫妻が行き着いたのが、「0宣言の家」だった。ご主人は、「無添加計画さんの話を聞き、住空間の大切さを改めて知りました」と、その時を振り返る。

また、同社のモデルハウスでの宿泊体験について、奥様は「『愛工房の杉』をふんだんに利用した室内は、森の中にいるような感じがしました。朝の目覚めもとてもスッキリしていました」と、感想を話してくれた。こうした体験に納得され、ご夫妻は「0宣言の家」で暮らすことを選択された。

家の間取りや動線は、「朝起きたら、食事が終わったらなど、家族がその時にどう動くのかをシミュレーションして決めていくと良いと思います」と奥様

リビングに続く落ち着いた雰囲気の和室。漆喰の壁は櫛引仕上げにして表情を持たせた。今は、お子さんのお世話やご主人の筋トレなど、多目的に活用されている

キッチン横のデスクコーナーは、お子さんの勉強机としても利用。「ステンドグラスなどを取り付け、好きなものに囲まれた空間にしました」と奥様

O様邸が完成して、今年で5年になる。「0宣言の家」の住み心地についてご感想を伺うと、「冬はエアコン1台で家全体が暖かくなり、足元も暖かいですね。夏は外出から戻って玄関を開けるとヒンヤリするくらい涼しく感じられます。2階も1階と同じくらいの体感温度になっていて、モアっとする暑さは感じません。とても快適に過ごしています」とご主人。室内の湿度についても、乾燥はあまり感じないそうだ。また、この家で暮らし始めてから、ご家族の体調に良い変化が感じられると奥様は話す。「夫はアレルギー体質で、花粉症だけでなく、季節の変わり目になると耳の皮膚がただれたりしていました。花粉症の変化はあまり見られませんが、入居して2年経過した頃から耳のただれはなくなりました。また、子どもは、保育園でみんなが風邪などで休むような時（コロナ禍の前の話）でも、1人だけ鼻水も出さず、元気いっぱいでした。私自身は以前の病気の治療を終え、今は経過観察のみになりました」。

無垢材、漆喰などの自然素材を使い、遮熱・断熱・調湿・透湿という4つの性能を備えた「0宣言の家」。これからも住まいのつくり出す快適な住環境のもと、O様ご家族の健やかな毎日は続いていく。

住環境の大切さを実感する暮らし

2階のトイレは、床と壁に無垢材、天井に漆喰を使用。落ち着いた雰囲気に仕上げた

「この家は、トイレの匂いやカビの匂いが全くありません」と奥様。写真は1階のトイレ

洗面室と脱衣室の分離は奥様のアイデア。脱衣室で、洗濯・乾燥・たたむという作業が完結する

キッチンの背面は、カウンター越しにリビングからよく見える場所。収納部分の質感にも統一感を持たせるため、無垢材で造作の食器棚をあつらえた

和洋のテイストが
程よく融合した
温もりのある外観

フェンスを設けない開放的なアプローチが、訪れる人を歓迎する。縦のラインを意識したシンプルな外観。広々としたウッドデッキが遊び心を感じさせるアクセントに

玄関にシューズクロークを設置。来客時は扉で仕切ることができるので、常にすっきりした状態でお迎えできる

2

1

[1]広々とした空間に並ぶ梁が特徴的。将来的には真ん中に間仕切りを設けて2人のお子さんの部屋として使う予定だ
[2]無垢材と漆喰に包まれた心地よい空間が安眠へと誘う。枕元の壁面は「奇跡の杉」と呼ばれる「愛工房の杉」を使用している

DATA

[構造]木造在来軸組パネル工法 [断熱]クアトロ断熱(内断熱〈充填〉：セルローズファイバー/外断熱：ネオポール/遮熱塗り壁材：セレクト・リフレックス/調湿効果内壁：スペイン漆喰) [屋根材]陶器瓦　[外装材]遮熱塗り壁材(セレクト・リフレックス)　[床材]パイン　[内装材]スペイン漆喰	[施工]無添加計画

上下のフロアが大きな吹き抜けでつながる。開放的な生活空間をつくり出すだけでなく、上下階に空気を循環させる役割も果たす

10

千葉県柏市

O様邸

敷地面積：186.66㎡（56.46坪）

延床面積：126.19㎡（38.17坪）

工期：7カ月

家族構成：ご夫妻

施工
株式会社無添加計画

CORPORATE GUIDE P167

自然の移ろいを肌に感じながら心地良く暮らすパッシブ設計の家

30歳になることをきっかけにマイホームの検討を始めたO様ご夫妻。ハウスメーカーを何社か検討していく中で、最終的に選んだのは「0宣言の家」だった。「出合いは澤田升男先生のセミナーに参加したことでした。その後、他のお施主さんが建てた家の見学やモデルハウスの宿泊を体験し、実際に心地良さを体感したことが決め手になりました」と、ご主人は振り返る。また、奥様は初めて「0宣言の家」に足を踏み入れた時の感想を、「建ててから何年か経っているのにすごく木の香りがして、無垢材を使うとこんなに違うのだと思いました。この家なら自分たちが住んでも気持ちよさそうだと感じました」と、話してくれた。

マイホームのプランニングにあたり、ご夫妻はさまざまな要望を出されたそうだが、共通して描いていたのは広々としたリビングのイメージ。「家づくりの雑誌やインターネットで大きな吹き抜けのある家を見て、上を見渡せる、見上げられるような大空間がいいという希望は最初からありました」とご主人。奥様も、日当たりのよいリビングが欲しいと思っていたそうだ。そして、「0宣言の家」を施工する無添加計画と、設計を担当する一級建築士事務所TAKiBIによる提案で実現したのが、大きな吹き抜けのあるパッシブ設計の家だった。

光と風に満ちた人に優しい空間

リビングから見上げると、目の前に大空間が広がる。「見上げた時の天井の眺めが好き」と奥様。ご主人も「差し込む光を浴びながらまどろむのが心地いい」と話す。お二人のお気に入りの場所だ

自然素材と環境が生み出す健やかな住まい

「わが家では、洗濯革命が起きたと思っています」と奥様。「漆喰壁の吸湿効果で室内に洗濯物を干しても乾きが早く、生乾き臭もありません。天気を全く気にせず洗濯できるので、働く奥さんにはとてもいいですね。ここは私が一番推したいところです」

2

1

2階フロアは壁を設けず、将来子ども部屋が必要になった時に簡単に変更できる間取りに。それぞれの部屋がゆるやかにつながっているため、吹き抜けの光が各所に行き渡って明るい

3

[1]一般的に洗面台は脱衣室の中に置かれることが多いが、それぞれを独立させることで、「入浴中に洗面台が使えない」という不便さを解消
[2]天然木がやさしく香り、落ち着いた雰囲気のトイレ空間。木材の色味の違いをうまく活用し、壁面のモダンなアクセントとした
[3]玄関ホールのシューズクローク。表側はディスプレイなどが楽しめるカウンター、裏側は靴や普段使いのものを片付けられる大容量の収納に

縦方向に延びる
ラインが際立つ
美しい外観

すっきりとスタイリッシュな外観。玄関前の広いデッキ部分は、吹き抜けのあるリビングからサッシ越しのアウトドアリビングとしても活用できる

敷地の環境条件を分析し、太陽光と風の流れを最大限に取り込めるように計算された建物デザイン。外壁の一部に防火性能のある木製サイディングを採用し、温かみと味のある雰囲気を演出している

パッシブ設計とは、太陽光や風などの自然エネルギーを上手に活用するよう考慮された設計のこと。自然素材にこだわり、クアトロ断熱などの特徴を持つ「0宣言の家」だからこそ、この設計方法も活きてくる。

マイホームで暮らし始めて間もなく2年が経つ。ご夫妻は、その住み心地の良さを肌で感じておられるという。「外がジメジメと暑い時期も、家ではひんやりとした空気の中で過ごしていました。それに冬は全く結露しなかったです。建てる前から結露はしないと聞いていましたが、暮らしてみて『本当にないんだ』と、驚きました」と、奥様。ご主人も「夏は暑く、冬は寒いなど家に不満を感じるのは、そういう家を建てているからだとわかりました。少なくとも『0宣言の家』であれば、そういう問題も解決すると思います」と、話してくれた。また、この家で暮らしてから、奥様の体調面に変化が見られたという。小児喘息だった奥様は、以前の家では時折その症状が再発していたそうだが、現在はなくなったとのこと。また、花粉症も軽くなったと感じておられるようだ。

光と風、そして自然の素材がつくり出す優しい空気に包まれながら、ご夫妻は健やかな日々を重ねている。

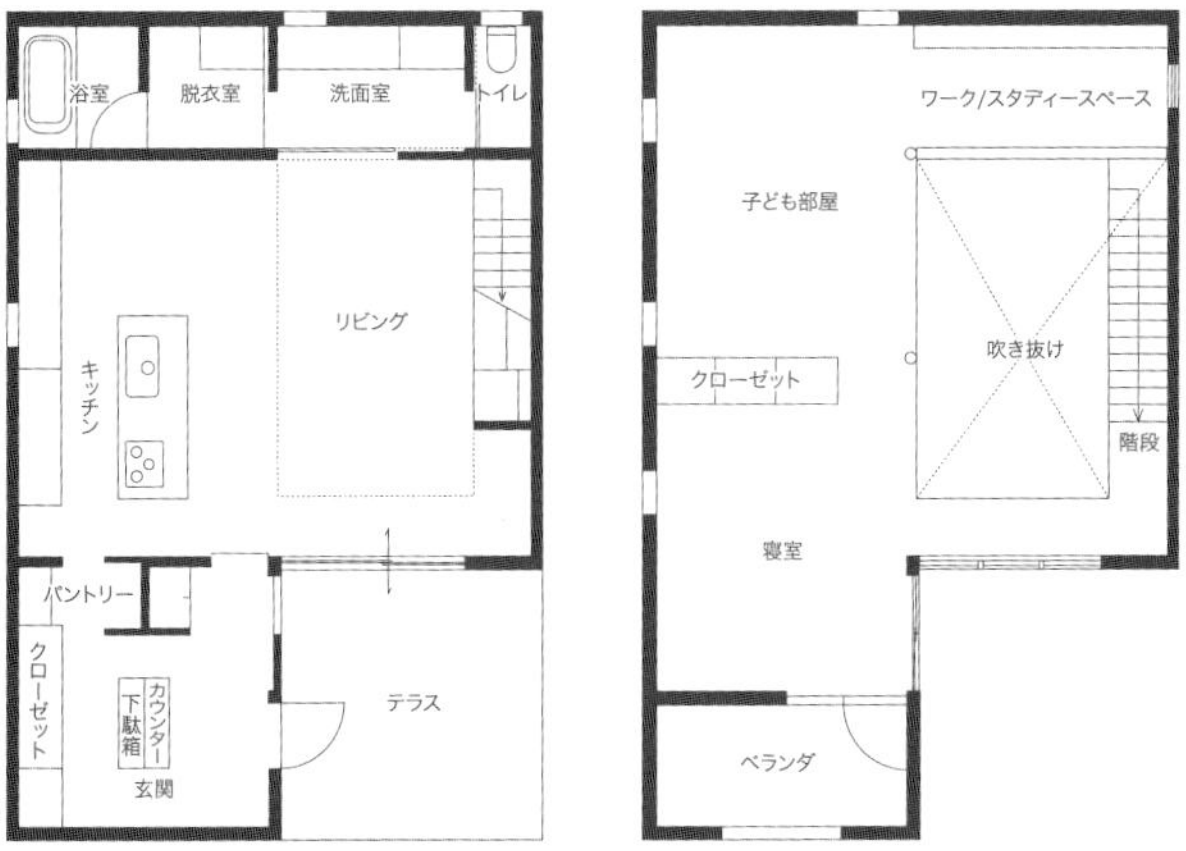

1F　2F

DATA

[構造]木造在来軸組パネル工法
[断熱]クアトロ断熱(内断熱〈充填〉:セルローズファイバー/外断熱:ネオポール/遮熱塗り壁材:セレクト・リフレックス/調湿効果内壁:スペイン漆喰)
[屋根材]ガルバリウム鋼板　[外装材]遮熱塗り壁材(セレクト・リフレックス)
[床材]パイン　[内装材]スペイン漆喰

[施工]無添加計画　[設計]TAKiBI

11

神奈川県横浜市

I様邸

敷地面積：459.65㎡（139.04坪）

延床面積：120.38㎡（36.41坪）

工期：5カ月

家族構成：ご夫妻＋子ども2人

施工
相陽建設株式会社

CORPORATE GUIDE P169

[1]リビング、キッチン、奥の和室まで間仕切りがない大空間が広がる。勾配天井で縦への空間の広がりもあり、より開放的な雰囲気に
[2]広いキッチンの隣にはお子さまたちの勉強机が並ぶ。料理をしながら子どもを見守り、サッと移動できる便利さがあるという

角度のある勾配天井で頭上にゆったりとした空間が生まれ、ご夫妻ともに背の高いＩ様にぴったり。テレビの後ろの壁は天然石を組み合わせた“石張り”を採用。大きな梁がパンチの効いたアクセントに

デザイン性も機能も兼ね備えた
ダイナミックなワンフロア住宅

Ｉ様ご夫妻はご主人の親から土地を受け継いだことをきっかけに、家づくりを計画。当初から「カッコよさと性能のよさ、どちらも叶えたい」という希望があったそう。「もともと実家が平屋だったので、今回も平屋にしようと考えていました。ただ、普通の平屋では面白みがないので、天井を高くして開放的に、デザイン性の高い家にしたいと思いました。なおかつ健康に特化して、自然素材で断熱性能に優れた家にしたかった」とご主人。

施工会社がこれまで建てたおしゃれな平屋住宅を何軒か見学した結果、シャープな勾配屋根を使ってリビング&ダイニングの天井を高くし、上部に明り取りの窓がある個性的なデザインを選択。一方で平屋は階段がない分、間取りの選択肢が多く悩むところだが、奥様のこだわりで「キッチンを中心に、さまざまな家事動線をコンパクトに」という明確な要望があったことで、ストレスのないレイアウトが出来上がったという。

また、「以前の実家は冬が寒かったので、断熱・気密についてとことん調べた」と語るご主人。この家で1年を過ごしてみて、外から帰った時の室内の暖かさに驚いたとか。「エアコンはリビングと子ども部屋の2台だけ。それだけで十分快適です」と笑う。

ワンフロアだから いつも家族の 気配が感じられる

[1]子ども部屋は寝室&遊び場として使用。最近は仲良くピアノを弾いているそう。小さいうちは二人一緒に、将来的には仕切りを設け2部屋にする計画だという
[2]心地よい眠りを誘うご夫妻のベッドルーム。奥には書斎があり、ご主人が趣味に集中したい時、一人でリラックスしたい時のスペースになっている

レイアウトのもう一つのこだわりは、「子どもがまだ小さいうちは、親の目が届きやすく」というもの。そのため、玄関から必ずキッチン、リビングを通って子ども部屋へ行く動線をつくった。さらに勉強机をキッチンの横に置き、リビング学習スタイルに。つねに親子が触れ合える距離にいて、子どもたちの表情をつぶさに見ることで、小さな変化に気付ける環境をつくりたいというI様の願いが込められている。

そんなご夫妻は、ともにおいしいものを食べることが好き。「この家に住んでから楽しいのは、休みの日に広いリビングで早い時間からゆっくりご飯を食べて、お酒を飲んで、子どもたちも一緒にみんなで話をすること」と、心も体も満たされる幸せな時間について教えてくれた。今はコロナ禍で実現できていないが、友人たちと集う時間も大切にしたいと、広い庭の一角にはバーベキュー用の焼き場も用意してあるという。

新居でこの先楽しみにしているのは〝庭づくり〟。「これから木を植えたり、花を植えたり、いろんなことをやってこの家を本当の意味で完成させたいですね」とにこやかに語るご主人。豊かな時間を共有するご家族の姿が目に浮かぶようだ。

生活まわりもおしゃれ&機能的に

家の顔である玄関にこそこだわりたかったとI様。来客を迎える空間は広く、石張りのデザインが印象的。実家の柱がベンチに生まれ変わった

シューズインクローゼットの奥にはファミリークローゼットが。収納を固めることで部屋が散らからず、掃除も楽だという

朝の身支度は心地よくスムーズに。背の高いご夫妻に合わせて洗面台は高く、姉妹が並んで使えるよう横幅を大きく取った

トイレはスペースより造作を重視。奥の壁は石張り、横の壁は漆喰、床は汚れ防止のためタイル張りに。見た目もおしゃれ!

広々とした敷地に
勾配屋根の個性的な
フォルムが映える

約140坪という広い敷地に、横にどっしり構える平屋建てが目を引くI様邸。単純になりがちな建物にさまざまなアイデアを取り入れ、印象的な外観が完成した。芝生に張り出した大きなウッドデッキは、内と外をつなぐアウトドアリビングとして大活躍しそう

玄関まわりは軒を大きく張り出すことで、雨に濡れない自転車置き場としても活躍。さらに軒の裏をレッドシダーの板張りにし、デザイン性も追求した

DATA

[構造]木造在来軸組パネル工法
[断熱]クアトロ断熱(内断熱〈充填〉:セルローズファイバー/外断熱:ネオポール/遮熱塗り壁材:セレクト・リフレックス/調湿効果内壁:スペイン漆喰)
[屋根材]瓦　[外装材]遮熱塗り壁材(セレクト・リフレックス)　[床材]ブラックウォルナット　[内装材]スペイン漆喰

[施工]相陽建設

12

東京都八王子市
H様邸

敷地面積:214.77㎡(64.96坪)

延床面積:154.75㎡(46.81坪)

工期:5カ月

家族構成:ご夫妻+子ども3人

施工
相陽建設株式会社

CORPORATE GUIDE P169

広く、心地よく暮らしたい!
自然と家族の会話が増える家

広さにこだわった空間は別荘のよう

普段から家族で一緒にいることが多いH様。奥様が一番こだわったリビング＆ダイニングの広さは20帖以上、ダウンライトで天井をフラットに保つことで空間がさらに広くすっきりした印象に

「いつかは一軒家に住みたいと思っていました」というH様ご夫妻。3人目のお子さんが生まれ、引っ越しを考えたのを機に夢のマイホームづくりが始まった。

大手ハウスメーカーを含め、いくつかの施工会社を検討する中で、相陽建設のモデルハウスに入った瞬間、ほかの会社にはない、ほっとする木の温もりや香りを感じたそう。ご主人は、「子ども2人が喘息を持っていたので、自然素材をふんだんに使ったこの家なら、きっと症状も出にくいだろうと思いました」と語る。

奥様も、「いただいた本に、クアトロ断熱が壁内結露の発生を抑え、喘息の原因になるダニ・カビを減らすとあり、性能面でも納得しました。家が完成して1年半経ちますが、子どもたちの発作は全くなく、季節の変わり目にゼーゼーしていたのがウソのようです」と満足気。

その奥様がもっともこだわったのは、「毎日の暮らしの中で、自然とコミュニケーションが取れるリビング」。そこでキッチンと隣り合うリビングは広く、子どもたちが帰ってきた時は必ず顔を合わせられるようにリビング階段を設けた。「2階の声も聞こえ、子ども部屋の様子がよくわかるところも気に入っています」。

空間を引き立てる
スタイリッシュな
内装デザイン

天然石のアクセントウォールは、間接照明で立体的に照らしてより質感を際立たせた。床と色合いを合わせたテレビ台がおしゃれ！

奥様のセンスが生かされたシックなキッチン。奥は浴室だが、脱衣室と洗面を分けることで使い勝手を良くした

ほかにも家の随所にご夫妻のこだわりが詰まっている。

特にご主人が実現したかったのは〝インナーガレージ〟。「荷物の出し入れが楽になったというだけでなく、サーフボードも車から出してそのまま外で洗える広さがあり、とても便利です。ウエアもガレージ内の物干しに干せますし、雨の日は濡れなくてすむのが本当にいい！」と声を弾ませる。

一方、設備にこだわったのは奥様。各ショールームを巡り、キッチン、トイレ、洗面、浴室、全て異なるメーカーの器具をチョイスしたという。「自由設計といっても、なかなかそこまで好きにできない施工会社が多い中、相陽建設さんは担当のインテリアコーディネーターさんが一緒に回ってくださり、アドバイスをくださったのがありがたかったです。設計の方もそうで、外観が好みに近いお家が近所にあって、それをお伝えしたところ、すぐに現地まで見に行ってくださって、感動しました！」と、打ち合わせ当時の思い出を振り返る。

H様邸を訪れた人たちからは「別荘に来たみたい！」「無垢の木の雰囲気がいい！」と声が上がったとか。「木の床が本当に気持ちよくて、つい寝そべってしまいます（笑）」。ご夫妻のひと際明るい笑顔がはじけた。

無垢の床や漆喰の壁など、自然素材に包まれた子ども部屋。ここに引っ越してからは喘息の発作もなくなったという。将来は2部屋に分割できるよう設計されている

手持ちの靴やこれから増える荷物の量を計算し、シューズクロークは3帖の広いスペースを確保

夏はサーフィン、冬はスノーボードを息子さんたちと楽しむというご主人。インナーガレージはウエアを干したりボードのお手入れにもってこいの場所

子どもたちの健やかな成長を見守る手形アート

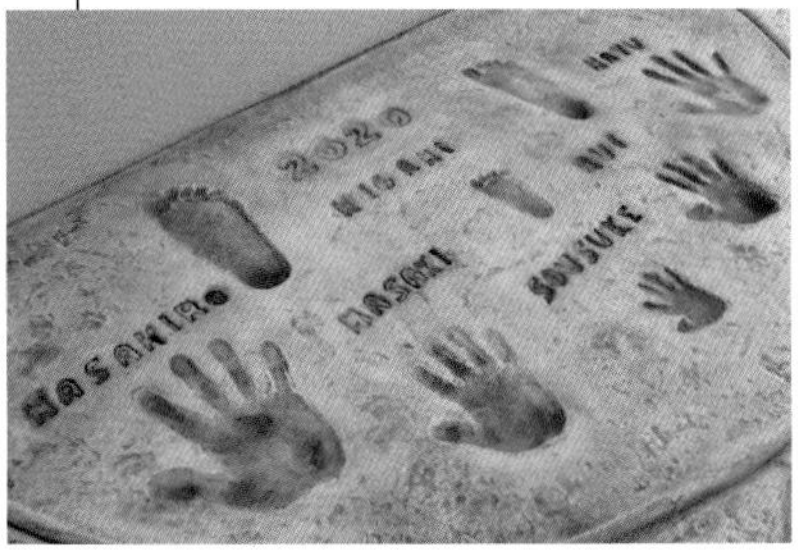

ガレージの一角には、新居完成の記念に家族で残した手形&足形アートが。時折プレートの型に手の平を合わせ、お子さんの成長を喜んでいるというH様

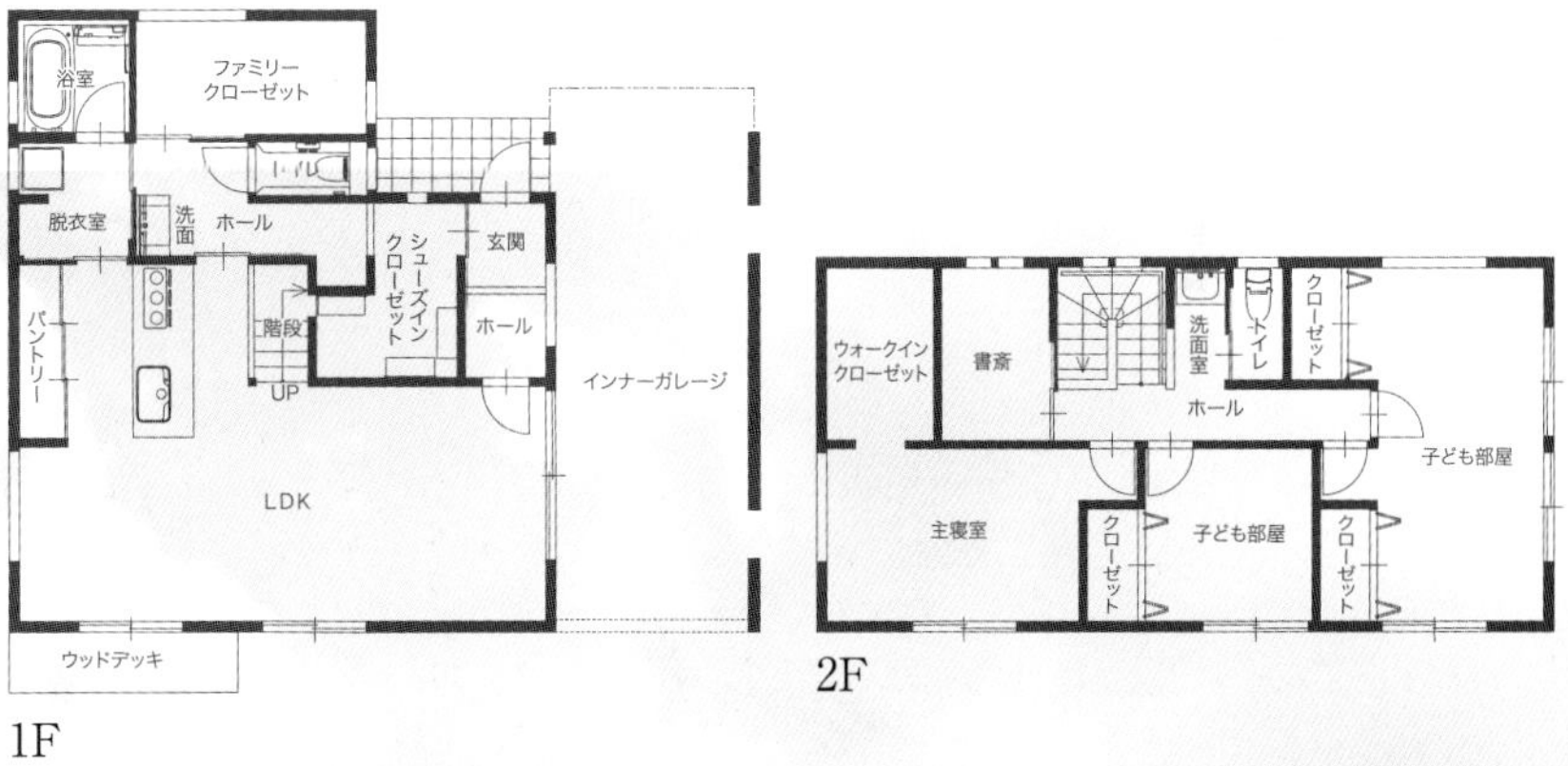

白と濃い茶でメリハリをつけたシックな外観

「外観はモダンにしたい」というご主人の希望で、白×濃い茶のおしゃれなコントラストに加えて、アクセントとして木を組み合わせ、スタイリッシュに

DATA

［構造］木造在来軸組パネル工法
［断熱］クアトロ断熱（内断熱〈充填〉：セルローズファイバー／外断熱：ネオポール／遮熱塗り壁材：セレクト・リフレックス／調湿効果内壁：スペイン漆喰）
［屋根材］ガルバリウム鋼板　［外装材］遮熱塗り壁材（セレクト・リフレックス）　［床材］ブラックウォルナット　［内装材］スペイン漆喰

［施工］相陽建設

13

岐阜県岐阜市
O様邸

敷地面積：268.39㎡（81.18坪）

延床面積：199.89㎡（60.46坪）

工期：6カ月

家族構成：ご夫妻＋子ども2人

施工
株式会社無添加計画

CORPORATE GUIDE P167

窓は広々。おひさまと
上手に付き合うリビング

スッキリ収納で
家族4人が
快適に暮らす家

[1]自慢のキッチン。奥様の希望にそって、木のダイニングテーブルに作業台を組み合わせた使い勝手の良いオリジナル家具を配置
[2]吹き抜けのリビング。リビングに丸太を使い、ウッド感を増した空間は、ご主人のこだわり。訪問先の「0宣言の家」で見てほれ込んだそう

できるだけ隙間には収納を!
効率的で居心地の良い憩いの場

「0宣言の家」との出合いは説明会のチラシから。元々住んでいた自宅を新築するにあたりご夫妻で参加し、実際に住んでいる方の家を訪問した。すると「肌が感じるんでしょうね。空気のきれいさもあってとにかく居心地が良かった」とご主人。奥様は「数年後また同じお宅を訪ねた時、1回目とあまり変わらず汚れがなかったので驚きました」と言う。変わらずに心地良く住める家。それを実感した2人は「0宣言の家」を建てることに決めた。

当初予定した土地は、今の家の並びにあるご主人の実家。しかし、取り壊すコストや防災面で対応が必要になり、実家の畑を宅地として家を建てることにしたのだそう。

「どこからでも日が入るようにしたい」と言う奥様の希望を叶えたのが、リビングの大きな窓と吹き抜けの窓。ここにはくつろげる大きなソファと、琉球畳の和モダンデザインを取り入れた。「畳部分にはスタディーカウンターも設置。子どもたちが本を読んだり、宿題をしたりと自由に使っています」。

奥には奥様こだわりのキッチンが。「とにかく収納にこだわりました。入れるものを決め、隙間があれば収納に。カトラリーや調味料、ドリンクホルダーなどを、ミリ単位で測定して、ぴったりに仕上げてもらいました。もう大満足です」。

漆喰の優しい呼吸に包まれて
家族のリズムと響きあう空間

娘さんの部屋。クローゼットもしっかり確保。趣味のギターも置けるスペース。ロフトは人が入ってくつろげる広さがある

こちらはご主人の部屋。2階の部屋はすべてロフト付きなので、部屋が広く使えて快適。窓を設置し、木の温もりと光を取り入れた空間に

奥様がどうしても置きたかったグランドピアノ。床を補強するため鉄骨の梁を用いた専用ルームをスキップフロアで実現。アップライトピアノとエレクトーンもあり、まさに自宅音楽室

ピアノ室の奥にある和室では、テレビを見たりこたつに入ったり。奥まっているので来客の多いリビングより静かに過ごせる

趣味やこだわりを丹念に実現

洗面台の高さや収納部分の引き出しのサイズにまでこだわった。ドライヤー、タオルなど使うものは決まっているので、それが入る大きさに仕上がるようミリ単位でオーダー

壁収納のアイロン台。壁にぱたんと折りたたんで収納できるので、邪魔にならない

奥様の念願が叶ったランドリールーム＆家事スペース。勝手口の外にある洗濯物を取り入れて家族個別の棚へ収納できる

土地の段差を逆手にとって理想の住まいに

白い壁が映える三角屋根の家。岐阜県には防災面を考慮する「がけ条例」があり、最初に建て替えようとした場所ではコストが予算外になるため、元々あった畑を宅地に変更。愛犬のドッグランも兼ねた庭には、ウッドデッキやブランコもあり、心の豊かさも手に入った

自転車置き場にはガレージへ続く扉が。自転車で帰宅後に、そのままガレージから直接家の中へ入れる

1階にありながらも、リビングから2階へ続く階段の途中、スキップフロアを利用してピアノ専用ルームは造られた。奥様は「私は3歳からピアノを弾いているのでグランドピアノはどうしても置きたかったんです。ほかにアップライトピアノとエレクトーンがあります。子どもたちも小さい頃から習っているので、私が弾いていると子どもが一緒に演奏しにくることもあるんですよ」と幸せそう。気になる音は「漆喰の効果か、包み込まれるような響きですね。壁材がセルロース断熱材で、もともとは防音材としても使われているそうなので、外に音が漏れにくいような気がします」。

ご主人が叶えたかったものを伺うと、「1階のインナーガレージです。実はこの土地には段差があって、それを利用して、部屋ではなくスキップフロアとガレージで調整してはどうでしょうと提案をいただいたのです。リビングに直結しているので雨に濡れずに家に入れるし、妻も買い物が楽だと言って喜んでいます」。まさに土地の形状を逆手にとって願いを叶えた家。リビングからは庭にいる愛犬のくうちゃんも見えて、子どもたちも笑顔に。

「主人は花粉症に悩まされていたのですが、この家に住んで症状が軽くなりました」と奥様。心身共に快適な家だと実感している。

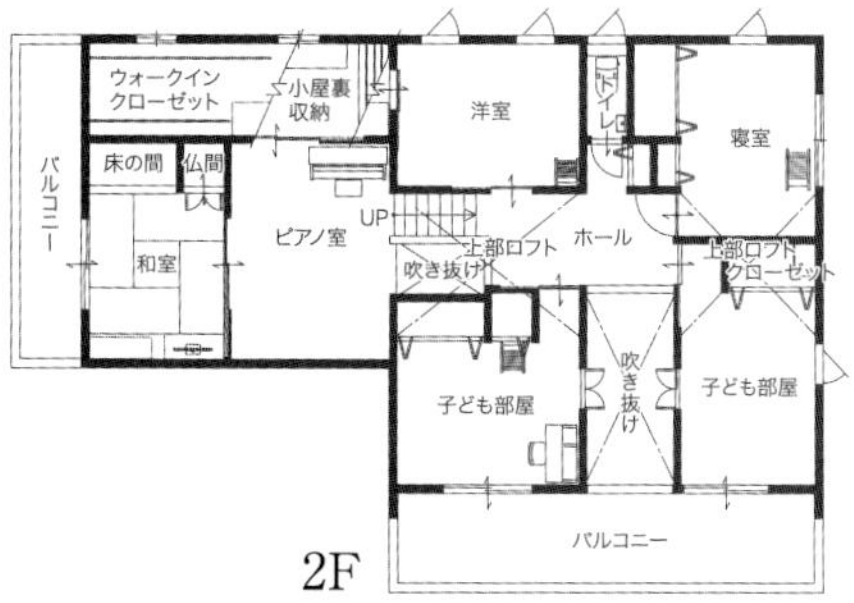

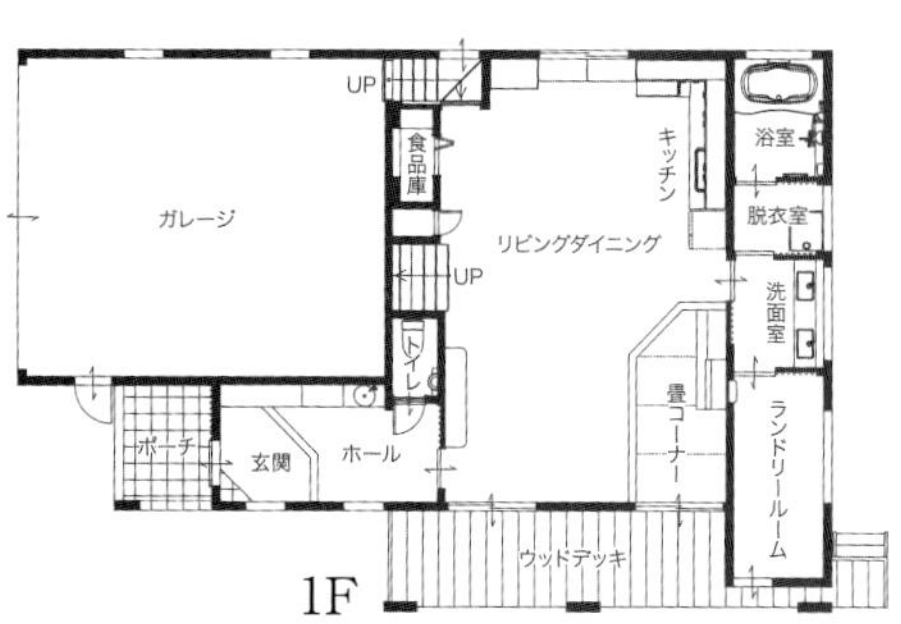

1階玄関前。階段を造ることで段差を解消。程よい高さの壁を造り、庭や部屋の中が見えないように工夫

玄関ホールにトイレを設置。無機質になりやすい手洗い場も季節の花で彩られる

玄関は広々とした設計。ここの壁にも収納がたっぷり。ナラの無垢材を使用した温かみのある空間

DATA

[構造]木造在来軸組パネル工法
[断熱]クアトロ断熱(内断熱〈充填〉:セルローズファイバー/外断熱:ネオポール/遮熱塗り壁材:セレクト・リフレックス/調湿効果内壁:スペイン漆喰)
[屋根材]陶器瓦　[外装材]遮熱塗り壁材(セレクト・リフレックス)　[床材]ナラ無垢材　[内装材]西洋漆喰、2階天井パイン羽目板材

[施工]無添加計画

1階リビングは奥様の夢を叶えたカントリー調。まるでカフェのようなかわいらしさで、テーブルや椅子は世界に一つしかないオリジナル

14

大阪府枚方市

O様邸

敷地面積：115.74㎡(35.01坪)

延床面積：82.46㎡(24.94坪)

工期：6カ月

家族構成：ご夫妻+子ども1人

施工

株式会社イズモ工務店

CORPORATE GUIDE P173

カントリーとログハウス 二つの夢を合わせた宝物の家

カントリーに畳やこたつの和モダンも

リビングの一角には、3帖の畳コーナーを設置した。昼寝の場所になったり、来客時は寝室になったりと大活躍。また、ご主人の「ログハウス」への想いは丸太の大黒柱に形を変えた。「誰もが思わず抱き付いてしまう」とご主人は笑う。窓辺には奥様が木工職人へ特注したオリジナルのこたつも。木の接着はすべてニカワを使用

O様ご夫妻が「0宣言の家」に出合ったのは、家を建てるためにハウスメーカーや工務店を巡っていた時、「僕はログハウス、家内は大好きなカントリー調の家に住みたかったんです。この2つを叶えてくれるところを探していたところ、『0宣言の家』を造るイズモ工務店さんに出合いました。話を聞くと、使っている素材は薬剤を使っておらず、愛工房の杉など木の良さを大切にしている。しかも、この素材でこの値段はとてもリーズナブル。これなら絶対に良いものができると確信しました」とご主人。奥様も「以前、主人の仕事でアメリカに住んでいたことがあり、カントリーの本場でたくさん良い家や家具を見てきたので、家を建てるならカントリーにこだわりたかったんです。今では家が宝物です」と喜びいっぱいだ。

一番のこだわりはリビング。パイン材を使って床や天井などを仕上げたウッドな空間だ。カウンターの奥にはキッチンがつながり、まるでカフェのよう。「テーブルや椅子も接着剤などを使わずに家具を造る木工職人さんを探してオーダーしました。椅子にはハート型をあしらってもらい、カントリーらしく仕上がって大満足です」。奥様はアメリカで資格を取ったシャドーボックスの講師。作品もギャラリー風に展示してある。

「タイルは色や質感まで実物を見て選び抜きました」と奥様。ランプも関西全域を探し歩いたそう

キッチンの棚もパイン材で仕上げた。ガラスは花模様が入ったレトロな和ガラスをチョイス

2階に上ると目に飛び込んでくるのが仕切りの壁。ガラスをはめ込み圧迫感を抑えた

グランドピアノがある3.9帖のピアノルーム。アメリカ在住時に造ってもらったカントリー家具は大事に持ち帰った

[1]2階の洋室は息子さんの寝室兼ご主人の書斎。床と壁、天井にすべて「愛工房の杉」を使った　[2]洋室の階段梯子を上がるとご主人の書斎。杉の香りに包まれながらのリモートワークも　[3]主寝室の木の窓を開けると、明り取りの窓が。ここから階段の吹き抜けが見える

2階にある主寝室はご主人が熱望した木の空間。「壁も床も天井もすべて愛工房の杉にしました。木のやわらかな空気に包まれながら眠りにつく時、『ああ、幸せやなぁ』と毎日思っています」とご主人は言う。

また、3.9帖のピアノルームにはグランドピアノがぴたっと収まっている。「私も弾きますが、息子たちも自由に弾いてますよ」と奥様はうれしそう。見ると、ピアノルームの側にあるおしゃれな家具は「アメリカ時代に造ってもらったカントリー家具です。ここにもハートが入っているでしょ?」と奥様のこだわりがあふれ出す。ほかにもステンドグラスやR型のアーチなどは、奥様が絵を描き、作家さんや職人さんに形にしてもらったそうだ。

ご主人は「2階に広いお風呂をつくりたいなど、細かい希望はすべて工務店さんと相談したので、予算内で無駄のない、私たち夫婦に最適化された家ができました」と話す。「木の温もりだけでなく、漆喰も呼吸しているのを感じますね。キッチンで料理をするとその熱がリビングを暖めてくれるので、ヒーターなどはあまり使いません。この先、息子が一人立ちした後に夫婦で住むには大豪邸。これまでとはクオリティー・オブ・ライフが一変した家なんです」。

ステンドグラスは奥様が自ら絵を描いて作家さんにお願いした特注品。柔らかな木との相性も抜群

2階へと続く広めの階段も特徴。敷地は35.01坪だが、吹き抜けなどを駆使したゆとり空間に

トイレにも洗面と同じタイルを配置。目隠しカーテンは綿か麻素材のみを厳選しナチュラルに

1階の洗面は、水回りをかわいらしいタイルでカバー。色も柔らかで、モザイクアートのよう

吹き抜けの
美しき主役は
ステンドグラス

4.5m以上ある玄関の吹き抜け。ここにも奥様デザインのステンドグラスが。夜は室内の灯りに照らされるので、外から見ても美しい

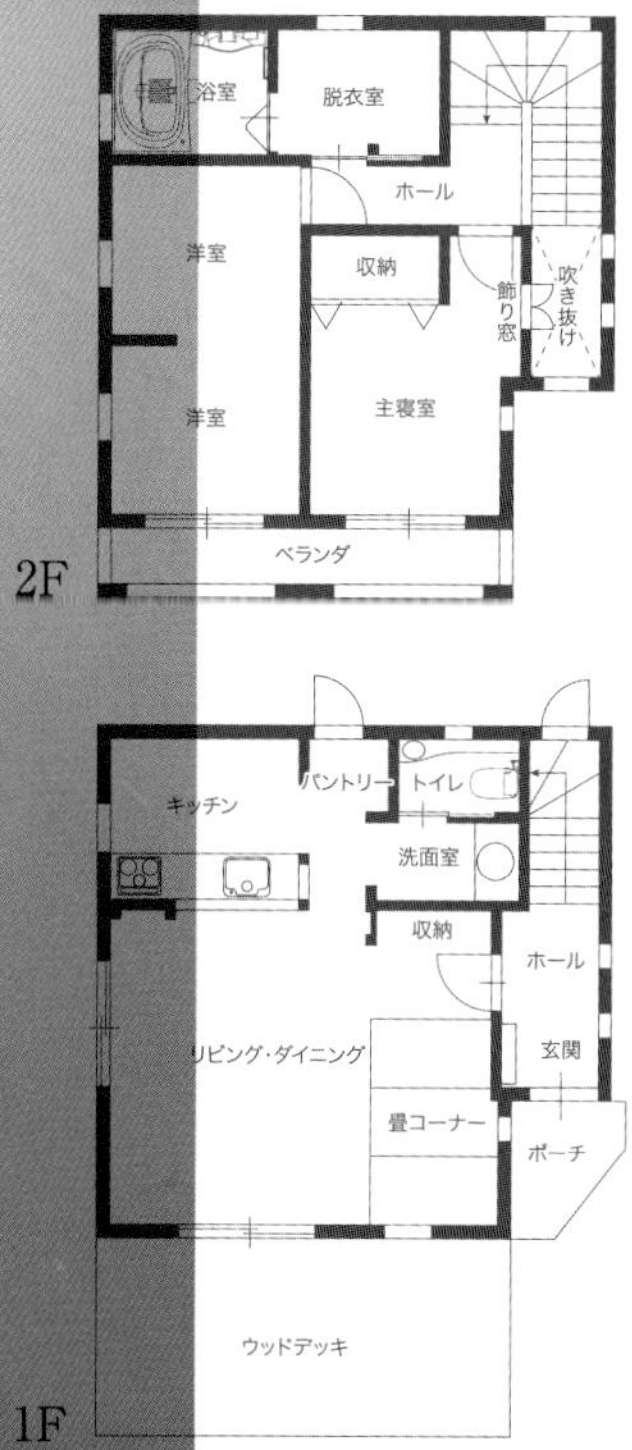

奥様がピアノを教えていたことから、外壁にト音記号を飾ったかわいい外観。R型のアーチも奥様の希望だ。ウッドデッキの下はガレージでスペースをフル活用

パイン材を使ったアンティーク風の扉がお出迎え。タイルにも色がマッチ

リビングから続くウッドデッキではバーベキューなどを満喫。「ウリン」という硬い木を使って頑丈に

DATA

[構造]木造在来軸組パネル工法
[断熱]クアトロ断熱(内断熱〈充填〉:セルローズファイバー/外断熱:ネオポール/遮熱塗り壁材:セレクト・リフレックス/調湿効果内壁:スペイン漆喰)
[屋根材]陶器瓦　[外装材]遮熱塗り壁材(セレクト・リフレックス)　[床材]1階:パイン材、2階:愛工房の杉　[内装材]スペイン漆喰

[施工]イズモ工務店

15

兵庫県揖保郡

N様邸

敷地面積：363.42㎡（109.96坪）

延床面積：117.87㎡（35.66坪）

工期：6カ月

家族構成：ご夫妻＋子ども2人

施工

株式会社上内設計工務

CORPORATE GUIDE P175

ソファや畳まで考え抜いて厳選 家族のQOLを高める健やかな家

開放感を生む勾配天井には柾目のスギ材をあしらい、上質感が漂うLDK。引き出し収納と間接照明を備えた小上がりの和室には座り心地の良いソファを据え、畳の縁まで同系色でコーディネート

戸建て住宅に住んでいたN様だったが、冬は室温が2℃になる日もあるほど寒く、光熱費が3万円にも達し、助産師である奥様は生活の質（ＱＯＬ）の低下を懸念。家族が健やかに暮らせる家を求めていた中で出合ったのが「0宣言の家」だった。約2年間建築会社の勉強会に参加し、奥様の実家で所有していた土地に「0宣言の家」を建てるべく、当時住んでいた家を売却しようとするも思うようにいかない中、建築会社が取り扱いを停止。それでも「0宣言の家」を建てたいと強く願ったN様は、当時はこのエリアで建てられる建築会社がなかったため、住医学研究会に連絡を取って直談判。「施工してくれる工務店を自分たちで探すので、建築に必要な資材を卸してほしいとお願いしました」とN様。そこで相談を持ちかけたのが、奥様のお父様が自宅の建築を任せた上内設計工務だった。長年、無垢材を使った質の高い家づくりを続け、良い家を建てたいという思いを共有できる工務店で、晴れて念願の「0宣言の家」を建てることに。自然の明るさがしっかり取り込める平屋造りで、冷暖房なしでも暑さ寒さをしのげる広い空間を確保したのは、災害時に地域の人たちが一時的に避難できる場として使えるようにという思いがあるからだ。

帰宅後すぐ手洗いできるよう廊下の横に洗面台を設置。将来ここで助産院を開いた場合に沐浴ができるよう、深めのシンクを選んだ

木の温もりが感じられるウッドワン製のシステムキッチンにはラジエントヒーターを組み込んだ。背後の壁の向こう側は玄関で、壁の上部を開口することで風通しを良くし、屋内の空気循環を促進

勾配天井で開放感あふれるLDKを中心にした間取りのN様邸は、「0宣言の家」の高いスペックを備えつつ、断熱対策はもちろん防音・防犯面も考慮して、窓には北海道の厳しい寒さにも対処できるトリプルガラスを採用した。「夜勤があるので、日中に熟睡するために高い防音性は必須。以前と違って、今は本当によく眠れます」と奥様。和室の畳は無農薬栽培のイグサで作られたものを広島県福山市から取り寄せ、腰に優しいソファも大阪のショップに依頼してオーダーメードするなど、家族の健康への気遣いは細部にまで行き渡っている。

健やかに暮らせる家に変わり、食事も玄米菜食に変えるなどしたせいか、かつて低かった奥様の基礎体温は上がり、生後半年の娘さんが抱えていた目やにの症状も大きく改善。「0宣言の家」に対する信頼はますます高まり、奥様は助産師の傍ら「0宣言の家」の代理店「ch·i·ch·i·ka」としてその魅力をSNSなどで積極的に発信している。「皆さんに失敗のない家づくりをしてほしいし、食事や家の中の空気の質など健康を左右するものに対してもっと興味を持ってもらいたい。将来はクラウドファンディングで『0宣言の家』仕様の助産院を建てたいですね」と、奥様の夢はますます広がりそうだ。

災害時にも備えて
玄関まわりに確保した
便利な収納スペース

玄関横に設けた土間収納。奥のシューズクロークは可動棚とし、右側は固定棚に

框の下に間接照明を付けた玄関。ここに確保した収納の中には、災害時にすぐ持って出られるよう災害用リュックなども入っている

DATA

[構造]木造在来軸組パネル工法
[断熱]クアトロ断熱(内断熱〈充填〉:セルローズファイバー/外断熱:ネオポール/遮熱塗り壁材:セレクト・リフレックス/調湿効果内壁:スペイン漆喰) [屋根材]平板瓦 [外装材]遮熱塗り壁材(セレクト・リフレックス)
[床材]ヒノキ、オーク [内装材]スペイン漆喰

[施工]上内設計工務

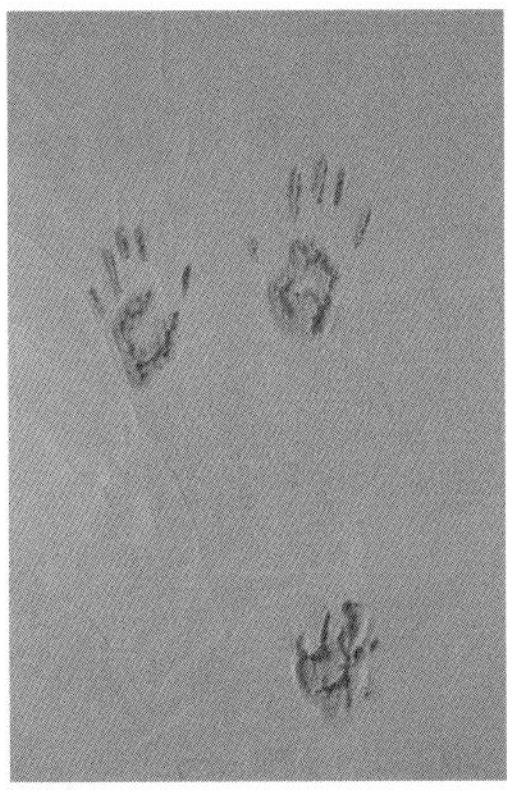

主寝室横のリビングの壁には家族の手形が。家への愛着が増し、家族の良い思い出にもなる

スタディーコーナー横の4.5帖の洋室は将来子ども部屋として使う予定。床にはヒノキの無垢フローリングを採用

玄関近くに配置した息子さんの部屋。すだれを思わせるような天井と窓の障子が、和モダンな雰囲気を生み出している

リビングの隅にカウンターを造作した子ども用のスタディーコーナー。学ぶ子どもたちをキッチンから見守ることができる

室内干しができ、汚れ物の手洗いに便利な深いシンクを備えるなど家事のしやすさも考えた脱衣室。棚はスギの一枚板で造作

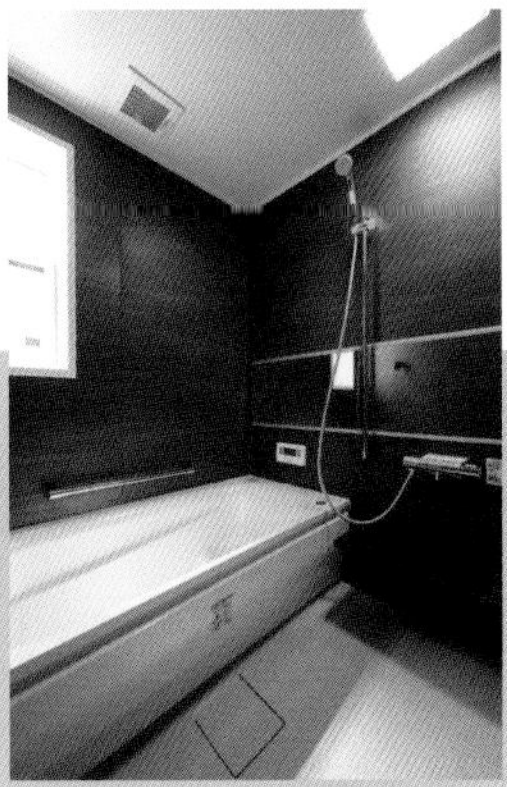

ダークブラウンのパネルが高級感を感じさせるシステムバス。エコキュートも備えている

トイレットペーパーなどを収められる棚やニッチを設けたトイレにも木の温もりが感じられる

田園風景を眺めつつ
快適で健やかな
暮らしを叶える平屋

地元の人たちも座って休憩できるよう、玄関前には木製ベンチを設置し、アプローチには自然石を敷いた。屋根の瓦は、兵庫県産材ローンが使えるよう兵庫県産を選んだ

16

静岡県島田市
A様邸

敷地面積：331.64㎡（100.32坪）

延床面積：99.37㎡（30.06坪）

工期：5カ月

家族構成：ご夫妻＋子ども2人

施工
大井建設株式会社

CORPORATE GUIDE P171

家族の日常を健やかに包み込む
こだわりの無垢材と住宅性能

見せ梁がナチュラルなLDK。無垢材の良さを最大限生かすため、床は自然素材由来の蜜蝋ワックスで塗装、新月に伐採した杉の腰壁は無塗装に。南に面した吹き抜け上部からも明るい光が降り注ぐ

家族をつなぎ
温もりを届ける
リビングの吹き抜け

もともとの希望は平屋だったが、2階建てにするならと、憧れのシーリングファンのある吹き抜けを設置。断熱性能が高いため家中を快適温度に保ってくれる

奥様は、住環境や食に自然のものを取り入れる暮らしを送る母親の下で育った。子どもが生まれ改めてその大切さを感じ、衣食はできるだけ無添加・無農薬のものを取り入れてきたが、どうにもならなかったのが住まいだった。当時の住居はご主人の祖母が残した築60年ほどの日本家屋。床の沈みなど経年劣化が激しく、真夏や真冬は家の中はかなり過酷な環境に。また、すきま風や結露によるカビは、花粉症やハウスダストアレルギーがある子どもたち、喘息の疾患があるご主人の健康を脅かしていた。そこで、次男の誕生を機に、より快適で子育てがしやすい家を建てることにした。

当初、デザイン優先でインターネットで工務店を探していたA様だったが、奥様の実家に入った大井建設の一枚のチラシが「0宣言の家」との縁をつないだ。自然素材、無添加の家に興味を持ち、さっそく問合せ、ＯＢ宅を見学した。そこで気づいたのは、それまで新築特有だと思っていた匂いがなかったこと。それどころか木の香りに癒やされ、寒い時期だったにもかかわらず、室内の暖かさ、無垢床から感じる温もりの心地よさに驚かされた。「0宣言の家」の快適性は何にも代えがたいものだと確信し、土地探しと同時進行でプランニングが始まった。

シンプルな和室。テレビは置かずにプロジェクター内臓の照明器具を設置。漆喰壁に投影し大画面で映像を楽しむ

キッチンや洗面室、トイレなどの水回りの床には撥水効果の高いNDコートを施し、コロナ禍でも安心な清潔で掃除しやすい床に

システム収納などは設けず、シンプルでゆったりとした広さのキッチンに。リビングから和室までを見渡せ、子育て中の奥様も安心の配置に

専門業者にオーダーした木風呂。浴槽は青森ヒバ、洗い場には御影石と十和田石を。ヒノキの内壁と天井には、質感を変えず撥水、防かび効果を高めるNDコートを塗布

毎日が温泉気分
一日の疲れを
木の香りで癒やす

家事動線を考慮してキッチンから最短で洗面室へ。自慢の浴室への入口も素材の調湿機能で清潔を保つ空気に満ちる

A様邸の自慢は温泉旅館を思わす木風呂だ。「家中無垢材を使っているのに、お風呂が普通のユニットバスって変だなと思ったんです」と奥様。そうして、湯船はもちろん、壁と天井にも無垢材を用いた浴室が誕生した。さらに、家族で過ごす時間が最も長いLDKの腰壁や主寝室の床には、地元で育った天竜杉を月齢伐採・葉枯し・天然乾燥で仕上げた「天香の杉」を無塗装で使用している。まるで森林浴をしているようなリラックス感が家中どこにいても感じられるのだ。室内干しでもカラリと乾く洗濯物で実感している無垢床や漆喰の調湿機能と高い断熱性のおかげで、以前の家で悩まされていた結露やカビとも無縁に。また、入居後1年目はエアコンなしで夏を越し、冬の暖房はリビングの電気ヒーター1台で充分だったそうだ。健康効果も家族それぞれに目に見える形で表れた。花粉の時期になると顔がむくんでしまうほどだった長男のアレルギーや、夜中に眠れなくなる時があったご主人の鼻炎、喘息の症状は大幅に改善。さらに、薬でもなかなか直らず奥様を悩ませ続けた湿疹もすっかりきれいになった。「0宣言の家」で実現した健やかな住まいは、これからもA様ご家族を優しく守り続けてくれる。

健康のためにも大切にしたい睡眠時間。寝室の床は森林浴効果をもたらす効果が高い「天香の杉」のなかでも芯の部分の赤身を使い、無塗装で香りと艶にこだわった

杉の赤身は耐久性があり、リラックス効果のあるフィトンチッドが豊富に含まれている。香りの持続性も長く続く

木の香りに満ちる日常を

コロナ禍で子どもに手洗いの習慣を付けるため玄関ホールにかわいい陶器の手洗いを設けた

居室同様、壁には漆喰を用いたトイレ。床材にはNDコートを塗布し、掃除も楽

玄関は可動式の棚で使いやすい収納をたっぷり用意。ホールと居室を仕切る無垢のオリジナル建具がプライバシーを守ってくれる

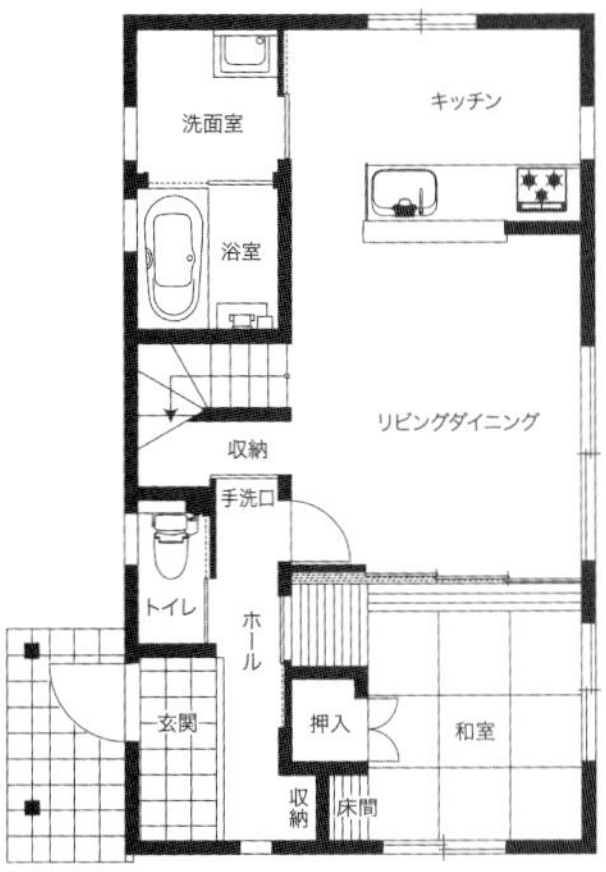

1F

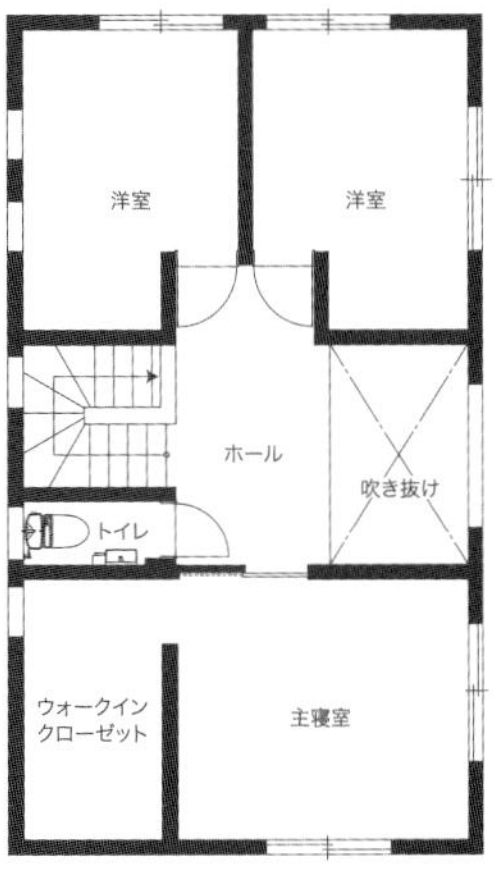

2F

造成地の地盤改良にはSG工法を採用。地震対策と軟弱地盤対策のため、免震、液状化にも対応する。耐震性を重視していたご主人の要望にも応えた

DATA

[構造]木造在来軸組パネル工法
[断熱]クアトロ断熱(内断熱〈充填〉:セルローズファイバー/外断熱:ネオポール/遮熱塗り壁材:セレクト・リフレックス/調湿効果内壁:スペイン漆喰)
[屋根材]S瓦　[外装材]遮熱塗り壁材(セレクト・リフレックス)　[床材]天竜新月伐採杉板（一部パイン材）　[内装材]スペイン漆喰

[施工]大井建設

REFORM 17

岡山県倉敷市
Y様邸

敷地面積：283.50㎡(85.7坪)

延床面積：138.31㎡(41.83坪)

工期：3カ月

家族構成：ご夫妻

施工
住まいる工房株式会社

CORPORATE GUIDE P170

Before

1

2

[1]アイランドキッチンは対面がカウンターになっているため、会話をしながら料理ができ、食事もここで済ませることができて便利。窓の外には庭の眺めが広がる
[2]明るいリビング側の窓はもともと弧を描いた形に開口され、内窓にすることが難しかったため、ここだけペアガラスを採用。カーテンは埃が溜まりにくい上下式に変更

Before

暮らしやすさと快適性を求めて「0宣言の家」仕様にリフォーム

１９９３年に2×4工法の家を建てて26年が経っていたＹ様邸。「年齢的にも今が良いタイミング。思い切って決断しました」というＹ様は屋根と外壁を含めたリフォームを２０１９年に行うことにした。無垢材や漆喰など、住む人の体に優しい建材に魅力を感じつつ、工事はハウスメーカーに依頼。しかし着工の前日、「このまま工事を始めていいのだろうか」と、奥様は寝られないほど悩み、担当者からの助言もあって着工を中止した。

そんな時に広告を見て興味を持ち、「0宣言の家」のセミナーに参加したＹ様は、「こんな家があるんだ！」と衝撃を受けたという。新建材をはじめ、日本の住宅において数多くの問題点があることを知り、「うわべだけ健康的に見える家でなく、真の意味での健康住宅にリフォームしたい」との思いを強くした。外断熱をはじめクアトロ断熱によって断熱性能を大きく高め、ＬＤＫや和室に内窓を設置することで外気に左右されず常に屋内空間を適温に維持。当初、窓はペアガラスにしたかったが、内窓の方が暖房効率は高いという施工会社のアドバイスを受けて内窓を採用したという。壁はスペイン漆喰塗り、床には無垢のパイン材を敷き、調湿効果による快適性と心地良さを求めた。

垂れ壁をなくして開放感を増したLDK。内窓は温もりが感じられるよう枠を木製にし、外からの視線を気にしてカーテンを閉めたままだったため内窓はすりガラスを選択

収納力を向上させ応接室扱いできる広い和室に一新

使っていなかった和室は広縁と間仕切り壁をなくして壁一面を大容量の収納スペースにし、広さを増して来客対応ができる部屋に

Before

2×4工法のため、間取りは大きく変えずにY様が暮らしやすいよう設計で工夫。壁付きだったキッチンはアイランドキッチンに変更し、ダイニングテーブルとして使えるため奥様がとても気に入ったというカウンター付きを選択した。庭に出る勝手口はなくし、大きく開口してウッドデッキを新設。和室は収納力を高めつつ明るさと広さを増し、客間として活用できる部屋に。手狭に感じていた洗面室は、和室側に広さを増して収納スペースを確保するなど、随所に工夫を凝らして暮らしやすさを追求したリフォームを実践していった。

生まれ変わった家で暮らし始めたY様は、「冬は本当に暖かくて、床が無垢材なのでスリッパ要らず。震えるほど寒かった2階がリフォームしていないのに暖かいのは、やはり外断熱の効果でしょうか。漆喰壁の効果なのか屋内の空気感も良く、トイレは芳香剤も不要です」と驚きを隠せない様子。キッチンから庭への視界が開けたため、「今後は花を植えたいし、畑作業にも力が入りそうです」とうれしそうだ。思い通りにリフォームができ、その後もセミナーへの参加を続けているというY様。「一度他社を断念してまでも『0宣言の家』でリフォームして良かったです」というY様の言葉が、満足度の高さを表しているようだ。

タカラのシステムバスに入れ替えた明るい浴室。浴室乾燥機も備え、利便性も向上

洗面台を一新し、便利な乾燥機を導入した洗面脱衣室。上部には採光に役立つ横長の窓を開口

キッチンから家事室を通って一直線に洗面脱衣室へ行けるスムーズな家事動線はそのまま維持

奥様が惚れ込んだLIXILのアイランドキッチン。家族と対面しながら料理ができるようになった

フェンスを新設し、カーポートも一新。外壁は遮熱塗料で塗装し、瓦も釉薬瓦で葺き替えた。隣人からは「まるで新築みたい」と驚かれたそう

Before

庭へ出る勝手口をなくし、広く開口してウッドデッキを設置。梅の木を前に、「ここでお茶を飲んだりしたいですね」と奥様

Before

建材を変えて
屋内外ともに
明るさを増幅

Before

玄関へと続くアプローチにはテラコッタタイルを敷き、以前よりも明るい印象に

Before

玄関は土間と廊下の床、ドアを変え、玄関収納を造作して温もりと明るさが増幅

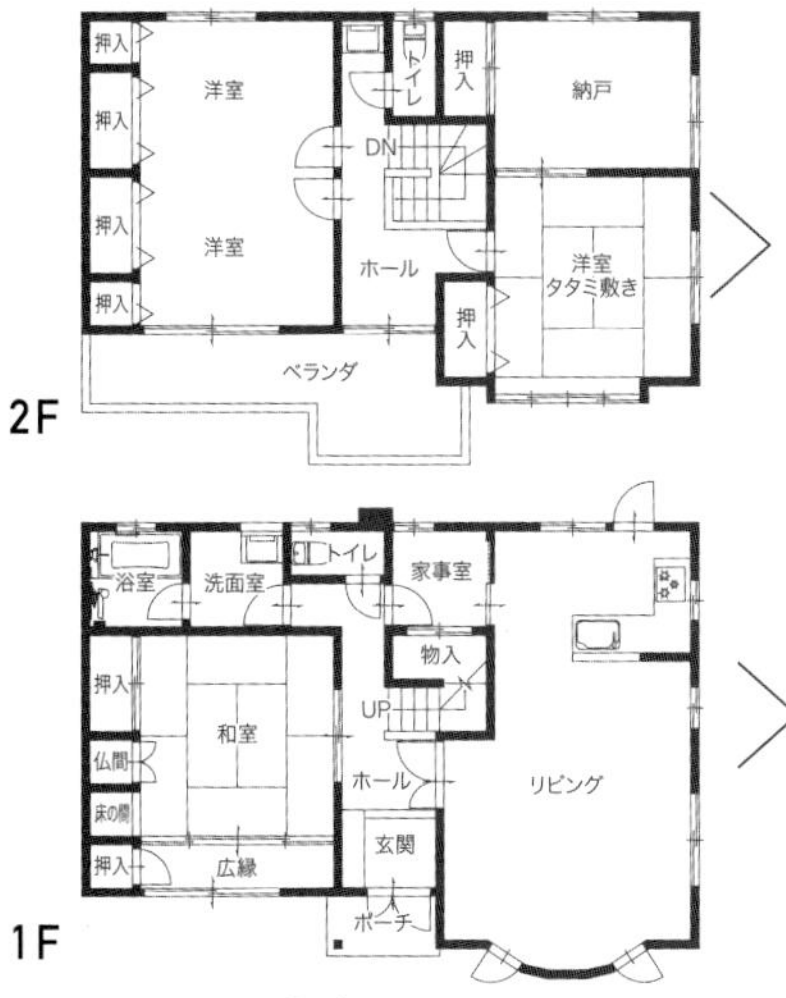

Before

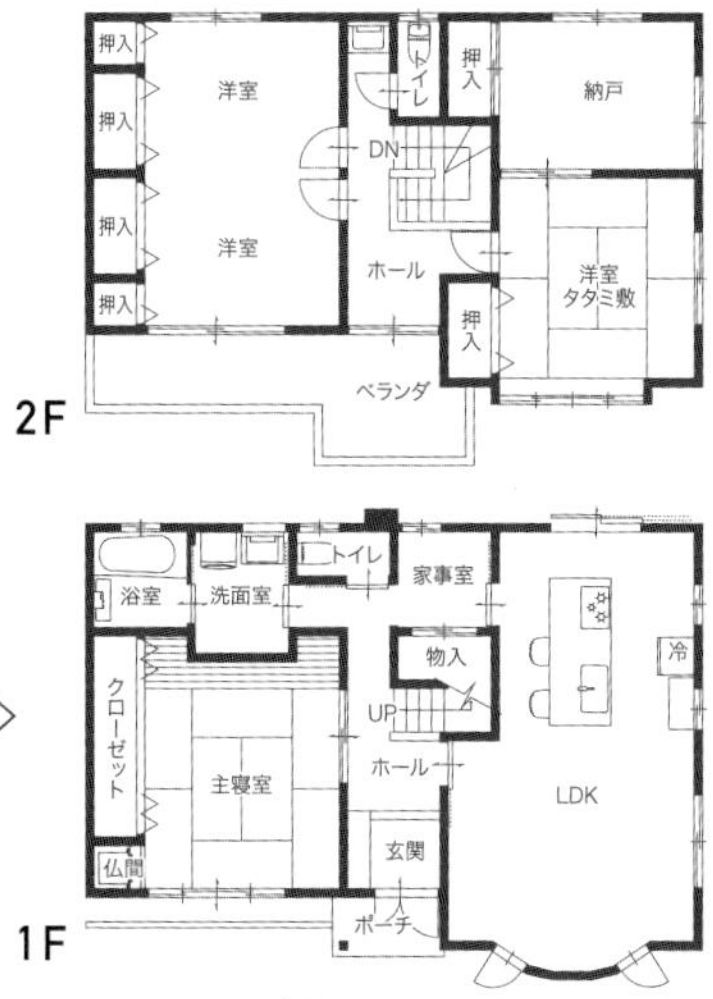

After

2階に上がったところの漆喰壁にはご主人と奥様の手形が。施工会社から提案されたもので、思い出深いリフォームの証が残されている

DATA

[構造]2×4工法
[断熱]クアトロ断熱(内断熱〈充填〉:セルローズファイバー/外断熱:ネオポール/遮熱塗り壁材:セレクト・リフレックス/調湿効果内壁:スペイン漆喰)
[屋根材]釉薬瓦に葺き替え　[外装材]遮熱塗り壁材(セレクト・リフレックス)　[床材]パイン材　[内装材]スペイン漆喰

[施工]住まいる工房

2F A Living

全ての居室の壁にはキズを防ぎ、デザイン的にもプラスになる腰板を貼った。LDKのすぐ横には1.5帖の収納スペース、玄関を挟んで寝室の隣にウォークインクローゼットを確保

2F B Living

1F A Living

REFORM 18

広島県広島市

F様邸

敷地面積：265.05㎡（80.18坪）

延床面積：304.02㎡（91.97坪）

工期：6カ月

施工
株式会社小田原ハウジング

CORPORATE GUIDE P168

アースカラーの外壁や天然石のアプローチが南欧の雰囲気を感じさせるアパートの外観。バルコニーの壁は優しいアール仕上げになっている

繊細な組子で作られた
造作建具が印象的な
ゆとりあるLDK
2F A Living

12帖のLDKを中心とした、アパートの中で最も広い2LDK。木調の面材が使われたシステムキッチンは一軒家サイズが採用されている。和室にはF様が心惹かれた吉原木工所の「組子」による造作建具が使われ、「大柄桝つなぎ」という紋様で構成している

惚れ込んだ「0宣言の家」の魅力を凝縮して伝える極上のアパート

F様のお父様が所有していた土地にはF様の生家があり、隣地にはビルが建っていたが、どちらも老朽化し、傾きがひどくなって危険な状態になっていた。そのため、2軒とも解体することになり、F様はお父様の土地と隣地を買い足してアパートを建てることを決意。それも、「0宣言の家」仕様で建てたいと考えたのは、数年前から何度も参加していた澤田氏のセミナーで「0宣言の家」に魅了されていたからだった。「日本では家の建築に関する知識が周知されていなくて、有害と分かっている建材が当たり前のように使われ、公的機関から認可を受けた建材でも危ういものがあるなど、今まで知らなかったことを教えていただきました」とF様。アパートを建てることで「0宣言の家」の良さを多くの人に知ってもらいたいという思いが強かったという。

アパートは1階と2階合わせて5世帯が住居用で、間取りはワンルームから2LDKまで用意。1階の1区画については「老後に小さな食堂でもできるように」と店舗の設計にした。現在は設計・施工を担った小田原ハウジングがテナントとして入居している。

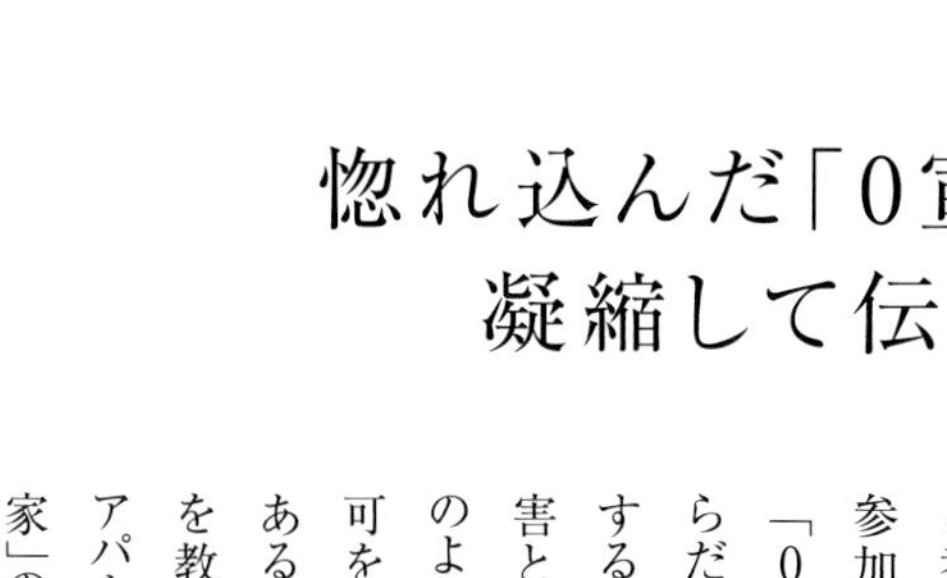

1階3世帯の各アプローチには天然石をあしらい、上質感が漂う。1階右端は現在小田原ハウジングのオフィスになっている

職人の繊細な手仕事が光る「大柄桝つなぎ」の紋様で造作された組子の建具は、大正ロマン風のレトロ感が漂う

国産無農薬栽培のい草を使った琉球畳を敷いた4.5帖の和室はリビングの延長感覚でも使えるくつろぎの空間。壁の漆喰はほんのりグリーンにし、収納スペースの扉は和モダンなデザインの開き戸にしている

収納までも自然素材による清浄な空気で満たされている

6帖の寝室。一面のみ漆喰壁の色を変え、天井は漆喰の塗り方を変えるなど、他の部屋とは異なる雰囲気を演出

上部まで空間を最大限活用したウォークインクローゼット。無垢材や漆喰が調湿効果を持つため、カビの発生とも無縁

F様の憧れを形にしたアパートの名称は「T&S Partage（パルタージュ）」。パルタージュとはフランス語で「分かち合う」の意味で、「この家の良さを共有したい」というF様の思いが込められている。無垢材と漆喰で構成する「0宣言の家」仕様であることに加え、壁の漆喰は部分的に色や塗り方を変えたほか、芸術作品のようなプロダクトに惚れ込んだ職人に建具の造作を依頼。壁にはキズが付きにくいようにとの配慮とデザイン性の追求から、全室に腰板を付けるなど、F様のこだわりが随所にちりばめられたアパートが完成した。一軒家サイズのシステムキッチンやバスなど水回りの設備も、住む人のことを考えて使いやすいものを選んだという。単身者向きの1ルームや1LDKでも広く感じられるため、リタイア後のご夫妻が暮らすのにも適している。「屋内の空気がすがすがしくて、体が喜んでいるような気がします」とF様。収納スペースも、暮らしに必要なものを収めるのにほどよいサイズを用意。本当に必要なものに囲まれ、自炊を心がけていねいに健やかに暮らしたいという人に最適のアパートといえそうだ。

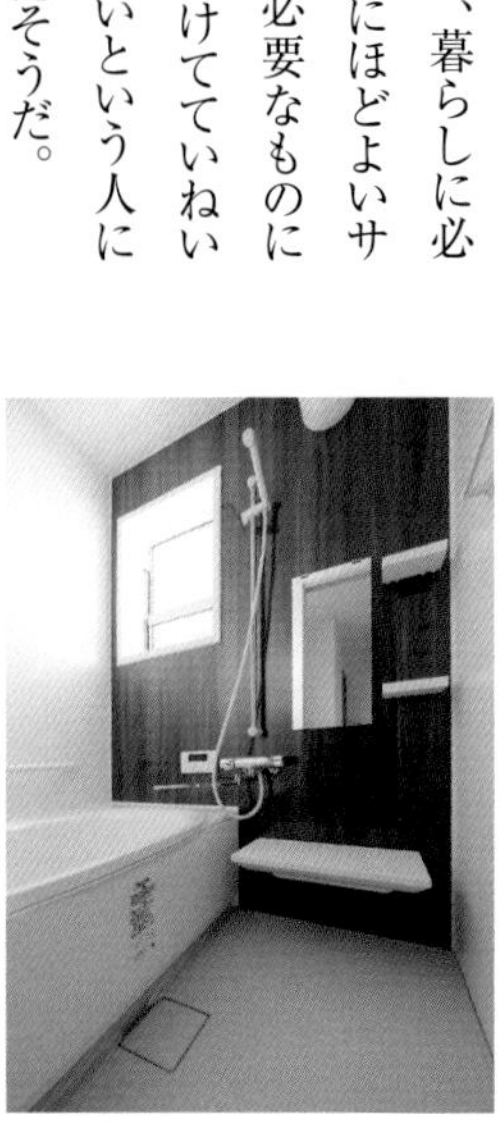

アパートであることを忘れさせるような一軒家サイズのシステムバスでリラックスできる

トイレの壁にも抗菌や消臭、調湿機能に優れた漆喰を使用し、清潔感を高めている

洗面ボウルは大きめで収納は開き戸ではなく引き出しの洗面化粧台を選ぶなど、使い勝手の良さも重視

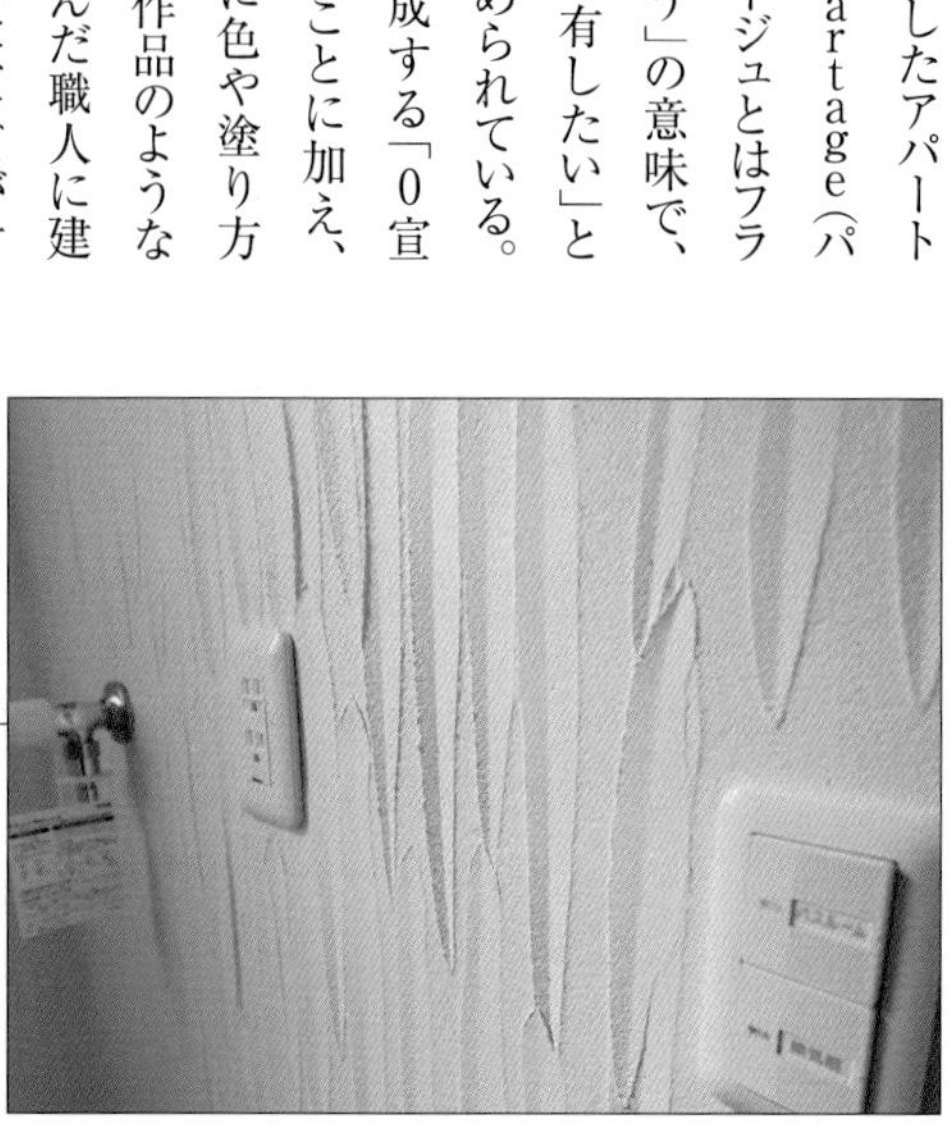

壁の漆喰の塗り方は職人と話し合いながら随所で少しずつ変えることで、白が基調の空間に変化を加えた

無垢材と漆喰を
贅沢に使った
居住空間

外観も2階の廊下も、柔らかいアースカラーの色調で統一

一般的なアパートとは一線を画し、玄関には重厚感のある木調ドアを採用。照明もさりげなくおしゃれ

テラコッタタイルを敷いた土間部分にゆとりをもたせた玄関。収納スペースも造作でしっかり確保

OWNER'S VOICE

何度もプランを練り直していただき、完成した時には涙が出るほど感動しました。小田原ハウジングさんには心を尽くしてこのアパートをつくっていただき、これ以上ない仕上がりになったと思います。頼りがいのある職人さんたちとの打ち合わせも、私の要望を叶えようと一生懸命に応えてくださり、楽しい時間になりました。ここをきっかけに「0宣言の家」の良さを広く知ってもらいたいと思います。

無垢材や漆喰が生み出す空気感を実際に感じてもらい、くつろぎながら打ち合わせができるオフィス。約7種類に塗り分けられた漆喰壁を間近に観察でき、冬は小さいヒーターで十分暖かい

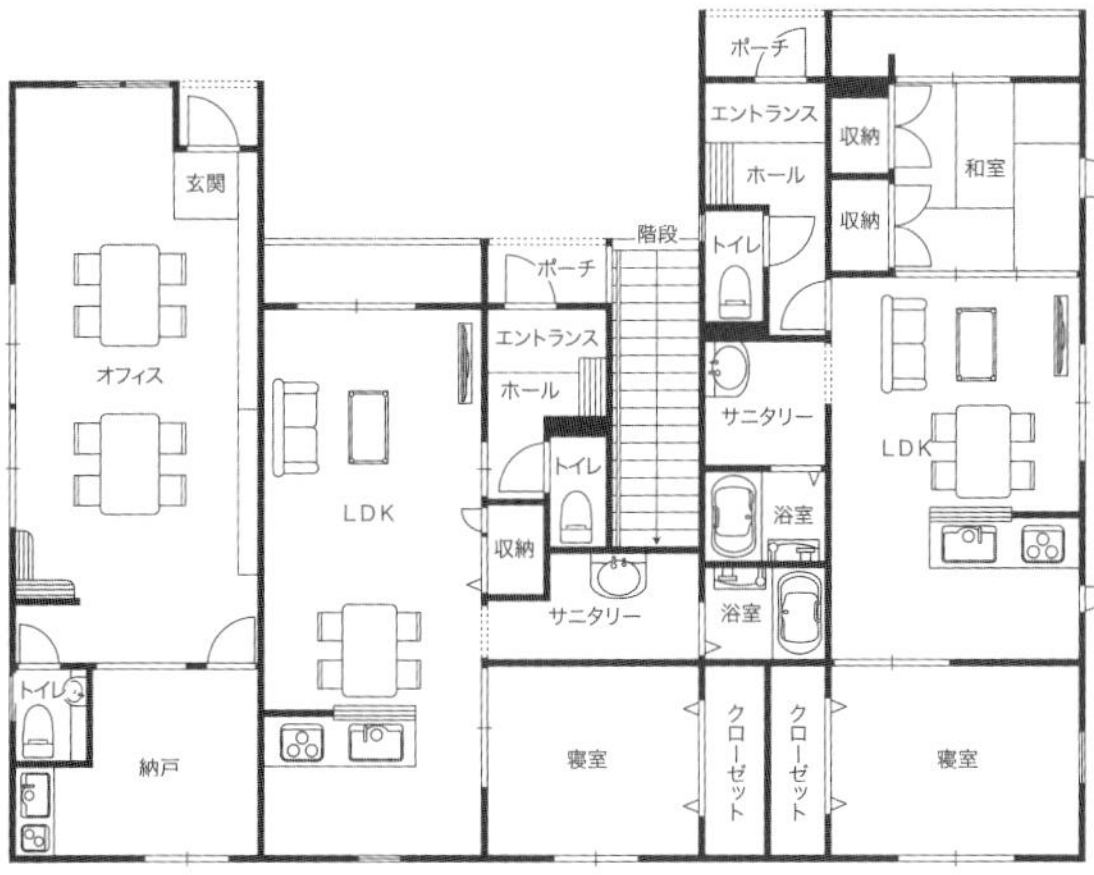

1F

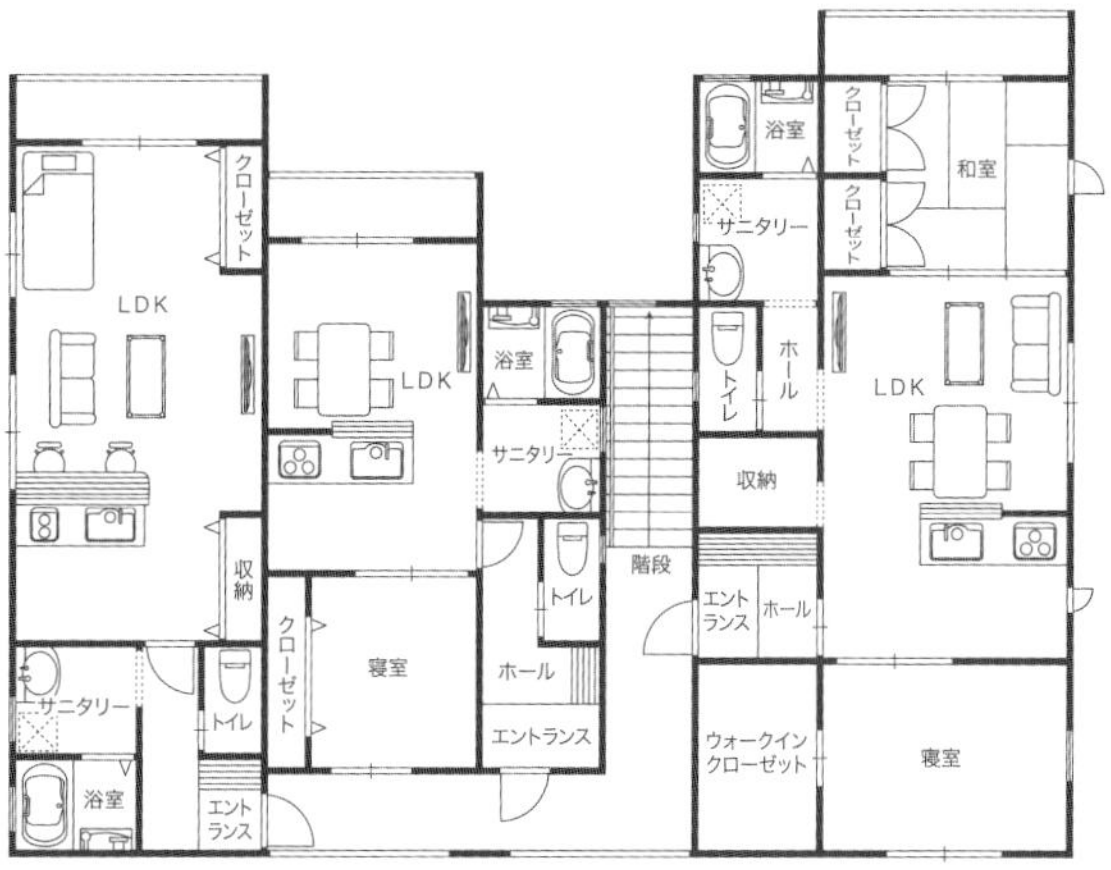

2F

DATA

[構造]木造在来軸組パネル工法
[断熱]クアトロ断熱(内断熱〈充填〉:セルローズファイバー/外断熱:ネオポール/遮熱塗り壁材:セレクト・リフレックス/調湿効果内壁:スペイン漆喰)
[屋根材]陶器製平瓦　[外装材]遮熱塗り壁材(セレクト・リフレックス)　[床材]ヒノキ　[内装材]スペイン漆喰

[施工]
小田原ハウジング

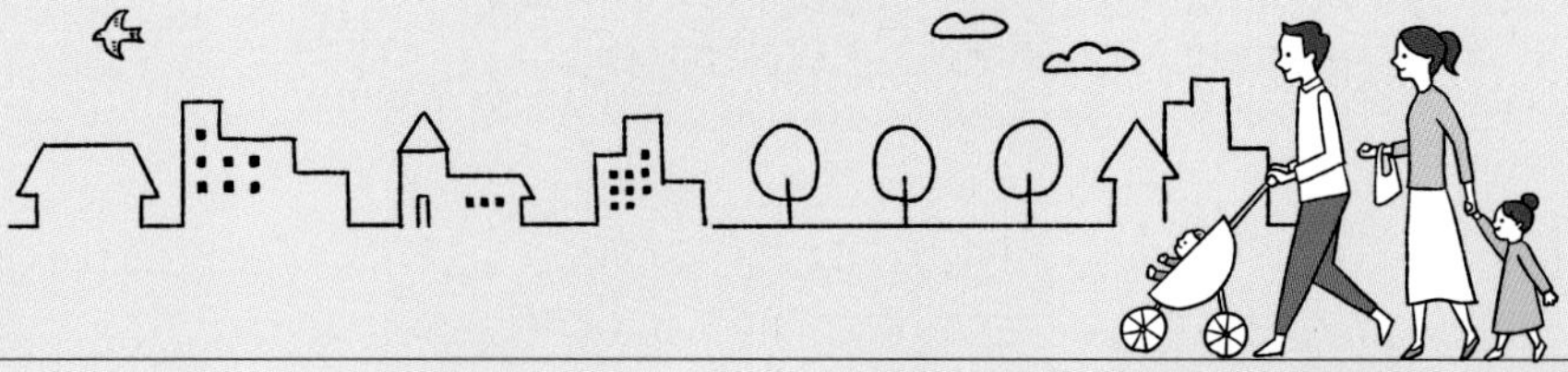

住医学研究会 https://jyuigaku.com
〒163-0637 東京都新宿区西新宿1-25-1 新宿センタービル37階　　☎0120-201-239　📠052-532-4747

株式会社 江郷建設		〒761-2201 香川県綾歌郡綾川町枌所東253	☎087-878-2548	📠087-878-2546
株式会社 のぞみ		〒156-0052 東京都世田谷区経堂2-31-20 ライオンズマンション経堂第5-105	☎03-6413-7336	📠03-6413-7370
有限会社 田布施不動産		〒742-1502 山口県熊毛郡田布施町大字波野362-4	☎0820-53-1744	📠0820-53-1794
株式会社 建装		〒990-0805 山形県山形市壇野前13-2	☎023-684-7553	📠023-681-7609
工務店 KITTA		〒400-0851 山梨県甲府市住吉1-3-5	☎055-235-1953	📠055-235-1953
各務建設 株式会社		〒501-3521 岐阜県関市下之保2986-2	☎0575-49-2006	📠0575-49-3587
株式会社 藤田工務店		〒410-0873 静岡県沼津市大諏訪505-1	☎055-923-3869	📠055-922-9910
有限会社 ウッドライフ		〒963-0101 福島県郡山市安積町日出山2-162	☎024-956-9811	📠024-956-9800
株式会社 マエダハウジング		〒731-0113 広島県広島市安佐南区西原4-25-25	☎082-962-0322	📠082-962-1522
株式会社 バイオ・ベース		〒395-0301 長野県下伊那郡阿智村春日3071-3	☎0265-43-2458	📠0265-43-2460
株式会社 スタイルハウス		〒955-0832 新潟県三条市直江町4-7-1	☎0256-35-3702	📠0256-34-8553
株式会社 さくらホーム		〒640-8390 和歌山県和歌山市有本110	☎073-474-7248	📠073-473-0748
株式会社 team-K風間		〒327-0015 栃木県佐野市金井上町2269-2	☎0283-86-7070	📠0283-24-5493
株式会社 ホームライフ	本店(福地山店)	〒620-0062 京都府福知山市和久市町123	☎0773-23-6277	📠0773-23-6440
	千里店	〒565-0826 大阪府吹田市千里万博公園1-7 ABCハウジング千里住宅公園内	☎06-6876-2000	📠06-6876-2002
	姫路店	〒670-0849 兵庫県姫路市城東町五軒屋40-1 神戸新聞ハウジングセンター内	☎079-226-1288	📠079-226-1289
株式会社 ファースン		〒390-0221 長野県松本市里山辺1665-3	☎0263-31-6672	📠0263-31-6673
有限会社 フジ創		〒933-0062 富山県高岡市江尻846-1	☎0766-30-2582	📠0766-26-1011
明工建設 株式会社		〒437-1612 静岡県御前崎市池新田7742-1	☎0537-86-2674	📠0537-86-8559
松建ホーム 株式会社		〒007-0846 北海道札幌市東区北46条東14-3-18	☎011-702-2004	📠011-721-9041
株式会社 フレア		〒730-0834 広島県広島市中区江波二本松 1-16-27	☎082-232-3414	📠082-233-6286
株式会社 きごころ工房 夢家		〒649-2621 和歌山県西牟婁郡すさみ町周参見3711	☎0739-55-3283	📠0739-55-3884
株式会社 廣瀬住建		〒501-6115 岐阜県岐阜市柳津町丸野1-59	☎058-322-8954	📠058-322-8964
株式会社 土手加藤材木店		〒111-0025 東京都台東区東浅草1-13-6	☎03-3876-2296	📠03-3876-0267
株式会社 沢野建設工房		〒929-1122 石川県かほく市七窪ホ5-1	☎076-283-3360	📠076-283-8266
株式会社 上内設計工務		〒679-4302 兵庫県たつの市新宮町香山1410-2	☎0791-77-1136	📠0791-77-1155
風舞庭 株式会社		〒390-0851 長野県松本市島内4023-101	☎0263-88-8280	📠0263-88-8291

家づくりの相談は
住医学研究会会員工務店へ

住まう人の健康のため、「住宅=環境」が健康増進と密接に関わっていること、
住環境を改善することで健康になること、日本の家づくりの現状を知っていただくため、考えに賛同した住医学研究会会員工務店をご推薦します。
もちろん、合板や集成材、木工用ボンドなどの長持ちしない建材や健康に害のある建材を排除した家づくりを行い、
住むだけで健康になる家づくりを推進しています。

株式会社 大和		〒662-0075 兵庫県西宮市南越木岩町15-1 ループルコート苦楽園2階	☎0798-73-8158	📠0798-73-8157
株式会社 無添加計画	本社	〒336-0025 埼玉県さいたま市南区文蔵1-8-8	☎048-711-8200	📠048-711-8201
	岐阜支店	〒500-8436 岐阜県岐阜市東明見町27 2階	☎058-215-5115	📠058-215-5150
	仙台支店	〒981-1107 宮城県仙台市太白区東中田3-2-34	☎022-306-2422	📠022-306-2420
	宇都宮OFFICE	〒320-0846 栃木県宇都宮市滝の原2-5-29	☎028-678-3945	📠028-678-3946
株式会社 小田原ハウジング	本社	〒737-0112 広島県呉市広古新開9-25-34	☎0823-73-3793	📠0823-73-3794
	広島office	〒733-0032 広島県広島市西区東観音町22-20	☎082-533-8480	📠082-533-8481
相陽建設 株式会社	本社	〒252-0131 神奈川県相模原市緑区西橋本5-3-11	☎042-772-0021	📠042-771-0533
	相模原住宅展示場内 モデルハウス	〒252-0214 神奈川県相模原市中央区向陽町1-17相模原住宅公園内14区画	☎042-704-9901	📠042-704-9903
住まいる工房 株式会社	本社	〒739-0024 広島県東広島市西条町御薗宇718-31	☎082-431-3700	📠082-431-3725
	岡山営業所	〒701-0133 岡山県岡山市北区花尻あかね町 8-107-103	☎086-250-9155	📠086-250-9156
	福山営業所	〒720-0077 広島県福山市南本庄3-7-7	☎084-999-2588	📠084-999-2587
リード・アーキテクト 株式会社	本社	〒601-8421 京都府京都市南区西九条藤ノ木町97	☎075-693-2880	📠075-693-2881
	沖縄営業所	〒900-0006 沖縄県那覇市おもろまち4-7-2 アーベイン21 101号室	☎098-894-8027	📠075-693-2881
株式会社 maru工房		〒790-0824 愛媛県松山市御幸2-12-12 FLEURET102	☎089-960-6101	📠089-960-6106
大井建設 株式会社		〒428-0104 静岡県島田市川根町家山4153-4	☎0547-53-2013	📠0547-53-3445
有限会社 利行建設		〒873-0524 大分県国東市国東町横手1849-1	☎0978-72-3340	📠0978-72-3342
株式会社 津留建設	本社	〒832-0813 福岡県柳川市三橋町棚町236	☎0944-74-2840	📠0944-73-5231
	天神支店	〒810-0001 福岡県福岡市中央区天神 2-13-18	☎0944-74-2840	📠0944-73-5231
株式会社 BRAIN		〒379-2304 群馬県太田市大原町1107-19	☎0277-79-0027	📠0277-79-0028
株式会社 イズモ工務店		〒579-0924 大阪府東大阪市吉田6-6-33	☎072-943-1842	📠072-968-9702
有限会社 兼松		〒262-0032 千葉県千葉市花見川区幕張町4-63-1	☎043-272-1581	📠043-273-7728
株式会社 モアプラン		〒857-0811 長崎県佐世保市高梨町21-31	☎0956-22-1677	📠0956-22-1377
株式会社 永賢組		〒486-0829 愛知県春日井市堀ノ内町4-1-20	☎0568-81-6179	📠0568-84-4281
有限会社 堀田瓦店		〒727-0624 広島県庄原市上谷町447	☎0824-78-2673	📠0824-78-2730
ルピナスハウス 株式会社		〒277-0813 千葉県柏市大室1191-36	☎04-7133-1300	📠04-7132-8050
株式会社デザインワークス・e		〒903-0804 沖縄県那覇市首里石嶺町2-249	☎098-882-1290	📠098-882-1291
家づくりナイスホームズ 株式会社		〒310-0852 茨城県水戸市笠原町245-1	☎029-305-3688	📠029-305-3766

兵庫 大阪

グリーンライフ兵庫

株式会社 大和《だいわ》(Green Life Hyogo)

P44 掲載 P48 掲載 P92 掲載 P96 掲載

PICK UP POINT

阪神・淡路大震災の経験を活かし、「ダブル配筋・高耐震ベタ基礎」を採用

家を支える基礎部分は、国内最高レベルの「ダブル配筋・高耐震ベタ基礎」を標準装備として採用。一枚の大きなベタ基礎に建物がのることで、地盤に対して均等に荷重がかかる。また、コンクリートに鉄筋を2重に埋め込むことでさらに強度を増している。

追加料金なしで、「愛工房の杉」をふんだんに!

45℃の低温乾燥で呼吸したままの状態を保つ「愛工房の杉」。家の中の空気を浄化し、保湿・調湿効果があるこの木は、本来なら追加料金が必要だが、こちらでは追加料金なし。標準装備の建材としてラインアップ。

CONSTRUCTION GALLERY

綿密な採光計画で明るく、開放的な家に

大阪府豊中市 J様邸

漆喰と無垢材で仕上げたJ様邸。天井高を3メートル近くとったことで、玄関に入った瞬間に広々とした開放感が得られる空間となった。天窓や高窓などを駆使した採光計画による、自然光を効率的に取り入れたデザインが特徴的。

自然素材に囲まれた心身ともにリラックスできる場所

兵庫県尼崎市 H様邸

ご主人のお仕事が医療関連で、体力も神経も使うことから「心身ともにリラックスできる場所をつくりたかった」というH様。空気を浄化する「愛工房の杉」や、調湿性に優れた漆喰を使うなど、健康のことを考え抜いた住まいづくりを実現した。

杉の酵素と香りが心地良い自然光を感じる住まい

兵庫県西宮市 Y様邸

45℃で低温乾燥させた杉を全ての床部分に敷き詰めたY様邸。シロアリを寄せ付けないと言われている杉の酵素と香りの作用により、人にとって心地良く、快適な環境を実現。気持ち良い自然光が入る大きな窓もこだわりの一つ。

株式会社 大和《だいわ》

グリーンライフ兵庫

本社／兵庫県西宮市南越木岩町15-1
ルーブルコート苦楽園2階
0120-184-670
FAX0798-73-8157
http://www.greenlife-hyogo.com/

代表取締役
細川 卓哉 氏

住む人が自然治癒力を発揮する「100%自然素材の家」を推奨

日本一の健康住宅を目指し厳選した自然素材と最適な工法で 「住む人の自然治癒力を発揮する家」を実現する工務店です。私自身がシックハウス症候群を経験し、国が認める安全素材の家なのになぜ病気に?と調べていくうちに健康になる「0宣言の家」に出合いました。その後工務店に転身、今では関西で100軒以上の「0宣言の家」を手掛けています。

Web Site

埼玉 宮城 岐阜 栃木

株式会社

無添加計画

P120掲載 P124掲載 P128掲載 P140掲載

PICK UP POINT

省エネ設計で快適に、経済的に0宣言×パッシブデザインを提案

等時間日影図の作成からのゾーニング検討、南面と東西北面の窓の大きさや、日射取得および日射遮蔽による熱損失、燃費をQ-PEXで計算。夏は小屋裏、冬は床下の家庭用エアコン1台で全館冷暖房できる家づくりを提案している。

お客様家族との絆を大切に専用コミュニティサイトも開設

マイホームが完成した後もお客様とのつながりを大切に。その後のライフプランの検討などのサポートも充実。施主様専用のコミュニティサイト「モコミ」を運営するほか、毎年実施されているお客様感謝祭も好評だ。

CONSTRUCTION GALLERY

猛暑の夏の寝苦しさも解消パッシブ設計の快適な家

岐阜県関市 T様邸

0宣言×パッシブ設計の家は、猛暑の夏でもエアコンは省エネ運転で家の中は快適に保たれる。リビングの表情豊かなヒノキの丸太は、家のシンボル的な存在。奥様のための効率的な家事動線をはじめ、家族の暮らしやすさに配慮した間取り。

吹き抜けのLDKが開放的なシンプルモダンの家

山形県山形市 S様邸

無垢材と漆喰の優しい色調をベースに黒のパーツやインテリアを効果的にあしらい、シンプルモダンな雰囲気を漂わせている。開放的なLDKからパントリーや水回りまで動線がつながり、小さいお子さんたちの格好の遊び場になっている。

家の「表と裏」を意識した穏やかな雰囲気を醸す家

埼玉県越谷市 T様邸

リビング側から見えるキッチンの「表」に収納はつくらず、見えない「裏」に広い収納スペースを確保するなど、家の中の各所に「表」と「裏」の役割を配置し、家族の心地よい暮らしを実現。木の温もりを活かした家の外観も特徴的だ。

株式会社無添加計画

本店／埼玉県さいたま市南区文蔵1-8-8
0800-800-5060
FAX048-711-8201
https://www.re-trust.com

仙台支店／
宮城県仙台市太白区東中田3-2-34
0120-010-880
岐阜支店／
岐阜県岐阜市東明見町27 2階
0800-333-1116
宇都宮OFFICE／
栃木県宇都宮市滝の原2-5-29
0800-333-0666

代表取締役
瀬野 剛史 氏

何があってもなくても無添加計画お客様とそんな関係を築きたい

将来にきれいな自然を残す。建替えでも構造材などが再利用できる。暮らしや地球環境に配慮した建材は総じて人体にも優しい。こうした理由から私たちは「環境共生」をベースに家づくりを行います。そして、家が完成した後も「何があっても、なくても、無添加計画に」と言っていただけるよう、お客様との関係づくりに取り組んでいます。

Web Site YouTube

株式会社
小田原ハウジング

P108 掲載 P112 掲載 P160 掲載

PICK UP POINT

体験者がホンネで語り合う座談会を開催

小田原ハウジングで家を建てたOBと、これから家を建てるご家族に集まっていただき、理想の家づくりや思い出のエピソードなどを共有する座談会を開催。家づくりをご検討中の方にとって、参考になる情報が盛り沢山。

自社木工所(workshop)でオーダーメイド家具を製作

同社木工所から、職人が手掛けたオーダーメイド家具をお届け。加工材や階段材の製作、ムクボード加工、家具製作など、高い技術力を生かし、素材選びから仕上げまでお客様のご要望にきめ細かく対応する。

CONSTRUCTION GALLERY

家族の健康を守る無垢材と漆喰壁の「0宣言の家」

広島県呉市広名田 なごみの家 凛

長持ちしない建材や健康に良くない影響を与える建材を徹底的に排除した、澤田氏の提唱する「0宣言の家」。床や壁にはスギ、壁は漆喰塗り、大黒柱にはレッドシーダーなど本物の自然素材を使い、屋内全体に無垢材ならではの良い香りが漂う。

全ての空間がエレガント職人の技術が光る二世帯住宅

広島県広島市西区 Y様邸

Y様がイギリス旅行で見た重厚なチューダー様式をイメージして本物のレンガを積み上げた外観。大空間を実現するため特別輸入した約10mのベイマツの梁を渡し、強度を保つために合掌造りの構造にしたLDKなど、全てに職人の技術が光る。

考え抜かれた機能的な間取りとフレンチテイストの融合

広島県廿日市市 M様邸

漆喰と無垢材にアイアン装飾やアンティーク風の照明をプラスし、自然素材に欧風テイストを効かせた大人の可愛らしさが漂うM様邸。「築年数の古い家に行くと目がかゆくなっていた子どもが、ここでは元気に過ごすようになりました」とご夫妻も喜んでいる。

株式会社小田原ハウジング

本社/広島県呉市広古新開9-25-34
0120-927-793
TEL0823-73-3793
https://www.odawara.cc/

広島office/
広島県広島市西区東観音町22-20
TEL.082-533-8480

木工所/
広島県安芸郡熊野町呉地2-11-2

代表取締役
小田原 信介 氏

広島・呉で家を建てるなら「0《ゼロ》宣言の家」の小田原ハウジングで

マイホームに対するお客様のご要望をお聞きしながら、子ども、そして孫へと、将来にわたって家族が健やかな暮らしを送ることができる「0宣言の家」こそ、お客様に本当にご満足いただけるものと私たちは確信しています。スタッフ全員一丸となって、今後もさらなる信頼を得ながら確かな家づくりを進めていきます。

Web Site YouTube

相陽建設
株式会社

P132 掲載 P136 掲載

PICK UP POINT

**創業60年以上
地域に密着し続けてきた強み**

相模原で創業60年以上。地元に密着している地域の工務店だからこそできる、お客様へのサポートや関係づくりに力を入れている。2世代・3世代と受け継いでもらえる、100年、200年と長持ちする家づくりを目指している。

**満足度93%の
プランニング**

家づくりに着手する前に、お客様にインタビューをする。家を建てたあとの「暮らし」に焦点を当てることで、家事動線や生活動線を想像し、家づくりに反映させていく。同社のプランニングは、90%以上のお客様から「満足」との回答を得ている。

CONSTRUCTION GALLERY

**家族の健康を守り、理想を実現した
自然素材の注文住宅**

神奈川県横浜市 I様邸

リビングをはじめ、キッチンや洗面の天井高を高くして開放的な室内に。「高性能で機能的、さらにかっこよく!」というご希望に沿う空間を目指した。「お庭を完成させることが新居での楽しみの1つです!」とご夫婦の夢も膨らんでいるようだ。

**自然素材に囲まれた
空気が気持ちのいい家**

神奈川県相模原市 E様邸

建てる時のご希望は「空気が気持ちいい家にしたい」「リビングとつながる外の空間が欲しい」「キッチンにこだわりたい」というもの。「見学した時に、空気が気持ち良かった、デザインが良かった、建物の性能が高かった」などがご依頼の決め手になったとのこと。

**四季折々の借景を楽しむ
1.5階建ての家**

神奈川県相模原市 I様邸

大自然の環境の中で、白と黒のコントラストが際立つ外観。南と北から光を最大限に取り入れ、風が通り、お庭の緑とともに過ごす快適な配置を計画。明るく開放感がありながらも、自然素材の温かみのある風合いを生かした落ち着きのある雰囲気に仕上げた。

相陽建設株式会社

本社／神奈川県相模原市緑区西橋本5-3-11
0120-704-991
TEL042-772-0021(代表)
https://www.soyo-inc.co.jp/

リフォーム・メンテナンス部:TEL042-772-6339
不動産部:TEL042-772-4871

田名事業所／神奈川県相模原市中央区田名5602
建築事業部:TEL042-772-0021

相模原展示場／神奈川県相模原市中央区向陽町1-17
相模原住宅公園内14区画
注文住宅事業部:TEL042-704-9901

代表取締役
古橋 裕一 氏

**建物の主治医として
―相談できる建設屋―**

私達は、お客様の人生に「感動」や「やすらぎ」を生み出すことを目指しています。近年、建物による健康被害が注目されるようになりましたが、まだまだ建設業界全体として命の視点で建物を見る目が未熟と感じています。だからこそ相陽建設は「命の視点から建物を見る」、この視点にこだわって、安全で安心できる建物を提案させていただきます。

Web Site　Blog　YouTube

住まいる工房
株式会社

P50 掲載 P156 掲載

PICK UP POINT

3つの営業所を拠点として広い施工エリアを担当

本社は広島県東広島市に置きながら、福山市と岡山市にも営業所を構えている。主な営業エリアは広島県と岡山県としていますが、時には山口県や鳥取県の一部でも施工を担当するなど、広い施工エリアを誇っている。

上質な無垢材を使って建具や家具をオーダーメイド

建具や家具、キッチン、洗面台なども住宅に不可欠なもの。これらもお施主様の要望を細かく聞いた上で、職人が高い技術力で製作している。質の高い無垢材を使ったオリジナル造作で、空間とのトータルコーディネートが可能。

CONSTRUCTION GALLERY

健康的な空気環境の中で愛犬と心地良く暮らす

岡山県岡山市 M様邸

犬を飼うのが夢だったM様は、床、天井、建具全てに無垢材を使い、漆喰壁の塗り方にもこだわった。リビングは天井が高く開放的で、輻射熱を利用した冷暖房システム「エコウィン」とクアトロ断熱で通年快適性を維持。漆喰の消臭効果も実感している。

1階で完結する機能性を備え古民家風にコーディネート

広島県福山市 M様邸

焼杉の色を基調とした古民家のイメージで、将来1階だけで生活できる間取りを設計。天窓から自然光が入るLDKは間仕切り壁を最大限なくし、勾配天井で開放的な空間に。和室には外の風景を楽しめる雪見障子を造作し、天井のスギは愛工房の「奇跡の杉」を採用。

ログハウスへの憧れと家族の健やかな生活を実現

広島県府中市 U様邸

ご夫妻のログハウスへの憧れから屋根は切妻屋根とし、天井と床にパインの無垢材を全面採用。奥様はキッチンや食器棚は造作にこだわり、ラジエントヒーターの設置と断熱効果で電気代が大幅削減でき、ご主人のアトピー症状も緩和された。

住まいる工房株式会社

本社／広島県東広島市西条町御薗宇718-31
0120-072-252
TEL082-431-3700
FAX082-431-3725
https://atelier-smile.jp

福山営業所／
広島県福山市南本庄3-7-7
TEL084-999-2588

岡山営業所／
岡山県岡山市北区花尻あかね町8-107-103
TEL086-250-9155

代表取締役
浦 勝彦 氏

新築もリフォームも職人とともにこだわって施工

リフォーム中心だった当社が「0宣言の家」の施工に携わって10年以上。現在は新築だけでなく「0宣言の家」仕様のリフォームも手がけるようになりました。常に当社スタッフと職人さんが力を合わせ、手間ひまかけてこだわりの家をつくりあげています。これからもご家族の笑顔の絶えない、長持ちする快適な住まいを提供し続けていきます。

Web Site

大井建設
株式会社

P100 掲載 P152 掲載

PICK UP POINT

こだわりの天竜材を使用した 艶やかで温もりある空間づくり

天竜川流域の厳しい自然環境で育った天竜材を、適切な時期に伐採し、自然乾燥された「天香の杉」を、住宅のフローリングや壁材に採用。香り良く温もりのある無垢材が、空間を穏やかな空気で満たしている。

もっと健康になってほしい! 地域FM放送で健康情報を発信

趣味はダイエットと語る、池田社長は、自他ともに認める健康オタク。「多くの人に健康に関する正しい知識を知っていただきたい」という思いから、衣食住にまつわる身近な健康情報を地元FM放送で発信している。

CONSTRUCTION GALLERY

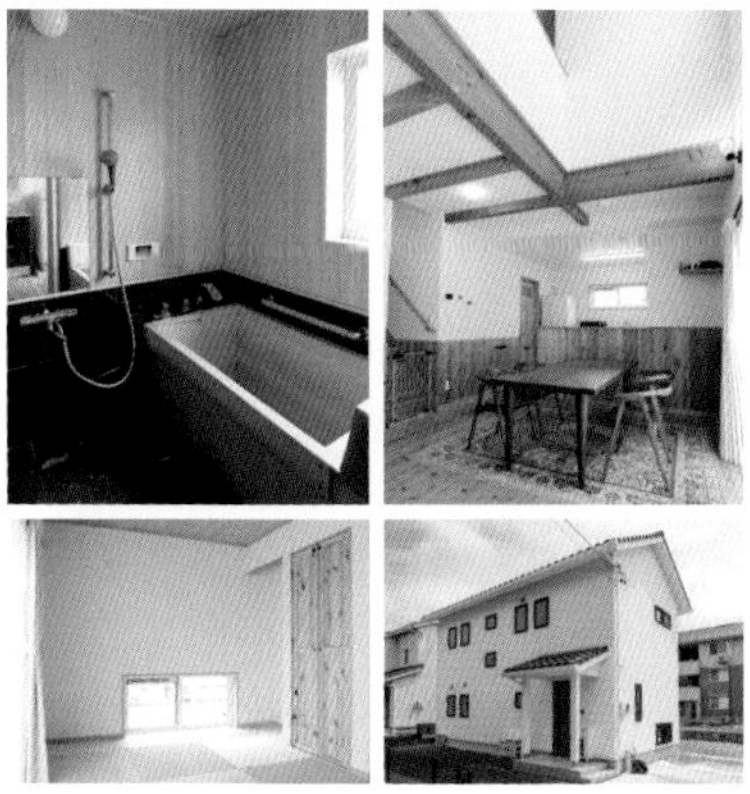

蔵を連想させる堂々たる佇まい 無垢材の心地よさを堪能できる家

静岡県島田市 A様邸

日本の蔵を想起させるシンプルながら堂々とした存在感。ドアや窓枠などを黒で統一し、白壁と対比させた外観デザイン。浴室には青森ヒバの浴槽を設置し、室内の床や壁には「天香の杉」などの無垢材を使用。温もりと心地良さに満ちた空間を実現している。

漆喰の白壁と南欧瓦が印象的 穏やかな空気に満ちた家

静岡県榛原郡 Y様邸

プロヴァンス風の外観ながら、小上がりのある和室を設えるなど、家族のこだわり満載のY様邸。リビングに明るい光を取り込む吹き抜けが上下階をつなぎ、寒い冬は1階のストーブの暖気が家中に運ばれる。自然素材に包まれた屋内は、常に穏やかな空気に満ちている。

シンプルで凛とした美しさ 白壁輝く和モダンな平屋の家

静岡県島田市 K様邸

切妻屋根を取り入れ、シンプルな和モダンの佇まいに仕上げた外観。真っ白な外壁が、美しく清々しさを感じさせる。明るく広々としたリビングは、平屋の斜め天井を生かした遊び心ある空間。続く和室に敷かれた天然い草と無垢材の香りが住む人の心と体を癒やす。

大井建設株式会社

本社／静岡県島田市川根町家山4153-4
TEL0547-53-2013
FAX0547-53-3445
https://www.ooikensetsu.co.jp

住宅問い合わせ先
TEL054-295-7001

代表取締役
池田 豊 氏

ご家族の幸せは、まず健康から。 本当に大切なことを伝えたい。

お客様の幸せのベースには何があるのか。それはご家族の健康です。その想いで半世紀以上、地域の皆様やお客様の信頼をいただけるよう家づくりに取り組んできました。いいデザイン、美しいインテリアも、それが体に悪いものなら本末転倒です。本当に大切なことを丁寧にお伝えしながら、人の役に立つ企業として努力を重ねていきます。

Web Site

YouTube 大井建設 ウェブマガジン

YouTube 池田社長の 健康深いい話

株式会社
津留建設

P40 掲載 P116 掲載

PICK UP POINT

家中の電気を体に良いものへ変える分電盤を標準仕様

体に悪影響を与えると言われる電磁波を体に良いものへ。分電盤「MINAMI®」は、外から入ってくる電気を体の抗酸化力を高めるといわれる「テラヘルツ波」に変換。分電盤から変えることで家中の電気の質を高めることができる。

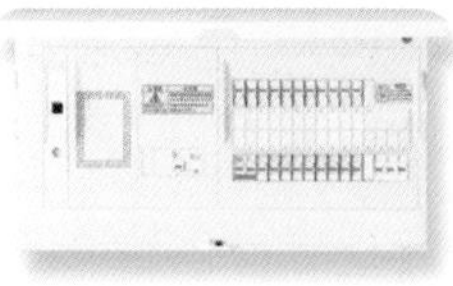

これ1台で家中の水を改善免疫力アップなど健康サポート

毎日体に触れるものだからこそ、水の質にもこだわった。浄水器「Zero1フィルター®」はこれ1台で家中の水を改善。高性能セラミックボールが水道水に含まれる有害物質を除去。免疫力の向上、老廃物の排除など健康をサポートする。

CONSTRUCTION GALLERY

家づくりの本を読み尽くしたどり着いた0宣言の家

佐賀県神埼市 F様邸

長女のアトピーと喘息改善のためマイホームを決断したF様。「家を建てるなら無垢材をふんだんに使った、人に優しく次世代まで住める家にしようと決めていました」と話す奥様。どこにいても家族の気配を感じられる家にとLDKの横に子ども部屋をレイアウト。

妥協せずこだわり尽くしたアンティーク調の家

福岡県京都郡 H様邸

英国コッツウォルズ風の家に憧れるご主人が外観を担当し、外壁の素材や屋根のデザインにこだわった。一方奥様はスムーズな家事動線と広さを両立できるようにと間取りを担当した。「こだわり尽くした分、住心地は抜群です」とうれしそうに話してくれた。

自然の優しさに包まれて暮らすぜいたくを

佐賀県鹿島市 Y様邸

学生時代から建築やインテリアの本を読むのが趣味だというご主人。照明やテーブル、椅子など、インテリアはデザイン性が優れたものを国内外から取り寄せた。そうしたこだわりを叶えた家は、ナチュラルな中にも洗練された雰囲気が漂う和モダンな空間に仕上がった。

株式会社津留建設

本社／福岡県柳川市三橋町棚町236
TEL0944-74-2840
https://turuken.com/

天神支店／
福岡県福岡市中央区天神2-13-18天神ホワイトビル4階
TEL0944-74-2840

代表取締役社長
津留 輝彦 氏

健康性能にこだわり、「予防」という価値を住まいに

家づくりといえば、デザインや間取りが注目されがちですが、実は、健康性能にこだわることで、様々な不調を「予防」することができます。津留建設は、自然の中から作られた素材だけを選び、心身ともにストレスのない家づくりにこだわり、家族の安らぎや老後の健康を支える、「予防」という価値を提供します。

Web Site

大阪 奈良

株式会社
イズモ工務店

P144
掲載

PICK UP POINT

木と漆喰などの自然素材で快適な空間へのリフォームを

家やマンションの一部を自然素材でリフォームが可能。抗菌作用の高い杉や檜で床をフローリングに、今ある壁の上から調湿機能の高い漆喰を塗る、100％大豆インクを使ったアメリカの新聞古紙で作られた呼吸する断熱材を使うなど、体に優しい家に。

スケルトン解体で自然素材の家に全面改装

基礎部分や柱・梁・外壁・屋根などの構造部分以外を解体して、新しい間取りに全面改装する「スケルトン解体」で、自然素材を使った体に優しい家づくりをお手伝い。調湿機能が働く漆喰や無垢の木で呼吸する家に。

CONSTRUCTION GALLERY

両親が購入してくれた家を「0宣言の家」に全面改築

大阪府堺市 S様邸

将来のためにとご両親が購入した家は、S様ご夫妻が入居する頃には築40余年。昼間も暗い家を「0宣言の家」で全面改装。天然素材、広いバルコニーなどの理想を叶えたが、特にリビングの吹き抜けは2階からも風や日差しが入るように工夫されている。

家族が自然と集いたくなるそんなリビングを手に入れた

大阪府枚方市 K様邸

お子様のアトピーを楽にしたいと「0宣言の家」に。特に家族が自然と集いたくなるリビングは、漆喰と無垢材を使い実現。2階の寝室には天井と床に「愛工房の杉」を配し、木の香りで眠りについている。お子様のアトピーも落ち着き家族みんなが幸せに。

天然井草の和室とコンパクトなリビングが自慢

大阪府大東市 K様邸

お仕事の関係で「健康」については重要なポイントだと意識してきたK様。「0宣言の家」の家づくりの中でも天然素材を使う点にこだわった。一番のこだわりは1階。無垢のパイン材を使ったコンパクトな広さのリビングと、天然い草の畳を使った6帖の和室で。

株式会社イズモ工務店

大阪府東大阪市吉田6-6-33
TEL072-943-1842
FAX072-968-9702
https://www.izumo.site/

代表取締役
武田 和彦 氏

顔の見える家づくりをモットーに自然素材のデザイン健康住宅を

地域に密着して住宅の設計・施工（建設）・リフォームを行っております。「0宣言の家」はすでに70件以上手掛けてきました。私たちは自然素材である天然無垢材、漆喰、セルローズファイバーなどを使い快適で耐久性の高い「自然素材のデザイン健康住宅」をつくることに心を注いでいます。「家族の健康と幸せをつくる工務店」がモットーです。

Web Site

各務《かかむ》建設
株式会社

P104
掲載

PICK UP POINT

地域に根差して90余年。不動産取引にも実績あり

地元・岐阜の風土や文化を理解している工務店だけに、家づくりだけでなく不動産取引の実績もある。エリアは岐阜のほか、愛知や三重まで幅広い。土地探しから物件の紹介、販売まで、幅広くサポートを行っている。

家の柱や丸太はもちろんDIYの木材加工まで対応!

製材所を持っているので、木材加工専用機械を多数完備。建築用の梁や柱はもちろん、家具やそれに合わせた木製部品のほか、小屋の建材といったDIY用の木材まで、木材加工のことなら小ロットでも受注可能。

CONSTRUCTION GALLERY

自社製材所で加工した神代杉をカウンターにしてリビングに

岐阜県可児市 K様邸

K様ご家族は母屋と離れを「0宣言の家」に。母屋には大きいサイズの「エコウィンハイブリッド」を設置、快適な温度空間の中で暮らしている。リビングには奥様の希望でどっしりとした「神代杉」のカウンターを造り、書き物やティータイムを楽しむお気に入りのスポットに。

こじんまりとした離れにも「エコウィンハイブリッド」を

岐阜県可児市 K様邸

母屋と離れを「0宣言の家」で建てたK様は、心地よい縁側を配した平屋の離れにも小さいサイズの「エコウィンハイブリッド」を導入。また、保湿・保温効果や洗浄効果に優れるナノバブル水を家中で使えるよう「ナノバブル」発生装置も取り入れ、美容や健康にも配慮した。

岐阜県産の木を使いより愛着のある家に

岐阜県各務原市 T様邸

「0宣言の家」の柱や骨組みにお母様の希望で岐阜県産の木を使用。エアコンの通気口には外気を適温にして室内に取り入れる「エコウィンエアユニット」を付け、より快適な空間に。将来2部屋にできるようにと子ども部屋に2つの扉を設けた。

各務《かかむ》建設株式会社

本社/岐阜県関市下之保2986-2
TEL0575-49-2006
FAX0575-49-3587
http://www.kakamu-k.co.jp/

代表取締役
各務 幸博氏
(かかむゆきひろ)

創業から90余年の知恵を生かし木造の家にこだわります

1926(昭和元)年に製材所として創業して以来、蓄積された木の知識をもとに木造の家づくりを行ってきました。家がアトピーの要因になることを澤田先生から聞き、化学物質を放つ建材は使いたくないと思い、健康になる「0宣言の家」をつくり始めました。ほか、施主様ご自身が作業に参加して仕上げを行う天然木住宅「わ文の家」も展開しております。

Web Site

株式会社

上内設計工務

P148
掲載

PICK UP POINT

伝統構法を用いた いい家づくりへのこだわり

親方から弟子へと受け継がれてきた伝統構法の技術を大切にし、現代の在来工法と組み合わせることで時代に合ったデザインやコストを実現。『100年品質の家』を目指し、一本一本の木に職人たちの心を込めた建物を提供している。

専門技術者による オーダー建具・家具の製作

専門技術者による、無垢の木を使った建具・家具の製作を行っている。建物に使う木材と同様に自社工場で丸太から製材した木材を使用。住宅のデザインや間取りに合わせたものを素材から選び、トータルでのコーディネートを提案できる。

CONSTRUCTION GALLERY

吹き抜けリビングのある ナチュラルカントリースタイルの家

兵庫県姫路市 H様邸

4.5帖の吹き抜けに面してリビング階段を設けることにより、空間に広がりや明るさを与えている。また、2階各部屋の入口も吹き抜けに面しているため、家族みんなが顔を合わせる機会が増え、自然と家族のコミュニケーションを図ることができる。

伝統構法による木組みと ボルダリングのある家

兵庫県姫路市 T様邸

金物を使わない日本伝統構法の木組みを大工による手刻みで実現した家。構造材は現わしとし、継手等の大工技術を意匠として表現。リビングには、施主様こだわりのボルダリングのクライミングホールドを無垢の木から削り出して制作し、取り付けた。

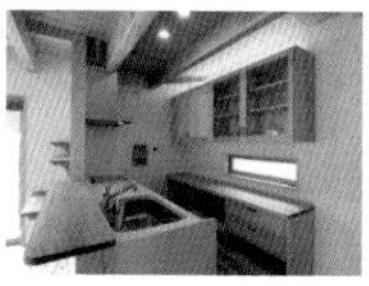

国産杉に囲まれた 木のにおいに溢れた住まい

兵庫県姫路市 U様邸

構造材・床材・天井材はもちろん、枠材・建具材にまで国産杉を用い、視覚・嗅覚・触覚にこだわった家。キャビネット等の家具も無垢材で製作。部屋全体が木の優しいにおいに包まれ、森林浴を体験しているかのようなリラックス効果が得られる。

株式会社上内設計工務

本社／兵庫県たつの市新宮町香山1410-2
TEL0791-77-1136
FAX0791-77-1155
https://uenai.jp/

工場／
兵庫県たつの市新宮町篠首28

代表取締役社長
一級建築士
上内 陽介 氏

地域に根差し、 100年品質の家づくりを

昭和34年に初代（宮大工 上内岩男）が独立して以来、3代にわたり地域に根差した会社としてお客様の家づくりをしてまいりました。大工としての技術力を大前提に、お客様のかゆいところに手の届く会社として存在することを大切にしています。新築・リフォームを問わず、私たちの技術・誠実さをもって対応させていただきます。

Web Site

医師が薦める
本物の健康住宅

0宣言の家

2023年 WINTER / SPRING

2022年8月10日発行

発 行 人／田中朋博
監　修／住医学研究会
編　集／佐伯利恵/衛藤潮理/徳田　亮/大田光悦/菊澤昇吾
取材・文／宮嶋尚美、浅井千春、木坂久恵、大久保えりな、山根崇史、
田村のりこ、國政文代、竹内友美、石田美由紀
撮　影／赤松洋太、福尾行洋、西田英俊、康澤武敏、高旗弘之、
折田茂樹、廣瀬貴礼、妹尾知治、大迫与人
デザイン／吉村基弘
発 行 所／株式会社ザメディアジョン
〒733-0011 広島県広島市西区横川町2-5-15
TEL082-503-5035　FAX082-503-5036
https://www.mediasion.co.jp　e-mail en@mediasion.co.jp
印刷・製本／佐川印刷株式会社

個人情報の取り扱いについて

当社では読者のみなさまの個人情報を取り扱うにあたり、個人情報保護に関する関係法令、及び社内諸規定等を尊守いたします。今回お送りいただいた綴じ込みハガキのアンケート結果は、本誌編集の記事制作の参考にさせていただきます。

また、ハガキの個人情報は、プレゼント当選時の発送に利用させていただきます。なおその情報は当社にて責任をもって管理し、本人の了承なく、第三者に提供することはございません。当社は、個人情報の取り扱いに関する相談・苦情について、適切かつ迅速な対応をいたします。

個人情報の取り扱いに関するお問い合わせは、住医学研究会「個人情報相談係」(0120-201-239)までご連絡ください。


ISBN978-4-86250-747-1

ここから切り取ってお使いください

料金受取人払郵便

名古屋西局
承　認

753

差出有効期間
西暦2024年
6月21日まで
(切手不要)

4 5 0 - 8 7 9 0
6 5 2

愛知県名古屋市西区花の木3-15-11
アストラーレ浄心4階

住医学研究会 行

医師が薦める
本物の健康住宅　0宣言の家

2023年 WINTER / SPRING

お名前	フリガナ		
ご年齢　　歳	同居ご家族		
現住所	郵便番号〒　　－		
電話番号		FAX番号	
携帯番号		メール　　@	

ここから切り取ってお使いください

資料請求はハガキまたはWebで!

①ハガキで資料請求

1.裏面のアンケートに答えて
↓
2.住所・氏名などを記入して
ポストへ投函

②Webで資料請求

スマートフォンで
左記からアクセス!

資料請求の締切り
2023年6月30日(金)まで

アンケートに答えていただいた方、全員にプレゼント!

住宅展示場では教えてくれない本当のこと
＋
0宣言の家 DVD

本誌でご紹介しています実例や地域の施工会社については
下記までお問い合わせください。

住医学研究会

https://jyuigaku.com

住医学研究会
0120-201-239

ここから切り取ってお使い下さい

資料請求はハガキまたはWebで!

①ハガキで資料請求

1.裏面のアンケートに答えて
↓
2.住所・氏名などを記入して
ポストへ投函

②Webで資料請求

スマートフォンで
左記からアクセス!

資料請求の締切り
2023年6月30日(金)まで

アンケートに答えて
いただいた方、
全員にプレゼント!

住宅展示場では教えてくれない
本当のこと
＋
0宣言の家
DVD

ここから切り取ってお使いください

お手数ですが下記アンケートにご協力お願いいたします。

①本書籍のご購入の決め手は下記のどれですか?(複数回答可)
□デザイン　□タイトル　□新聞・雑誌広告　□Amazon　□会社で使用
□紹介(友人)　□イベント・セミナー
□その他(　　　　　　　　　　　　　　　　　　　　　　　)

②特に興味を持ったことは何ですか?(複数回答可)
□クアトロ断熱　□耐震性能　□ノーメンテナス　□テラヘルツ変換技術
□省エネルギー　□分電盤　□浄水器　□ZEROソーラー　□住宅ローン
□エコウィンハイブリッド　□ナノバブル　□愛工房の「杉」
□その他(　　　　　　　　　　　　　　　　　　　　　　　)

③現在のお住まいでお困りのことはございますか?(複数回答可)
□結露　□エアコンをいれているのに、夏暑く、冬寒い　□間取り(狭く感じる)
□ニオイ(ペットやタバコ等)が気になる　□害虫(ハエや蚊等)　□室外の雑音
□シックハウス(室内で頭痛、吐き気、またはアトピーや喘息などが起こる)
□その他(　　　　　　　　　　　　　　　　　　　　　　　)

④ご建築の形態は下記のどれですか?
□新しい土地に建築
※土地のご用意はありますか?
□あり　所有地(　　　　　　　　　　　)(　　　　　　)坪
□なし　ご希望地(　　　　　　　　　　　　　　　　　　)
□現在の土地に建て替え

⑤新築・リフォーム等のご予定がある方にお聞きします。
ご予定はいつ頃をお考えですか?
□今すぐ　□1年以内　□2年以内　□それ以降　　年　　月頃

⑥「0宣言の家」の体験ツアーを全国各地で開催しております。
体験ツアーへ参加をしたいと思われますか?
□参加したい　□参加したくない　□資料がほしい

⑦現在、家づくりにおいて困っていること、相談したいことはございますか?
(複数回答可)
□資金計画・住宅ローンについて詳しく知りたい
□条件にあう土地探しはどうしたらよいのか知りたい
□間取り・プランの設計をしてほしい
□建築費用の見積もりをしてほしい　□図面あり　□図面なし
□0宣言の家づくりをする建築会社を紹介してほしい
※ご希望のエリア
□北海道　□東北エリア　□北関東エリア　□関東エリア　□東海エリア
□関西エリア　□中国エリア　□四国エリア　□九州エリア　□沖縄エリア
□その他(　　　　　　　　　　　　　　　　　　　　　　　)

⑧今後、家づくりに関する情報やイベント関連情報等を住医学研究会、もしくは
会員工務店から電話やメール、郵送物等でお伝えしてもよろしいですか?
□希望する　□希望しない

⑨ご感想・ご意見・ご要望などをお聞かせください。